【典藏】

厦 门 文 史 丛 书

厦门文史丛书

中国人民政治协商会议
福建省厦门市委员会 编

彭一万 著

厦门音乐名家

厦门大学出版社
国家一级出版社 全国百佳图书出版单位

图书在版编目（CIP）数据

厦门音乐名家 / 彭一万编著. -- 厦门：厦门大学
出版社，2007.3（2022.9 重印）
（厦门文史丛书）
ISBN 978-7-5615-2728-3

Ⅰ．①厦… Ⅱ．①彭… Ⅲ．①音乐家－生平事迹－厦
门市 Ⅳ．①K825.76

中国版本图书馆CIP数据核字(2007)第026031号

出 版 人	郑文礼
责任编辑	薛鹏志
版式设计	鼎盛时代
技术编辑	朱 楷

出版发行	厦门大学出版社
社 址	厦门市软件园二期望海路 39 号
邮政编码	361008
总 机	0592-2181111　0592-2181406(传真)
营销中心	0592-2184458　0592-2181365
网 址	http://www.xmupress.com
邮 箱	xmup@xmupress.com
印 刷	厦门集大印刷有限公司

开本	720 mm×1 000 mm　1/16
印张	19
插页	3
字数	330 千字
版次	2007 年 3 月第 1 版
印次	2022 年 9 月第 2 次印刷
定价	76.00 元

本书如有印装质量问题请直接寄承印厂调换

厦门大学出版社
微信二维码

厦门大学出版社
微博二维码

厦门文史丛书编委会

■顾　问　　陈修茂　　陈维钦　　吴凤章　　叶天捷　　陈耀中
　　　　　　庄　威　　郑兰荪　　林仁川　　江曙霞　　桂其明
■主　编　　桂其明
■副主编　　陈　韬　　钱培青
■编　委　　沈松宝　　洪卜仁　　卢怡恬　　张昭春

厦门音乐名家

■著　者　　彭一万

【序　言】

　　"好雨知时节，当春乃发生。"古往今来，人们总是由衷地赞美春天。因为它充满生机和憧憬，带来的不仅仅是播种的怡悦，还常常伴随着收获的希冀。

　　在万木复苏、百花盛开、姹紫嫣红、春回大地的日子里，参加厦门市政协十一届一次全会的全体新老政协委员，就是怀着一种播种与收获交织、怡悦与希冀并行的激情，迎来了2007年新春的第一份礼物。根据本届市政协主席会议的研究决定，由厦门市政协与我市文史工作者合作共同推出的"厦门文史丛书"第一方阵——《厦门名人故居》、《厦门电影百年》、《厦门史地丛谈》、《厦门音乐名家》等四种政协文史资料读物终于如期与大家见面了！

　　这无论在厦门政协文史资料发展历史上，还是在我市先进文化建设进程中，都是可圈可点，很有意义的一件喜事。为此，我首先代表厦门市政协，向直接、间接参与这套"丛书"的组织、策划、编撰、编辑、出版和宣传工作而付出辛勤劳动的有关领导、专家、学者及工作人员，向为此提供宝贵支持的社会各界和热心人，表示衷心的感谢，并致以新春佳节最美好的祝愿！

　　众所周知，文史资料历来就受到人们的重视和青睐。因为通过它，人们不仅可以自由地超越时空，便捷可靠地了解到一个区域（通常是一个城市）古往今来的进步发展情况，真实形象地感受到这里丰富多彩的文化历史现象，满足自己的求知欲和审美情趣，而且还可以发现许多具有现实意义和参考价值的吉光片羽，并从中汲取激励自己积极向上、奋发有为的养分和力量。

通过文史资料，我们知道：厦门这块热土有着丰富而厚重的历史积淀和文化内涵。迄今四五千年前的新石器时代，厦门岛上就有早期人类生活的遗迹。大概一千二三百年前的唐代中叶，中原汉族就辗转迁徙前来厦门，在岛上拓荒垦殖，繁衍生息。宋元时期，中央政府开始在厦门驻军设防。明朝初年，为了防御倭寇侵犯，在厦门设置永宁卫中、左二所，洪武二十七年（1394年）又在此兴建城堡，命名厦门城。从此，"厦门"的名字正式出现在祖国的版图上，并随着城市的进步发展、知名度的不断提高而逐渐蜚声海内外。今天的厦门，早已不是当年偏僻荒凉的海岛小渔村，而是国内外出名的经济特区、现代化国际性港口风景旅游城市。

通过文史资料，我们还知道：千百年来，依托厦门这方独特的历史舞台，勤劳勇敢、聪明善良的厦门人民，在改造自然与社会、追求进步与发展、争取生存与自由、向往幸福与独立的伟大进程中，谱写了一曲曲感天动地的赞歌，创造了一个个令人惊叹的奇迹，同时也涌现了一批批彪炳青史的俊彦。如以厦门为基地，在当地子弟兵的支持下，民族英雄郑成功完成了跨海东征、收复台湾的辉煌壮举；在其前后，有发明创造"水运仪象台"，被誉为"中国古代和中世纪最伟大的博物学家、科学家之一"的苏颂；有忠勇爱民，抗击外敌，不惜以死殉国的抗英爱国将领陈化成；有爱国爱乡，倾资办学，不愧为"华侨旗帜，民族光辉"的著名侨领陈嘉庚；有国家领导人方毅、叶飞，一代名医林巧稚、著名科学家卢嘉锡，等等。他们的传奇人生、奋斗业绩所折射出的革命传统、斗争精神、民族气节、高尚情操和优秀秉性，经过后人总结升华并赋予时代精神，已成为厦门人民弥足珍惜、继承光大的精神财富，正激励着一代代的厦门儿女为建设小康社会而奋斗！

春风化雨，任重道远。通过文史资料，我们更是知道：改革开放以来，在中国共产党的正确领导下，依靠广大人民群众的聪明才智，在短短的二十多年里，我们的家乡厦门发生了翻天覆地的巨变。这种代表先进生产力的发展要求，代表先进文化的前进方向，代表广大人民群众根本利益的历史性巨变，不仅体现在城市建设、经济发展、生活改善、社会进步等方面，还突出表现在广大人民群众思想观念、道德情操、精神面貌、文明素质等方面所发生的深刻变化。

追根溯源，可以明志兴业。利用人民政协社会联系面广、专业人才荟萃、智力资源集中的优势，通过编撰出版地方文史资料，充分发挥政协文史资料"团结、育人、存史、资政"的功能，这本身就是人民政协履行职能的重要方式之一。值此四种文史资料的诞生，象征丛书的滥觞起，在充分肯定厦门发生的历史巨变而倍感自豪的同时，我们要一如既往地认真学习贯彻中共中央总书记胡锦涛在视察福建、厦门海沧台商投资区的重要讲话精神，学习贯彻中共中央政治局常委、全国政协主席贾庆林在纪念厦门经济特区 25 周年大会上的重要讲话精神，在致力于厦门经济特区经济建设、政治建设、社会建设的同时，从加强特区先进文化建设的高度，进一步加强政协文史工作，充分发挥政协文史资料的功能，以"厦门文史丛书"的启动为契机，严肃认真、兢兢业业地继续做好这项有意义的工作，以不负时代的重托。

我相信，有我市各级政协组织和委员、政协各参加单位的重视参与，有社会各界的支持帮助，有多年来积累的成功经验和有效做法，特别是有一支经受考验锻炼，与海内外各界联系广泛、治学严谨的地方文史专家队伍，只要我们认准目标，锲而不舍，与气势如虹的我市新一轮跨越式发展相称，与方兴未艾的海峡西岸经济区建设呼应，作为一项"功在当代，利在千秋"的重要事业，我市政协文史资料工作一定会取得长足进步，推出更多精品，发挥更大的作用！

城市历史文化，从来是反映城市前进发展中经验与教训的真实记录，是人们在改造自然与社会、创造"三个文明"的历史进程中所留下的重要印记、所提炼的不朽灵魂。以履行政协职能为宗旨，以政协编辑出版的地方文史资料为载体，通过有选择、有重点地记录、反映一座城市（或者相关的一个区域）的历史文化，自觉为建设中国特色社会主义服务，为科学发展服务，为构建和谐文化、和谐社会服务，为祖国统一大业服务，为中华民族的伟大复兴服务。这正是政协文史工作及其相关的文史资料的长处和作用，也是它区别于一般地方文史资料最重要的特色和优势。

也正是基于这种考虑和共识，在厦门市政协党组的高度重视和倾力支持下，市政协文史和学习宣传委员会认真总结近年来编纂出版地方政协文史资料的成功经验，在市委、市政府有关部门，我市有关社会机构和各界人士的帮助下，组织了我市一批有眼光、有经验、有热情、有学识的地方文史专家和专业工作者，经过深思熟虑，反复论证，决定与国家"十一五"计划同步，从 2006 年起，采取"量力而行，每年数册"的方针，利用数年时间，出齐一套大型地方历史文献"厦门文史丛书"。

编辑出版这套"丛书"的目的是，本着"古为今用"的原则，在批判继承前人的基础上，努力挖掘、整理、利用厦门地方历史文化渊薮中有益、有用、健康、进步的或者具有借鉴、警示意义的文史资料，直接为现实服务：为地方历史文物的保护工作服务，为地方文史资料的大众普及和学术研究工作服务，为发挥政协文史资料"团结、育人、存史、资政"的作用服务，为人民政协事业服务，为统一战线工作服务；为遍布海内外，通过寻根问祖，关心了解祖国和家乡过去、现在、将来的厦门籍乡亲服务；为主张两岸交流，反对"台独"阴谋、认同"一个中国"，心系祖国统一大业的炎黄子孙服务；为提高人民群众，尤其是青少年的科学文化素质、道德文明修养，培养"四有"公民，建设学习型、创新型社会，推动厦门经济特区建设实现"更好更快"发展的新目标提供方向保证、智力支持和精神动力服务。

编辑出版这套"丛书"的方针是，不求全责备，面面俱到，只求真实准确，形象生动。即经过文史专家的爬梳剔抉、斟酌考证，尽量选取第一手的"原生态"史料，从本市及其邻近相关区域中所传承积淀下来的文化历史切入，以厦门市为重心，适当延伸至闽南地区，以近现代为主、当代为辅，以厦门城市发展进程中具有典型性、代表性的人物事件为对象，通过"由近及远，由表及里，标本兼顾，源流并述"的方式，尽可能采取可读性强的写法，并辅之以说明问题的历史照片或画面，进行客观而传神的艺术再现。

我在本文的开头特别提到，春天是充满希望与憧憬的时节。反复揣摩案头上还散发着阵阵醉人的油墨芳香近日问世的四种政协文史资料读物，欣喜之余，我想到，虽然这仅仅只是成功的开篇，今后几年里厦门政协文史工作要取得预期的成果，顺利出齐"厦门文史丛书"全部读物的任务还相当繁重，但我坚信，只要我们坚持人民政协"团结、民主"的主题，相信和依靠大家的智慧力量，始终秉持春天一样的热情与锐气，始终把希望和憧憬作为自己前进的目标、动力，一如既往地追求奋斗，我们的事业将永远充满阳光、和谐！

是为序。

陈修茂

（作者系厦门市政协党组书记、主席）

2007 年 2 月 28 日

【前　言】

　　20世纪的厦门，出现了一大批蜚声国内外的音乐家。但长期以来，有关这些音乐家及其活动的档案资料，或比较缺乏，或没有系统整理。后来《鼓浪屿文史资料》虽有过比较全面的忆述，但仍存在一定的局限性。

　　如今，《厦门音乐名家》一书的付梓，较好地填补了这一空白。本书30余万字，从厦门众多的音乐家当中，选出最具代表性的21人入传。他们当中绝大部分在国际音乐比赛中获奖，或在国际上最顶尖的音乐厅举行过专题或专场音乐会，或在音乐领域的某一方面，有过开创性的、至今尚无人超越的贡献。在这些音乐家中，最高龄92岁，最低龄9岁，他们在全国乃至全世界都产生过重大影响，对家乡也做过重要贡献。他们是家乡的骄傲，也是中国人的骄傲。

　　厦门音乐，主要是新音乐，是在西洋音乐传入之后受到启蒙而萌生和发展的，盛行于20世纪上半叶。但本书的主人公，其活动时间延续了整整一个世纪，活动空间不仅局限于厦门，而是活跃于全国乃至全世界各地。为了搜集有关资料，作者10年来足迹遍及大江南北，也到过欧美日、东南亚、港澳台，或访问当事人及其家属，或到音乐院校、图书馆、博物馆、档案馆寻找资料。文稿写成，则大部分由当事人或其亲属审阅订正。因此，本书资料真实可靠，具有一定的权威性。

　　本书在音乐家传略之后，还附录了《厦门音乐大事记(1830—2006)》、《厦门音乐社团》、《厦门音乐世家》、《厦门音乐之旅》、《20世纪厦门音乐名人录》、《队歌，在炮火中诞生》、《百载校歌皆宝箴》、《厦台闽南语歌曲缘分深》、《揭秘厦门音乐ＤＮＡ》等9篇文章，并附100多幅照片。这些资料有的是首次发表，尤其弥足珍贵，这也为日后撰写厦门音乐史奠定了良好的基础。

　　在这里，我们需要特别强调的是，在西洋音乐流行之际，厦门的民间音乐也在发展，其中最主要的是南音和歌仔，而且南音早在19世纪30年代就在厦门民间大行其道，具有广泛的影响，出现了价值极高的南音巨著；歌仔在19世纪末20世纪初就通过口头和文字（包括手抄本和出版物）传入台湾，成为台湾闽南语歌曲的源头。所以在研究厦门音乐史的时候，既要着重对西洋音乐的探讨，也不可忽略对民间音乐的研究。

　　对厦门音乐史的研究，是一项开拓性的工作。《厦门音乐名家》的付梓，仅仅是一个起步。我们希望以此抛砖引玉，不断深化对厦门音乐史的研究和探讨，更好地为厦门的新一轮跨越式发展服务。

编　者

2007 年 2 月 28 日

目　录

怀瑾握瑜　雪魄冰魂

——中国现代音乐事业先驱者周淑安

周淑安（1894—1974）是我国现代音乐事业的先驱者，是中国现代第一位专业声乐教育家，第一位合唱女指挥家，第一位女作曲家。

从小显露音乐天赋

周淑安于 1894 年 5 月 4 日诞生在鼓浪屿一个书香门第，祖父是清朝举人，父亲周之德是深受人们敬佩的基督教牧师，母亲谢氏是南洋归侨，勤俭贤惠，心地善良，育有二子四女。周淑安是幼女，她的大哥周森友是留美医学博士，二哥周辨明博士是著名的语言学家，留学美、英、德等国，曾任厦门大学文学院院长、教务长，是中国现代语言学和文字改革运动的先驱者之一，1949 年应聘为新加坡国立大学教授，定居新加坡。

周淑安

周淑安在孩童时代便显露了音乐天赋。当时没有正规的音乐教育，她只能在教会里接触一点音乐。她的二姐在教堂弹钢琴，她便跟二姐学认五线谱，并学习弹琴和唱歌。1907 年，周淑安考入鼓浪屿女子师范学校。1908 年 10 月 30 日，美国舰队访问厦门一周，清政府在南普陀寺前的演武场，搭建了 15 座牌楼和帐篷，作为欢迎的主会场。14 岁的周淑安在招待会上用英语领唱美国国歌，大受美国舰队司令额墨利的赞赏，他说："就是美国小孩，也很少能唱得这么好！"

1911 年，周淑安中专毕业后，留校任教。为了进一步求学，她于 1912 年前往特别重视音乐教育的上海中西女塾读书。这时，她的大哥周森友已学成归国，在上海挂牌行医，二哥周辨明在上海圣约翰大学读书。热爱音乐的大哥常在家中与亲友练习唱歌，周淑安视谱能力很强，是连弹带唱的钢琴伴奏。二哥的一位漳州籍同学胡宣明，也常来凑热闹，并认识了周淑安。胡宣明在大学毕业之后，考入清华学校，后公费赴美国留学，在霍普金斯大学攻读医学，成为第一个在这所名校学习的中国人。

周淑安在上海中西女塾学习两年后，听说清华学校招考第一届女子公费留学生，便与高年级同学一起去应试。在十项考试之中，有一门法文，从未念过法文的周淑安，跟着二哥周辨明突击学习了两个月，便去应试，居然全部课程都顺利过关。她成为我国第一批十名公费留美女学生之一。

负笈美国　发奋学习

1914 年夏，10 名女学生乘"中国号"轮船抵达旧金山。周淑安先进入大学预科布拉津学院进修英文，一年后考入哈佛大学拉德克利夫女子学院，主修美术、音乐、语言。1919 年毕业，获哈佛大学文学士学位。与此同时，她还在波士顿新英格兰音乐学院进修声乐、钢琴和视唱练耳课程。1917—1919 年间，每逢暑假，她便到康奈尔大学办的音乐师范学院学习音乐教授法、合唱指挥和作曲理论。1919—1920 年，她又到纽约音乐学院进修声乐，并在哥伦比亚大学选修社会工作课程。为了博大专深、精益求精，她入名校，从名师，发奋学习，勤于思考，勇于实践，几乎到了废寝忘食、分秒必争的地步。1920 年毕业后，她顺道游览了英国、法国、德国、瑞士、意大利，大大开阔了艺术眼界。这年秋天，她乘轮回到上海，与中国第一位公共卫生专家胡宣明博士结婚。他们搬入愚园路居所，购置了一台三角钢琴。

1921 年，孙中山在广州就任中华民国非常大总统。广州市市长孙科，特聘胡宣明到广州任中国第一个建立的城市卫生局局长。周淑安随夫前往，在广东女子师范学校任音乐教员。1922 年 6 月，陈炯明发动武装叛乱，炮轰总统府，胡宣明夫妇只好回到上海。胡宣明在黄炎培的赞助下，任"中国卫生教育会"总干事，从事卫生宣传和教育工作。1923 年，他们的儿子胡伯亮出世。1923—1925 年间，周淑安在上海师从一位俄罗斯歌剧演唱家进修声乐，并在中西女塾任音乐教员。1925—1927 年，周淑安回到故乡，任厦门大学音乐研究员兼合唱指挥，成为厦门大学历史上最早的音乐教师。

1925 年，胡宣明感到自己的公共卫生学造诣不深，决定借资再度赴美留学。1927 年秋，周淑安带着 4 岁的儿子，到美国与丈夫团聚，并在著名的巴尔的摩匹巴底音乐学院，师从意大利著名声乐家、声乐系主任米涅蒂进修声乐。1928 年，胡宣明决定回国服务，从纽约乘轮经巴拿马运河到旧金山。同年，一家三口回到上海。胡宣明在上海医学院任教授，周淑安在家里私人教授音乐，并兼任母校中西女塾合唱指挥。

1928 年底，上海也和欧洲许多大城市一样，举行舒柏特逝世 100 周年合唱比赛，参赛者大都是居住在上海的各国侨民，可以说是一个小型的国际比赛。有"艺术歌曲之王"美誉的浪漫派作曲家舒柏特，所作歌曲都有故事背景，既延续了部分古典乐派的风格，形式上又比较自由，层次很多，变化丰富，可以让演奏、演唱的人有很大的发挥空间，要很好地理解、把握并表现其作品的精髓，并非易事。周淑安指挥的中西女塾合唱队，发挥良好，把握准确，声情并茂，力挫群雄，压倒了素负盛名、趾高气扬的英国、法国、俄国和德国代表队，获得头奖。当时，亚洲首屈一指的上海工部局交响乐队指挥是意大利著名的音乐家梅百器，此人音乐素养很高，曾为中国造就了一批音乐人才。他认为中西女塾合唱队表现优异，大加赞许，当即函约中西女塾合唱队参加上海工部局交响乐队音乐会的演出。应当说，这在当时是一种难得的殊荣。须知 20 世纪 30 年代的中国，积贫积弱，上海足球代表队都输给了上海西侨足球队。那么这一次，中国人同外国人比赛演唱舒柏特的歌曲，能够拔得头筹，就大大长了中国人的志气了！

任教上海国立音专

1927 年，著名的音乐教育家萧友梅（1884—1940）在蔡元培等人的支持下，于上海创办了中国第一所音乐院——国立音乐院（后改名为国立音专）。1928 年，萧友梅聘请周淑安任声乐组主任。当时，该校的钢琴、小提琴组主任都是外国人，声乐组主任居然由一位中国女性来担任，自然异乎寻常，也埋下"枪打出头鸟"的祸根。周淑安以极大的热情、超负荷地工作着。她除了教声乐主科外，还担任合唱指挥和指导视唱练耳，举办音乐会时，还给独唱的学生作钢琴伴奏。我国著名的音乐史家廖辅叔教授回忆道："音乐会上的合唱节目到了，她走到台上，指挥棒一挥，合唱队成员的精神立即振作起来，大有万窍齐号、山鸣谷应的声势，为整个音乐会生色不少。"

周淑安教学十分认真负责，而且善于因材施教，循循善诱。学生中谁的鼻音太重，谁的声音太粗，谁又容易跑调，她都心知肚明，一一指点迷津。她自己也开过独唱音乐会，但更多的是声乐教学和合唱指挥。她的天然音质不算美，音量也不够饱满，但她认真学习，刻苦训练，加上对音乐的理解相当深刻，掌握的文献资料相当丰富，弥补了先天之不足。她教的学生有一个共同的优点，即吐音咬字十分清楚，一丝不苟，唱外国歌曲的时候，更让外籍教师们赞赏不已。她以严谨的科学态度对待声乐艺术，在学贯中西的基础上，认真向民族戏曲学习，悉心研究传统戏曲的美学原则，学习其特殊的表现手法，坚持"以字行腔"为中心的教学原则，追求中国艺术意境和民族艺术气韵。

周淑安敬业乐群，爱生如子。她发现班上有一个叫胡然的学生，学习用功，成绩优异，但上课经常迟到。经过了解，才知道他家境贫寒，为了节省车费，步行上学。于是周老师自己出钱给他买了一张电车季票，让他能准时，安心学习。当时，上海电车不卖月票，只卖季票，一张季票的价钱就是一个小职员一个月的工资。后来俄国籍男低音歌唱家苏石林来校任教，她又以学生前途为重，毅然让这位学生转到苏石林班上学习。这种博大的胸怀，比经济支持更难能可贵。胡然以后成为著名的男高音歌唱家、音乐教育家，是湖南音乐专科学校的创办人兼校长。另一位学生唐荣枚以18岁的虚报年龄考入上海国立音专的声乐特别选科，经胡然介绍，师从周淑安教授。周淑安教授看到唐荣枚家境清寒，便特许她每学期只交1/3学费——20元。唐荣枚后来成为我国著名的女歌唱家、音乐教育家。

可以说，周淑安与萧友梅、黄自等音乐家，一起共同缔造了中国第一所高等音乐学府——上海音乐学院，并为它的发展壮大奠定了坚实的基础。著名音乐家喻宜萱教授回忆道：

萧先生高瞻远瞩，广为罗致具有真才实学的音乐家到校任教，如当时从国外归来的杰出音乐家黄自、应尚能、胡周淑安先生，以及侨居上海的著名外国演奏演唱家查哈罗夫、富华、苏石林、佘甫磋夫等人皆是。……黄自、赵元任、萧友梅、应尚能、胡周淑安、青主等人的声乐作品，以及古典和民歌《满江红》、《箫》、《凤阳花鼓》等都纳入到中国歌曲教材中。

周淑安心地善良，襟怀坦荡。1933年，上海音专有一批人在学校闹事，或出于误解，或出于别的原因，想打倒校长萧友梅。他们认为周淑安是萧友梅聘请来的，自然是萧友梅的"同党"。萧友梅1933年与戚粹真结婚，又是周淑安做的媒，更证明他们的看法"无误"。于是他们便首先向周淑安开刀。学潮虽然很快平息了，但周淑安的心灵已受到严重创伤，休息了几个月，仍去音专教课，可声乐组主任则由刚刚回国的赵梅伯接任。她看到这种"本是同根生，相煎何太急"的场面，十分痛心。她写了一首《坚劲歌》表达心声，词是郑板桥的《竹石》诗：

咬定青山不放松，立根原在破岩中。

千磨万击还坚劲，任尔东西南北风。

作曲家将歌名改为《坚劲歌》，就是有感而发，显示坚忍不拔精神的胜利和永恒。

"文革"期间，造反派要她批判萧友梅。她说："他虽然脾气有点古怪，但却清廉勤劳，克己奉公，当时国民党政府欠发经费，学校连发薪水都有困难，萧友梅就把学校积存的一点钱，尽先发给教职工，自己的那一份他没有领，所以萧友梅到死的时候还是一个穷光蛋。"这是当时被定为"反动学术权威"的72岁的周淑安，在批斗会上说的认为应当说的公道话！真的是兰心蕙性，光风霁月！

创作歌曲　抗日爱国

"九一八"事变，国难当头，周淑安和其他爱国者一样，用音乐创作和演出来表达自己的爱国之情。她自作歌曲，自己指挥，更能起到鼓舞人心、同仇敌忾的作用。1930—1931年国立音专乐艺社编辑出版的《乐艺》杂志，几乎每期都有她写的歌曲和文章。这一时期，她创作了抗日歌曲《抗日歌》、《同胞们》、《不买日货》，合唱曲《呜、呜、呜！》等。1931年10月间，她指挥学校合唱队演唱了黄自（1904—1938）的《抗敌歌》、《旗正飘飘》，上街宣传演出，开展抗日募捐活动。喻宜萱教授回忆道："'旗正飘飘，马正萧萧'、'中华锦绣江山谁是主人翁？我们四万万同胞！'的铿锵声浪，巍然正气，真扣人心弦！中国歌曲的巨大感染力，同学们在思想感情上受到深刻教育和启示。后来音专的同学一批又一批地走向社会，其中不少人积极创作和演出中国作品，与当时学校重视用中国教材，是有因果关系的。"与此同时，周淑安还创作了歌曲《乐观》、《安眠歌》、《心安身自安》、《关不住了》、《老鸦》、《雨》、《小诗》等，写了《声乐问题随感录》、《儿童与音乐》、《中小学校唱歌教员之责任》等文章。唱其歌，读其文，真觉得文如其人，不同凡响。

周淑安爱读中国近代史，读到了英国为了向中国倾销鸦片，公然发动侵略中国的鸦片战争时，义愤填膺。她想起了她在鼓浪屿的一段经历：她曾经跟一位英国女教师学弹钢琴，后来女教师回国了，周淑安继续与她保持通信来往。一知道英国这么欺负中国，她便写信去骂这位老师。女老师回信说："英国政府对中国人民犯下了严重的罪行，英国人民也同样反对英国政府的不义行为，希望能得到谅解。"于是周淑安原谅了女老师，并与之长期保持友好关系，表现了疾恶如仇而是非分明的态度。

与此同时，周淑安还创作了大量艺术歌曲，特别是儿童歌曲。列为国立音专学校丛书的《抒情歌曲集》、《恋歌集》各收有 6 首配钢琴伴奏谱的歌曲，均由商务印书馆于 1935 年在上海出版。著名学者赵元任（1892—1982）非常赞赏这些具有民族化的艺术歌曲，说"（周淑安的）《乐观》（胡适词）是个很有音乐价值的作品"。

1932 年，中华慈幼协会以五线谱印行了她的《儿童歌曲集》，收入了配钢琴伴奏的歌曲 54 首。这在 20 世纪 30 年代的中国，是一本难得的、有分量的儿童歌曲专集。作者在《自序》中说：

（我）深感儿童歌乐教材的缺乏……从陈鹤琴的《儿童图画诗歌集》，小学国语教科书，国立音专的校刊及其他诗歌中，选出适合儿童心理及学力的歌词50余首，乘天然的兴趣，信笔直书，作成歌谱。

著名音乐家黄自在这本歌曲集的序言中，对周淑安的一些创作歌曲作了具体的分析："《早晨歌》中钢琴伴奏最后一句，岂不是描写'树上小鸟'的叫吗？《小老鼠》歌末句下行半音阶岂不是描写小老鼠'咕噜咕噜滚下来'吗？再如《天地宽》中'乘船航大海'句波动式的伴奏暗示划桨；'骑马上高山'跳跃式的伴奏授意奔蹄，也是同样的明显。""其他各曲中用音乐来增加诗的表情，像上面那样刻画毕肖、淋漓尽致的地方不胜枚举了。""音乐与诗的情感是完全吻合的。""像这样的歌曲，才可算艺术作品，才能给我们认识音乐的真意义。"这本歌曲集经过删补，于 1935 年由开明书店分成四册出版，共有 58 首歌曲，分为线谱与简谱两种版本，均无钢琴伴奏。

值得我们注意的是，周淑安创作的摇篮曲《安眠歌》，词用厦门家喻户晓的方言童谣："呵呵困，一暝大一寸；呵呵惜，一暝大一尺。"两句词，反复唱八遍。厦门大学音乐系的周畅教授评论道："这可以说是我国第一首花腔歌曲，配上很单纯的钢琴伴奏（右手基本上和歌曲旋律一致，左手基本上分解和弦音），用近代作曲手法去发挥民谣，这基本上是'国民乐派'的做法。"

周淑安在抗战前还选编了《英文复音合唱歌选》(1931年)、《舒柏特歌曲集》(四册，1936年)，均由商务印书馆出版发行。其他作品则毁于战火中。此后一直到1965年间，她还创作、翻译了许多音乐作品，于"文化大革命"中全被毁了。她的论文《我的声乐教学经验》刊于1963年《音乐论丛》第四辑，尽管我们只能管中窥豹，但已能看到周淑安的取精用弘、良工心苦和诲人不倦的品格。对于发展中国合唱艺术，周淑安倾注了她的全部热情和心血，做了许多有益的工作，她担任多年的合唱指挥，并且将一些中国民歌编成四部合唱，亲自指挥学生们演唱，《箫》就是其中的一首。

上海沦陷，她到了重庆乡下。过去的学生，有几位已是音乐界的领导人，他们数次以最好的条件请她复出授课，她都婉辞拒绝。她宁愿在乡下料理家务，进行音乐研究、创作和翻译，有时间则教教乡村小孩唱歌。因为她已看透了那个龌龊的社会，宁静致远，澹泊明志！

1948年春，她的儿子胡伯亮赴加拿大多伦多皇家音乐院学习。她的丈夫胡宣明对国民党政权也早已失望，坚辞福建省国大的提名，提早退休，告老回到上海。周淑安在上海允中女子学校教音乐，并在家中教授声乐与钢琴。夫妻两人，相依为命，过着清寒的日子。

任教沈阳音乐学院

1956年，沈阳音乐学院聘请在加拿大留学的胡伯亮为钢琴系教授。胡伯亮遵从父母的意愿，回国参加建设事业。沈阳音乐学院久慕周淑安的大名，想乘此机会把她请去东北，但是"一朝被蛇咬，三年怕草绳"，她坚辞不出。后来胡宣明考虑，年近七旬，晚年最好能与独生儿子生活在一起。周淑安又经她的学生、中国音乐家协会主席吕骥的介绍、推荐，便应沈阳音乐学院院长李劫夫之邀，于1959年到该院任教授，时年已65岁。

当时，有些人认为她已过退休年龄，恐怕难于胜任工作。可是她上任后，工作热情和干劲，都不输给年轻人。她根据教学大纲的要求，认真备课，精心教学，有时一个上午要给四个学生流水作业式地上课，每节课后都不休息，还经常牺牲休息时间为生病的学生补课。她积极进行声乐民族化的研究，选用中外艺术歌曲、歌剧选曲、民歌以及革命歌曲作为教材。

她的教学质量既高，要求又严，所以学生进步快，收效大。有几个声乐学生长期存在的问题，在她的指导下，几个星期便迎刃而解了。不久，她就受到普遍的尊敬和爱戴，人们看到她那宝刀未老、老而弥笃的顽强精神，视她为良师益友。她被选为辽宁省政协委员，1960年赴北京参加全国第三届文代会，会见了许多新朋旧友，心情十分爽朗。

但是好景不长，厄运来临。1965年，周淑安的丈夫胡宣明因脑溢血病逝。第二年，"文化大革命"爆发，72岁的周淑安作为"反动学术权威"遭到批斗，下放农村，周淑安的身体和精神几乎全都崩溃了。

周淑安的儿子胡伯亮因病于1962年"自动离职"，"文革"期间在上海因"国际间谍"被隔离审查，无法与母亲通信。1969年，他忽然收到母亲语无伦次的来信，读后大惊失色。他赶快写信给沈阳音乐学院领导，请求批准其母亲退休，回上海养病。1970年，周淑安刚回到上海时，神情呆若木鸡，幸好不久便恢复正常。

1973年，周淑安收到多年老友赵元任从美国寄来的信，说他将回国一趟，5月份到上海时一定来看她。赵元任一到上海，便要求会见周淑安，但有关方面推说周淑安不在上海。如此一连两次，到了将回美国前夕，赵元任对有关方面负责人坚持说："周淑安一定在上海，因为我收到她的信了。"有关方面见瞒不住了，便用小汽车把周淑安送到和平饭店。赵元任见到周淑安那副龙钟憔悴、诚惶诚恐的神情，不禁黯然神伤，潸然泪下！共进午餐、叙旧畅谈之后，赵元任夫妇便径往虹桥机场乘飞机，悻然离开中国。后来赵元任对朋友们说："我这次回国虽有各界的热情招待和周恩来总理的亲自接见，但整个旅程的顶峰，却是与周淑安的会面。"

桃李无言　下自成蹊

1974年1月5日，这位对中国现代音乐事业做出了巨大贡献而又饱受磨难的老人，在凄凉寂寞中与世长辞。一生怀瑾握瑜，身后化作雪魄冰魂！1月9日，亲友们在上海龙华火葬场为周淑安举行了隆重的葬礼。参加的人真不少，花圈摆满了大厅。人们怀念着这位著名的音乐家，她是名教授、"官太太"，留学美国多年，又住在十里洋场的上海，可是生活十分俭朴，不烫头发，不讲究衣着打扮，常穿深暗的单色旗袍，偶尔带点暗花。她的话语不多，很少发怒，从不用刻薄之词损人，不搬弄是非，不背后议人，对人宽厚真诚，慷慨大方，乐于助人，从不计较金钱、地位，亲友和学生受过她的恩惠者很多，可她从不

周淑安的儿子胡伯亮
及其夫人张建君

标榜自己。她丝毫没有架子，保姆病了，她亲自服侍；旧衣服送人，她都要洗好补好，她说这是母亲的影响。她见一位佣人的儿子很有才华，便设法培养和资助他上大学。人们提到这些事，都不免痛哭流涕。桃李无言，下自成蹊啊！

　　而更重要的是她培养了那么多杰出的歌唱家、音乐家，建国前后著名的中国声乐界四大名旦，就有三人是她的学生——喻宜萱、张权、郎毓秀；著名音乐家胡然、孙德志、吕骥、洪达琦、劳景贤、唐荣枚、陈玢、江桦等，均曾就学于她的门下。她的品格，她的学识，她的事业，她的风范，在她的一代代学生中延续、薪传，发扬光大……

　　喻宜萱回忆道：

　　我最后一年的主科课转到胡周淑安先生班上学习。她以渊博的学识，旺盛的精力，一心扑在教学工作上。她除了教我们独唱曲目外，还利用课余时间，尽义务组织我们唱重唱。我们学过《弄臣》中的四重唱，《拉美摩尔的露契亚》中的六重唱（带合唱的），让我和两位男高音同学劳景贤与胡然学习《茶花女》中的两首二重唱，以及魏德（J・A・Wade）的二重唱："我曾在梦中漫游……"这些曲目曾多次在音乐会上演出。周先生的教学，充实了我们的学习内容，开阔了我们的艺术视野，从各种不同形式的声乐作品中，学到了不少知识，也增长了我们对学习音乐的志趣。她的辛勤劳动，使我获益匪浅，尤其是她那诲人不倦的精神，给我留下了极深的印象。

张权回忆道：

亭留在上海的短期中，我有机会认识了周淑安先生。当时她是上海音专的声乐老师。她给我上了三周课，第一次她给我练习发声后，就给了我好多作品。……每次上课，我几乎都小声默唱会了才离去。周先生讲：这样很好，只要小声默唱时注意保持自己的感觉和正式唱时一样就好了。……那是我第一次学到的中国艺术歌曲。《玫瑰三愿》的最后一句低音到bⅠ，周先生讲：在唱"好"字前，要好好换气，把声音放松并稳当地稍稍向胸声区接近，同时一定要保持住头腔共鸣的位置。这样，这一句就容易得到声音和感情上的圆满效果。……周先生让我考了上海音专，那是在江湾临时校址招生。周先生弹伴奏，我唱了《玫瑰三愿》和其他一些歌。录取时，我已回老家宜兴。

唐朝诗人杜甫的诗曰："好雨知时节，当春乃发生。随风潜入夜，润物细无声。"周淑安的音乐教学，像春雨滋润幼苗，让它们茁壮成长，更滋润了学生心田，使他们受用无穷。

1979年12月8日，辽宁省文化局、音协辽宁省分会、沈阳音乐学院在沈阳回龙岗革命公墓礼堂为周淑安举行了隆重的追悼大会，对她的一生做出实事求是的评价：

周淑安是我国老一辈的音乐家，从事音乐事业60余年，一生兢兢业业，把毕生的精力献给了我国的音乐教育事业，培养了大批优秀的音乐人才，有些是我国音乐界著名的音乐家或音乐界的领导人，还有一些在国外从事重要的音乐研究工作，或是著名的音乐家。她在音乐事业上的贡献及影响遍及国内外。

周淑安的骨灰被安放在上海龙华烈士公墓。

2000年9月间，定居美国的77岁的胡伯亮偕夫人张建君回到阔别了几十年的故乡 —— 他们热爱、眷恋、朝思暮想的鼓浪屿，重温孩提时代的旧梦，寻觅母亲当年的足迹，会见健在的亲戚朋友，并在母亲和舅舅任过教，贡献过智慧、才华和心力的厦门大学举办音乐学术讲座。这也许是对先辈们最好的纪念！

2001年2月4日于鹭江天风阁

参考文献

1.沈阳音乐学院提供的周淑安档案资料

2.上海音乐学院图书馆音乐部提供的资料

3.胡伯亮：《中国近代声乐事业的先驱——女声乐家周淑安》（见向延生主编《中国近现代音乐家传》，春风文艺出版社1994年出版）

4.廖辅叔：《近代中国第一个合唱女指挥周淑安》，（《人民音乐》1982年第6期）

5.廖辅叔：《旧事一束》（《音乐艺术》1997年第3期）

6.廖辅叔：《梅百器其人》（《中央音乐学院学报》1992年第1期）

7.喻宜萱：《历史的回顾》（《音乐艺术》1987年第4期）

8.张权：《回忆我的声乐学习》（《中央音乐学院学报》1984年第1期）

9.胡廷阶：《胡周淑安女士》（台湾《省交乐讯》1992年第11期）

10.周畅：《周淑安的〈安眠歌〉、〈坚劲歌〉、〈纺纱歌〉和〈雨〉》（《长江歌声》1984年第4期）

11.周淑安：《我的声乐教学经验》（《音乐论丛》第四辑，音乐出版社1963年出版）

12.满新颖：《周淑安声乐教学研究》（打印稿）

从《浔江渔火》到闽江灯火

——著名音乐家、教育家蔡继琨

蔡继琨

从集美学村到《浔江渔火》

　　蔡继琨（1912—2004）于1912年中秋节诞生在古城泉州，而他的祖籍是台湾彰化鹿港。"台湾蔡"是鹿港的书香世家，也是泉州的望族名门。他的母亲洪水镜（1884—1967）是同安马巷洪家名媛。蔡继琨两岁时，父亲蔡实海就撒手西归，母亲扛下了家庭重担。她严格教子理家，蔡继琨小时候就能吟诗作对，他7岁时，母亲出题"枕头箱"，他即顺口对出"靠手板"。母亲最大的期望是儿子从事百年树人、为人师表的教育工作。

　　舅舅洪经樵在集美学校任教，母亲便带着一家南迁厦门，蔡继琨就读集美小学，后来又相继就读厦门双十中学和集美中学，其中有一小段时间到上海新民中学读书。他在学校里吹过小号，当过铜管乐队队长。为完成母亲的心愿，他升入集美高级师范学校。由于成绩优异，毕业后留校，首创集美学校管乐队并任教练兼指挥。在这里，他正式与音乐结了缘。

　　2003年7月间，他在厦门曾对我回忆道：在集美就读的十年间，是一生中最美妙的时光。课余之暇，他和小伙伴们一道去浔江之畔观景，欣赏渔舟沉浮、渔夫捕鱼的美丽画面；有时泛舟江上，随波荡漾。少年生活的描述，似乎使他一下子返老还童，沉醉在甜蜜难忘的回忆之中。他还难忘那古老的南音，说着说着，就哼了起来。他说："我是泉州人，但集美才是我一生极其重要的一个地方，我对他永远怀有特殊的感情。我的事业的基础在这里，我的恩师陈嘉庚先生的祖居地、安息地也在这里。我的一生最崇拜、最敬仰的就是集美学校的校主陈嘉庚先生，他倾资办学的精神永远都在鼓舞着我。"

1933 年，他从厦门港搭船前往上海，转乘开往日本长崎的"上海丸"，再转火车到东京，进入帝国高等音乐学院深造，追随铃木镇一（1898—1998）、罗泰史督克（1895—1985）及大木正夫（1901—1971）等教授学习指挥及作曲理论。罗泰史督克是来自欧洲的著名指挥家，当时担任日本新交响乐团（ＮＨＫ交响乐团的前身）常任指挥，大大提升了日本交响乐的演出水准，对蔡继琨在管弦乐指挥方面影响颇深。

1936 年初，蔡继琨在作曲课课堂上，以南音旋律为作曲素材，将记忆中的浔江渔村的秀丽风光和对集美学校的深深眷恋，化为一串串音符，谱出悦耳动听的钢琴曲——《浔江渔火》。此曲在校内音乐会上演奏时，深受欢迎，获得好评。老师和同学们鼓励他用管弦乐曲的形式来表现，以取得更好的效果。1936 年 7 月初，蔡继琨将《浔江渔火》改编成标题性管弦乐曲，采用中国民族风格的五声音阶，配上西方功能和声的做法。7 月中旬，日本黎明作曲家联盟主办的"日本现代交响乐作品"公开征曲。9 月中旬，征曲比赛结果揭晓，一些成名作曲家没有获奖，而蔡继琨的《浔江渔火》和富锐笃三的《黎明》，须贺田碣太郎的《前奏曲与赋格》等作品获奖。获奖作品于 11 月 4 日，由大木正夫指挥日本新交响乐团，在东京明治神宫外苑"日本青年馆"举行的"日本现代交响乐作品之夜"中公演。

这是中国音乐家的交响乐作品第一次在国际上获得大奖，开创了中国音乐家在现代交响乐创作领域的先河。在中国人民被视为"东亚病夫"的年代，更是震撼了国内外乐坛和政坛。时任中国驻日大使的许世英博士（曾任过福建巡按使和北洋政府总理）特别于 1937 年元旦，在大使馆大厅举行盛大的庆功宴，表彰蔡继琨的创作成就，昭示中国人具有优秀的能力。

从留日学生到抗日健儿

1937 年春，日本全面侵略中国的战争一触即发，蔡继琨没等到毕业，立即束装返国，加入到抗日救国的行列中去。

蔡继琨的作品《浔江渔火》得奖后，1937年1月1日，当时中国驻日本大使许世英（前排右5）举行庆功宴祝贺（前排右4蔡继琨）

　　蔡继琨以自己的强项，矢志"音乐报国"。当时的抗日救亡运动，把抗日歌曲作为号角，作为旗帜，作为武器，以唤醒民众，鼓舞士气，对敌人进行斗争。蔡继琨一回到福建，就被省主席陈仪任命为福建省政府教育厅音乐指导。他有感于当时音乐教育的空白，向陈仪提出了一系列建议，并立即从治标和治本两方面入手，一方面筹办"福建省音乐师资训练班"，提高音乐师资素质，培养和扩大师资队伍，普及音乐教育，他亲任班主任；一方面着手筹备创办音乐专科学校，以培养专门人才。

　　1937年4月，福建省政府批准的第一期音乐师资训练班在福州北门筹办，12月正式上课。学员来自全省各地的在职中小学音乐教师，也有部分对外公开招收的学生，学习期限半年，学习内容为乐理、视唱、听写、和声作曲、合唱指挥、声乐、钢琴、小提琴、国乐和体育等。面对日本帝国主义的侵略，蔡继琨对学员们进行组织训练，要他们成为勇敢的抗日音乐军，成为献身抗日救亡运动的宣传队。

　　1938年4月，训练班学员进行了公演，演出蔡继琨为抗战而写的3首作品，即歌剧《保卫大福建》（郑贞文作词），清唱剧《悲壮的别离》（唐守谦作词），歌曲《抗战的旗影在飘》（唐守谦作词），以及《义勇军进行曲》、《大刀进行曲》、《救国军歌》、《松花江上》等救亡歌曲。1938年5月11日，

【14】

日本侵犯厦门。5月14日，厦门沦陷，抗日烽火蔓延全省，训练班提前结束课程，蔡继琨从学员中挑选了26人，组成"福建省政府教育厅战地歌咏团"到前线劳军。1939年6月，他再度率领音乐师资训练班学员，组成"福建省政府南洋侨胞慰问团"赴菲律宾、新加坡、马来西亚、印尼等国慰问和宣传，并募款捐献给国家购买军火及物资，蔡继琨都亲任团长。他们演唱了《我们来自大福建》、《佛门动员》（均为俞棘词、蔡继琨曲）和《抗敌歌》、《旗正飘飘》（均为韦瀚章词、黄自曲）等抗日歌曲，大大地鼓舞了华侨们的抗日爱国热情。请听《捍卫国家》（郑贞文作词、蔡继琨作曲）：

拿起枪，上前线，捍卫国家是我国民的责任。我们不要贪生怕死，我们只要志决心坚，誓把满腔热血，洗涤大地一片腥膻。

由于第一期学员的优异表现，福建省政府于1939年10月，再委任蔡继琨举办第二期训练班，并随省府迁到临时省会永安。为了标本兼治，蔡继琨同时向省政府申请筹建福建音乐专科学校，并邀请留法音乐家、曾任杭州艺专音乐系主任的李树化（1908—　）、留法画家谢投八（1902—1995）前来永安共襄盛举。在两位先生的协助下，1940年2月，第二期音乐师资训练班和第一期图画劳作训练班正式开学。同时，福建省政府拨款在永安上吉山音乐师资训练班班址筹办音乐专科学校。1940年3月，当时的教育部高等教育司批准设立福建省立音乐专科学校，4月2日正式成立，蔡继琨任校长。这年，他28岁，是当时最年轻的大专校长。这是当时全国三所高等音乐院校之一。

福建省立音乐专科学校"以教授高深音乐知能，培养音乐专门人才及健全师资为宗旨"，除了原有的师资训练班（先后办了3期，培训了312位中小学音乐、美劳教师）及省政府军乐队外，还设有五年制本科、三年制和五年制师范专修科和不定年限选科三种。学生来自广东、广西、江苏、浙江、江西、安徽、福建等省。学校所开设的音乐专门课程，内容丰富，完全具备了音乐专业学生应有的学养。蔡继琨校长还冒着纷飞的战火，到上海聘请优秀师资，采购图书乐器。他从30多位外籍音乐家中，选聘了奥地利犹太血统音乐理论家和钢琴家马古士、保加利亚籍小提琴家尼哥罗夫任教授，德国籍犹太血统大提琴家曼哲克及其钢琴家夫人任副教授；聘请缪天瑞教授担任教务长。在抗战期间，其师资阵容之强，堪称全国之冠。学校坚持"撷西乐之菁英，协中华之律吕，以发挥音乐之精神力量"（蔡继琨语）。

这所学校的教学工作，具有4个特点：紧跟时代步伐，具有鲜明的时代特色；教学民主，多种学派并存；教学与实践相结合；教师以身作则，带动学生勤学苦练。这些成为学校的优良校风与学风。

蔡继琨校长制定的校训"永安精神"——刻苦耐劳，团结合作，奋发前进，成为学校的"精神堡垒"。风行全校的《永安之夜》唱道：

燕溪水，慢慢流，永安城外十分秋。月如钩，钩起心头多少愁？潮生又潮落，下渡照孤舟。

1940年，陈嘉庚先生率领南洋华侨回国慰劳视察团回国慰劳，任务结束后，返回福建，经永安时，特别去福建音专视察。当他得知学校缺乏钢琴时，便立即通知集美学校负责人陈村牧，将当时学校仅有的4台钢琴都调拨给福建音专。蔡继琨非常感动，便把校主视察福建音专的11月21日，定为校庆日；1994年他在福州创办的福建音乐学院，校庆日也是11月21日。

在蔡继琨的努力下，1942年8月，"福建省立音乐专科学校"改制为"国立福建音乐专科学校"。当时，时局混乱，蔡继琨为了维护师生利益，特别是学生的受教权，经常抗上护下，拒绝继任福建省政府主席的刘建绪派兵来校逮捕进步学生，把上级官员都得罪光了，当局即对学校百般刁难。蔡继琨为了表白自己的无私和坦然，早于改制前夕辞去校长一职。但当局还是不放过，把他逮捕，进了监狱。出狱后，他即离开心爱的学校，远赴重庆，担任教育部音乐教育委员会委员、国立音乐院名誉顾问、陆军军乐学校顾问、中华音乐教育社社长兼交响乐团指挥，中国音乐学会常驻理事和中央大学教授等职务。这也展示了蔡继琨在音乐专业和行政能力上的才干。

1945年8月15日，日本无条件投降，时任台湾省行政长官、前福建省政府主席陈仪担任受降主席，蔡继琨奉命以接收官员身份参加典礼。爱国忠贞的他，终能代表当年"义不臣倭"而含愤离台的曾祖父蔡德芳，含愤而亡的祖父蔡谷元，回到台湾，接受侵略者的投降，心中的激动和喜悦难以言表。

1987年，福建省艺术研究所在福州召开国立福建音专校史讨论会。会上，蔡继琨老校长介绍了福建音专的办学经过。中国音乐家协会副主席、中央音乐学院名誉院长赵沨指出，福建音专是当年全国三所音乐学府中，卓有成绩的学府之一，他说："国立福建音专应该在中国音乐史上占有很高的地位，它的业绩必将留给后代，作为我们的光辉榜样。"当年的教务主任缪天瑞教授激动不已，漏夜写了一首诗：

吉山琴弦彻夜鸣，压倒狂风暴雨声。

五湖四海今又聚，畅谈往事情更深。

从少将团长到音乐大使

　　蔡继琨回台，肩负两项任务：创办交响乐团和音乐学院。他被任命为台湾警备司令部少将参议，受命筹组"台湾省警备总司令部交响乐团"。他四处拜访音乐界人士，取得他们的支持与协助。他的行事风格和个人魅力具有很大的吸引力，在吴成家等热心人士的奔走下，张福兴的"玲珑会"，王云峰的"永乐管弦乐队"、"稻江音乐会"，郑有忠的"有忠管弦乐队"，吴成家的"兴亚管弦乐队"，王锡奇的"台北音乐会室内管弦乐团"，厚生演剧研究会乐队的管弦乐、声乐好手云集而来，甚至是整团整队连人带马持乐器投奔，台湾音乐界著名人士吕泉生、林秋锦、林善德、李金土、张彩湘等人，亦在蔡继琨的真诚感召下，全力促成交响乐团的成立。1945年12月1日，台湾省警备总司令部交响乐团（以下简称"省交"）正式成立，蔡继琨任团长，聘缪天瑞为副团长，马思聪为乐团指挥，下设管弦乐队、军乐队、合唱队，总人数190人，规模之大曾被誉为远东之冠，也是当时远东唯一一个三管制管弦乐团。"省交"与上海市政府交响乐团、南京中华音乐剧团管弦乐队鼎足而立，成为当时全国仅有的三大交响乐团之一。经过半个月的短暂集训，"省交"于12月15—16日举行第一次公开演奏会，由蔡继琨亲自指挥，获得巨大的成功。

　　蔡继琨无疑是一位指挥大师，他站到指挥台上一挥手，便产生一种无形的力量。1947年5月13日《台湾新生报》曾报道他指挥的雄姿：

　　指挥棍举起，他的聚精会神凝注了人们的精神，连呼吸也被操纵在他的支配权力底下。棍子划动，喇叭进行了，歌声进行了，轻鼓和心弦，跳跃在指挥棍尖上，成百乐器的声浪，正好像从他一个人的身上发出来的一样。……那条棍子，挑逗着整曲的乐音，也弹奏着观众的心弦，滑过来的愉快、沉抑，神幻地把他自己化成乐队和观众间的桥梁，一切从这里得到交融。我们需要这么一位连头发都会说话的指挥者。

　　按照蔡继琨的计划，"省交"每个月举行4天定期演奏会，每个星期举行2次露天演奏会，平均3天就有一次音乐会，演奏次数之密为其他音乐团体所罕见。评论指出："省交"的出现，充实了台湾民众的心灵，激发了台湾民众对音乐的热情，对台湾社会的净化作用具有十分正面的意义。无怪乎"省交"被台湾人民亲切地称为"省宝"。

1946年3月,"省交"改属台湾省行政长官公署。1947年4月,"省交"出版《乐学》杂志,由副团长缪天瑞(1908—)担任主编,这是台湾第一本音乐专门刊物。5月1日,台湾省政府成立,"省交"改称"台湾省立交响乐团"。1947年12月25日,蔡继琨联合音乐、美术、戏剧、文学等文艺界人士,成立了"台湾省艺术建设协会",其宗旨是:"联系本省艺术界同人,协进本省艺术建设事业。"其任务是:"凡有关本省艺术建设事业,均以主动或协助行动,作有计划的推进,并注意本省艺术研究同人之联谊工作。"由于蔡继琨的大力推动,战前即已开展的台湾美术运动才能够持续地进行。

1947年,台湾发生了"2·28"事件,陈仪遭舆论谴责被撤职。长官陈仪失势下台,1949年5月,蔡继琨这位"台湾交响乐之父"离开他心爱的"省交",任台湾驻菲律宾大使馆商务参赞去了。他到台湾的初衷是创办交响乐团和音乐学院,前者已由他奠定了坚实的基础,后者则由于时间短促而未能实现,仅仅促成台湾省立师范学院成立音乐系,他兼任教授。在台湾短短的将近4年,他创作了数十首作品,独唱歌曲《台湾进行曲》(柯远芬词)唱道:

> 台湾是祖国故疆,
> 是我们家乡,
> 三万六千方公里的土地,
> 住着六百万炎黄的裔胄。
> 东南海之滨,
> 太平洋的眼睛,
> 是祖国的生命,
> ……

在菲律宾,由于他的理念与当时驻菲大使不相投合,很快就辞去官方职务,从事自由职业。为了全家温饱,他进入商界,并迅速地融入了侨界,成为一个成功的进出口贸易商,积累了一些财富。但他的主要活动还是与音乐有关。他担任菲律宾中央大学音乐学院教授,马尼拉演奏交响乐团终身音乐总监和指挥。不管是学界、政界、军界还是商界,蔡继琨是唱生像生,演旦如旦,都能出类拔萃。《马尼拉时报》1965年2月27日发表菲律宾音乐评论家安东尼·莫利的文章写道:

> 对马尼拉而言,指挥蔡继琨已非陌生。他在内心是位音乐家,在职业

上，则是一个商人。蔡教授在我们城市的音乐生活中，为他自己安排了一个再适当不过的职位，自1961年开始，做了"马尼拉演奏交响乐团"的长期指挥。在他的指挥下，集各大乐团精英于一堂的马尼拉交响乐团，显示了力与光彩，令人欢欣鼓舞，为他个人的音乐生涯再造颠峰，这些音乐家发挥了千锤百炼的造诣，放出万千光芒……

1965年2月25日马尼拉《大中华日报》评论道：

"音乐大使"蔡继琨厥功殊伟。蔡先生所持的，只是一根音乐的指挥棒，可是别小看这根棒，这根棒的点染与挥舞，非但操纵着整个乐团的音拍，并且腾挪每位听众的心弦。蔡先生的这根棒，正如神话里的神棒一样，领人进入了新世界，使人窥见了新宇宙。在这里，有另一种的和谐，有另外一种的融凝。

从1968—1974年，蔡继琨每年都受菲律宾政府委派，先后到纽约、华盛顿、斯德哥尔摩、莫斯科、日内瓦、维也纳及澳大利亚伯斯等地，出席联合国教科文组织所举行的国际音乐会议及国际音乐教育会议。1955年8月在马尼拉举行的"东南亚音乐会议"，蔡继琨是创办人，被推为会议副主席兼音乐教育与音乐文化委员会主席。1976年12月，"亚洲作曲家联盟第四届年会"在台北举行，蔡继琨被聘为大会顾问并发表专题演讲《亚洲作曲家往何处去》及管弦乐作品《招魂曲》。他还具有国际上多种专业组织会员、顾问头衔，并担任"菲律宾文化中心"顾问。

由于蔡继琨对菲律宾音乐文化、社会服务、慈善事业的多方面贡献，自1952年以来，他获得菲律宾政府、社团、大学、军队颁发的奖励10多项，被誉为"音乐大使"、"华人之光"。

从最少龄校长到最高龄校长

1950年8月，国立福建音专奉命并入上海音乐学院，福建省再也没有一所音乐学院了。蔡继琨内心深处却萌生着恢复福建音专的愿望。

1983年10月，已届古稀的蔡继琨首次回到阔别40多年的故乡，参加母校——集美学校创办70周年纪念活动。在校主陈嘉庚铜像前，他陷入了沉思：当年，他按照校主的教导，以"诚毅"精神一砖一瓦、一草一木地开拓出福建音乐教育园地，成为最少龄的校长。如今归来，已是满头银丝的七秩老翁。当年全国三所音乐院校，福建三有其一，如今全国9所音乐院校，福建竟然阙如！"岁老根弥壮，阳骄叶更荫"，他决定将余生奉献给家乡，矢志为福建创办"中国第10所音乐学院"。他在校主铜像前，默默地说："校主，我一定会回来的！"

1986年2月，他第二次回国，从马尼拉到厦门的第一天，便直奔集美鳌园，在校主墓前三鞠躬后说："校主，我又回来了。"他站到鳌园最高处，眺望金门，对同行的人说："我过去从那边看过来，今天我从这边看过去，祖国一定要统一。"他应邀到集美航专、集美师专参加座谈会，被厦门大学艺术教育学院聘为客座教授。他对校方说："我是陈嘉庚校主培养的，我可以回来讲课，但我不要报酬，路费自理，完全尽义务。"

于是他成了"空中飞人"，不停地穿梭于马尼拉与福建之间，找钱、找人、找地、找法……1988年，他索性回来福州定居。1989年1月，他提出的《关于联合筹办福建社会音乐学院的报告》获得福建省人民政府批准。在未建校舍之前，他就与福建师范大学音乐系、厦门大学艺术教育学院、福建省艺术学校、集美师专和泉州教育学院合作，以函授教育方式培养成人和幼儿音乐人才。

他飞回侨居地菲律宾筹募建校基金。首先，他效法陈嘉庚先生"倾资兴学"的精神，把自己在马尼拉的豪华别墅、汽车和珍藏多年的名贵字画变卖，并倾尽个人的储蓄，作为创校基金；再把一生珍藏的乐谱、唱片、书籍和各种资料打包成11箱，用集装箱运回福建，以备学校使用。他到鳌园，向校主报到："校主，我不走了。"

他游说分散在世界各地的亲朋好友，慷慨解囊共襄盛举。在他的人格魅力感召下，李尚大、吕振万、蔡松芳、黄呈辉、柯成焕等侨界领袖，都二话没说地鼎力相助。于是1994年中国第10所音乐学院、第一所私立音乐学院——福建音乐学院，在福州市仓山区首山村正式成立了。学院开设了声乐（美声与民族唱法）、键盘（钢琴、手风琴）、管弦乐（含民族乐器）3个专业，聘请了著名音乐家郎毓秀、朱雅芬、邵钟世分别担任系主任。82岁的蔡继琨亲任校长，成为全国最高龄的大学校长和"全职教授"。从规划建筑、师资聘任、干部任用、招生事宜到教学设备，从软件到硬件，他都亲力亲为，始终把自己当作"没有老的年轻人"。为感谢亲朋好友的支持，他把他们的名字嵌刻在每一座楼房，如吕振万楼、黄呈辉楼、慈山楼（李尚大捐建）、蔡章纪念堂（蔡松芳以其尊亲名讳捐建）。有人建议他把学校命名为"蔡继琨音乐学院"，他听了很生气，说："如果这样，我马上跳闽江！陈嘉庚先生办了那么多学校，都没有用自己的名字命名，我是他的学生，怎么能用自己的名字命名呢！"

蔡继琨校长会见老校友
杨扬夫妇并与笔者一起
合影（2003年7月）

　　他常说："陈嘉庚精神的精髓是爱国。"所以他提出福建音乐学院的办学方针是："爱国第一，品德第二，专业第三。"每年印制《福建音乐学院手册》时，都要加上一幅彩印的"中国政区图"。他说："陈嘉庚先生建鳌园时，在博物大观就有一块石刻的中国领土台湾地图。我们也要以此教育师生，台湾是中国不可分割的一部分。"民族的尊严，国家的利益，在他的心目中，永远都是至高无上的！

　　他不断重申自己的理念："音乐是精神文明教育的重要工具。孔子曰：'兴于《诗》，立于礼，成于乐。'"他亲自制订"修德养艺，自强不息"的新校训，与福建音专老校训相呼应，期盼再现"永安精神"，并坚持"开门办学，关门教学，音乐下乡"的办学方式。他把遗嘱随身带着："这所学校不是私产，家属不能继承，不能停办，不能卖也不能转……"

　　蔡继琨以他的个人威望和魅力，扩大了学校的影响，也以超人的毅力和意志攻克道道难关，这就是"诚毅"精神。学院经教育部批准，挂靠华侨大学。办学不久，菲律宾中央大学就来结为姐妹学校。2003年元月，奥地利维也纳音乐学院院长慕名亲自来找蔡继琨校长，签订了两院合作办学的协议。他还规划将学院升格为大学，办三个学院，其中一个音乐科技学院，设立音乐医疗、乐器制作、音响设计等新的专业，以适应社会发展的需要。

2003年7月，首届"施琅杯"中华闽南语歌曲电视大赛"十大金曲"评选揭晓发布会上，作为评委会主任蔡继琨在会上致词

2003年11月21日，汪毅夫副省长代表福建省人民政府，给蔡继琨颁发"乐育英才"牌匾

1999年12月，福建省人民政府文化厅为表彰蔡继琨在音乐指挥艺术方面的卓越成就，为其70载指挥生涯作告别演出，特为他举行"蔡继琨教授百龄开一交响音乐会"。首场在他的故乡泉州举行，接着巡回到厦门、福州等地，由他指挥福建省交响乐团演出。90高龄，指挥若定，在世界乐坛上实属罕见。正如他所说："享受人人都懂，但活着要有价值，实现自己的人生价值，这就是最大的幸福与快乐。"

蔡继琨是一位传奇式的人物，院长、团长、教授、将军、外交官、企业家……集于一身。他一生创办过3所音乐院校：1940年在永安办福建音专，1942年在重庆办中华音乐教育学院，1994年在福州办福建音乐学院。近一个世纪的艺术经历简直是一部当代音乐史的缩影。他是一位作品多、演出多、演讲多、著述多、学生多、经历多的作曲家、指挥家、音乐教育家、音乐理论家、社会活动家，通晓几国语言，书法也很有造诣，打高尔夫球也来得。他写了歌剧《保卫大福建》（郑贞文作词）、《抗战歌》(林天兰作词），清唱剧《悲壮的别离》（唐守谦作词）；写了管弦乐曲《浔江渔火》、《招魂曲》、《春归何处》，管乐曲《爱国进行曲》，钢琴曲《婆娑舞曲》、《雨后吉山》、《燕溪水》；写了50多首合唱曲，100多首独唱曲。还写了20多篇音乐论文。他在"省交"的3年半时间里，共指挥演出34场室内演奏会，无数场露天音乐会，演出形式包括合唱、独唱、独奏、协奏、室内乐、管乐合奏、管弦乐合奏、清唱剧等，内容涵盖了古今中外，但创作的也很多。

2003年11月21日，福建省人民政府授予他"乐育英才"牌匾；2004年1月15日，他荣获中国音乐家协会颁发的第三届中国音乐金钟特别奖和终身荣誉勋章；2004年2月7日，他被评为"2003年感动福建的十个杰出人物"之一。可是他却说："不是我感动福建，而是福建感动了我，是陈嘉庚精神感动了我。"

2004年2月21日，一代国际音乐大师、中国近现代音乐的开拓者蔡继琨先生因心脏病发作在福州与世长辞，享年92岁。就在他去世的前一天，他还拖着虚弱的病躯，在家中与有关人员商讨成立"蔡继琨音乐基金会董事会"，为祖国音乐事业的发展尽最后的努力。

蔡继琨在福建音乐学院大门留影

2004年2月26日，福建音乐学院举行蔡继琨先生追悼会。2005年3月21日，蔡继琨铜像揭幕，蔡继琨纪念馆开馆。他的墓地就修建在校园的一个角落，鲜花和绿草簇拥着他；他的半身铜像，微笑着，慈祥地看着每一位走过的人。

福建音专第一期师资训练班学员曹子固

写于1994年的《怀念蔡继琨校长》诗曰：

泉州负笈走东洋，矢志潜修醉乐章。

指挥作曲新一格，浔江渔火名早扬。

音专创建濒燕水，桃李勤栽成栋梁。

抗日高歌群奋起，国魂唤醒论兴亡。

枪林弹雨寻常事，驰骋江南野战场。

老骥尚怀酬壮志，鳣堂犹焕晚霞光。

胸襟博大堪风范，奉献精神不可量。

六十沧桑思仰止，恩师形象永难忘。

2006年12月22日

参考文献

1.徐丽纱：《德艺双馨蔡继琨》（2002年12月20日台湾时报文化出版企业股份有限公司出版）

2.台湾《乐览》杂志第43、58、70期发表的徐丽纱、赵琴、颜廷阶、章绍同文章

3.《集美校友》2004年第2期发表的任镜波、杨扬文章

4.国立福建音乐专科学校校友会成立16周年纪念刊《"中兴鼓吹"新乐章》（2006年5月出版）的有关资料

5.杨文娟：《感动福建的音乐人》（载《福州晚报》2005年11月6日）

稀世俊杰　德艺双馨

——著名医学家、歌唱家、声乐家林俊卿

兴趣广泛　多才多艺

　　林俊卿（1914—2000）于 1914 年 4 月 28 日出生在鼓浪屿漳州路 48 号。祖父林温人是农民出身的基督教牧师，是著名的厦门竹树脚礼拜堂创办人之一；父亲林谨生毕业于上海圣约翰大学，之后赴美深造获双博士学位，回国后在厦门从医，曾任中华医学会厦门分会理事；母亲廖翠绸是虔诚的基督教徒，经常在鼓浪屿教堂唱圣诗。林俊卿从小在浓厚的文化氛围中成长，得到长辈的指点和熏陶，十分热爱生活，热爱学习。他从小就显示了奇特的音乐天赋，5 岁就能唱整部《闽南圣诗》，成为儿童唱诗班的领唱，周围的人都叫他"小神童"。

林俊卿

　　少年时代的林俊卿，精力充沛，聪颖过人，兴趣广泛，视野开阔，这把他熔铸成一个多才多艺的人，为日后的腾飞奠定了坚实的基础。

　　六七岁，小俊卿在鼓浪屿刚上小学的时候，就爱上绘画，从临摹到写生，从素描到漫画，无一不学。进而学会用夸张的手法把人物肖像画下来。12 岁的时候，他竟能在学校里举办个人漫画展。在厦门同文书院读书的时候，同桌的同学也喜欢画漫画，他们俩竟成了同道，经常

1940年内科G—3病房大巡诊

林俊卿创作的漫画

互相切磋，共同提高。上大学时，他的人像画已经画得不错，为学校的老师、同学画了100多幅漫画像，张贴展览。他善于捕捉瞬间的印象，加上恰如其分的夸张，常常准确地反映人物某一方面的特征和性格，有的令人会心微笑，有的令人捧腹大笑，甚至笑出了眼泪，引起不小的轰动。他获得博士学位后，仍然常常作画。20世纪40年代，宋庆龄女士为儿童举行募捐，他当场义务作画20多幅，每幅卖了几十美元，悉数捐给儿童基金会。

几年下来，他的素描基础越来越扎实，为人写生，线条准确。他常常不当场写生，而是观察记录对象的特征，回家再画，下笔不改，寥寥几笔，就把人的神态活灵活现地描绘在纸上，突现人物的性格、风度和气质，不仅貌似，而且神似，异常逼真，富有风趣。1953年，他参加中国艺术代表团出国演出，在国外期间，他把戴爱莲、叶盛章、李志曙、高芝兰、刘淑芳等几十名艺术家，一一偷偷地画了下来，画中有情，极富深意，引起了艺术家们的极大兴趣。

后来他的著做出版，其中的插图全是他自己画的：人体咽部解剖图，咽音练声法标准姿势图……只有懂行才能画得正确、到位啊！

母亲廖翠绸经常带小俊卿到礼拜堂做礼拜。在那里，他接触到钢琴、音乐和唱片。传教士和华侨信徒从国外带来了许多世界名曲唱片，让小俊卿大饱耳福。作为同学联谊的家庭音乐会，又使小俊卿有一展歌喉的机会。这使他打下了很好的英文和音乐基础。

从14岁起，他又爱上了做木工，自己动手做了4支小提琴，他失败了几次，直至第4支才做成功，接着做桌椅。读大学时，他独自做了一条可乘6人的小木船，后来又制作微型小提琴。

生前，他的客厅墙上，挂着 50 多支"小提琴"，大的巴掌大，小的拇指大，每支都能发出声音。晚年的林俊卿，不幸患了严重的白内障，几乎失明。为了恢复视力，他给自己制定了系列疗程，其中包括用制作小工艺品来锻炼视力。由于他有强烈的思乡情结，便以《我记忆中的鼓浪屿》为总题，用木材、塑料等材料，制作了 50 几座微型花园别墅，展示了 20 世纪 20 年代鼓浪屿的建筑风貌。

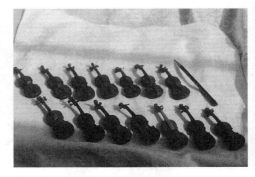

林俊卿晚年制作的小提琴模型

15 岁时，他爱上打网球！在大学里成为学校网球队的领队。他爱下象棋和打桥牌。有一次，他与有"华北棋王"之称的那健庭（满族人）对弈，竟握手言和，他当即虚心拜棋王为师。为了锻炼自己的记忆力和判断力，他学会下盲棋，同时与三四个人对弈。

他还是个"养鸽迷"，自己动手养了 50 多头鸽子，看着鸽子飞舞，他高兴极了。种仙人球，他前后摸索了 10 年，家里拥有 1600 个品种，共几千盆，成为上海滩上仙人球的四大家之一。

上辈出身于贫寒农家，勤劳节俭是重要的家规，孩子们被要求从小在生活上自立自强。15 岁时，林俊卿就能下厨房烧菜。后来他学会制作厦门的各式小吃、菜肴、年糕和中西点心，甚至连"源和堂"制作蜜饯的方法，他也学到几手。到上海时，站在"红房子"西餐厅玻璃橱窗外，看师傅们怎么做西点，一回家就动手做了出来。家里来了客人，他就亲自掌勺，客人们品尝之后，还以为是从大饭店里请大师傅来料理的呢！

林俊卿晚年制作的鼓浪屿漳州路48号故居模型

林俊卿（右一）和他的弟妹们

此外，他还有博览群书的爱好与习惯，中英文书刊都读，也能言善辩。

1946 年，一位美国朋友在上海对他说："林先生，你有三种本事：绘画、歌唱和行医。我给你支付去美国的旅费，介绍你到好莱坞画画，工资很高。你唱歌和行医的收入归你自己，只要把画画的钱给我就行了。"

学什么，钻什么，懂什么，像什么，从中得到乐趣，得到知识，锻炼了体力、脑力和毅力，为学问的金字塔打下了宽广、坚实的基础。1999 年85 岁的时候，他说："我一生有四绝：唱歌、行医、画画和打桥牌。晚年，我还要搞个老年人的保健计划。"

医学博士　学习音乐

1932 年夏天，林俊卿考入附属于美国纽约州立大学的北京协和医学院小儿科，他先在南京金陵大学（今南京大学）理学系念了 3 年基础课，1935 年再转到北京读专业课；1940 年，美国授予他甲级医学博士学位，那年他才 26 岁（北京协和医学院仅办 20 届，毕业生共 316 人，林俊卿是倒数第 4 届毕业生）。因为母亲患了重病，他放弃了留校任教的机会，返回鼓浪屿照顾母亲。1941年，他来到上海，成为一名儿科医生。他在我国小儿科医学界是一位难得的奇才，但也做过妇产科、外科、内科和肺科医生。他自己开诊所，又兼大学的校医。林俊卿是一位医术高明、医德高尚的医生，他曾医好一位两肺穿洞、濒临绝境的病人，让他健步如飞，被誉为"仁心仁术"。他治好了一位路过中国却一病不起的荷兰糖王，年迈的糖王拥抱着他说："林大夫，当我的干儿子吧，跟我到印尼去！我送你一座医院，就像给你一块糖那么容易。在那儿，火车开半天，还是我的属地哩！"可是林俊卿没有去。即使在落难时刻，他也不放弃这"仁心仁术"。"文革"期间，有一天，上海著名指挥家黄贻钧深更半夜前来叩门，说是"牛棚"难友心脏病发作，如不抢救，恐有不测。可是此时此刻，又有谁肯去为"牛鬼蛇神"救死扶伤呢？刚刚被批斗完回家不久的林俊卿，二话没说，洗净了脸手，换下了脏衣服，带上听诊器和药物箱就出发，硬是从死神那里把这位难友救了回来！

1941年，林俊卿回鼓浪屿探亲时，在故乡开了一场独唱音乐会，为他伴奏的是才貌出众的毓德女子中学校花许恬如。许恬如从小喜爱音乐，喜爱钢琴，20世纪30年代，奥地利驻鼓浪屿领事馆领事的太太是一位钢琴家，原为维也纳一所音乐学院的教授，这给她提供了学习钢琴的良机。林俊卿和许恬如共同的兴趣与追求，撞击出爱情的火花。1943年，两人结成伴侣。婚后，夫唱妇弹，事业上相辅相成，简直是天造地设。

20世纪20—40年代，上海有一个亚洲首屈一指的交响乐团——上海工部局管弦乐团，指挥就是大名鼎鼎的意大利音乐家梅百器。1941年的一天，一位鼓浪屿乡亲林桥（后为台湾音乐学院钢琴教授）要到梅百器那里听课，邀了林俊卿同往。梅百器对林俊卿进行突然"袭击"，考了他一下，竟发现他有一副好嗓子，有一双对音乐十分敏感的耳朵，当即表示愿意收他为徒。尽管听一堂课要交5美元，林俊卿还是咬紧牙根，努力加班工作来支付这昂贵的学费。林俊卿整整向梅百器学习了5年多正宗的意大利派美声唱法，直到梅百器1946年8月3日去世为止。林俊卿曾为梅百器画了一幅漫画像，上书"我亲爱的老师梅百器"，老师十分欣赏，爱不释手。

与此同时，林俊卿又结识了意大利男高音歌唱家莫那维塔，向他学习意大利传统派的"咽音练声法"，前后将近7年，直到1949年莫氏离沪为止。莫那维塔教他抬头张口，用咽部发出很难听的高音，每天要坚持练习几千次。就这样，在几年间，林俊卿在高低音部，分别增加了3个音区。

两位老师，一位教他艺术表现，一位教他发声方法，林俊卿则如饥似

渴，勤奋学习。他的声乐知识扎实，又肯动脑筋，加上发声正确，音质坚实，用气讲究，语法准确，把意大利歌剧中的男中音唱段，唱得十分到家。

林俊卿逐渐成为上海滩非常突出的业余歌唱家。他曾在上海意大利俱乐部音乐厅多次演唱意大利歌剧选曲，梅百器亲率交响乐团为他伴奏，每次都获得很大的成功。梅百器因为他的成就，特地送他一张自己的照片，并亲笔题写："给我伟大的男中音林大夫留念，1945年。"梅百器逝世后，林俊卿在继任指挥马俄林斯基教授和著名小提琴家富华教授的帮助下，多次参加大型音乐会，演唱意大利歌剧选曲，同样获得很大的成功。

当时，客居上海的世界著名音乐评论家顾特那博士，在《大陆报》上发表评论说："专家们都认为他是中国史无前例的歌唱能力最强的男中音。"1947年秋，林俊卿在上海"季末"大音乐会上演唱之后，上海几家英文报刊发表了几十篇评论。英文《华北日报》发表署名G.E. 的德国籍音乐评论家的评论《中国男中音的庄严赫奕的歌声》，其中有一段话：

两年前我们报道过这位男中音具有辉煌的嗓音，现在我们更这样认为。一些美国朋友听了他的演唱之后告诉我们，这样的嗓音在美国将被用大标题作广告。我们认为确实如此。因为林大夫不仅具有宽广的音域和音色美丽多变的嗓音，他还是一位很有修养的音乐家。他演唱不同风格的歌曲，把风格抓得很准确，而他唱起来毫不费力，听众感到他的潜力很大。他的声音在广场的最后一排都听得很清楚，那很不简单，因为广场很大，音响条件很差。

林大夫是个多才多艺的人物。我们的读者

林俊卿、许恬如夫妇

想必记得在我报上常常出现有趣的人物漫画，那是他的杰作。他还是一位很高明的医学家。有一个时期，他还是象棋的名家。但是我们认为他最好是以音乐为职业，这样的好嗓子加上这样超越的音乐天才是稀有的巧合。他不应该剥夺世界人民欣赏他这种稀有天才的权利。他歌唱以后听众报以雷鸣般的掌声，这一点对他应当有所启发吧！

真的，他一直被公认为集医学科学与第一流音乐天赋于一身的"稀有天才"。

声乐明星　大放异彩

由于林俊卿擅长演唱西洋歌剧，1953 年，他应文化部之邀，参加中国艺术团，出访苏联、罗马尼亚、波兰及东德并出席第 4 届世界青年联欢节，上演上百场，掌声遍东欧。他的演唱风格独树一帜，行腔充实，声音嘹亮，热情奔放，淋漓尽致，真正作到"声情并茂，字正腔圆"；对所表演的人物性格和歌曲内容，都有比较深刻的理解。他的歌声真像"飞流直下三千丈"，一连几个钟头，毫无倦意。

他演唱的《塞尔维亚的理发师》中的《费加罗咏叹调》，行腔充实、自然，声音嘹亮，力度和语法都掌握得好，对人物性格和歌曲内容把握准确，又有精湛的艺术技巧，得以随心所欲地刻画角色心境。更令听众惊诧的是他竟能用纯熟的意大利语演唱，用的是意大利传统的美声唱法，唱得那么诙谐、幽默、轻松。素有"最挑剔的音乐欣赏家"之称的德国听众都为之倾倒，他们欢呼着，一次次地把帽子扔向空中，谢幕 4 次、5 次、6 次，剧场里的欢呼声还是像一阵阵旋风似的把一顶顶帽子卷上空中。莱比锡音乐学院给中国艺术团一封信，说林俊卿是世界上第一流的男中音歌唱家，他的嗓子这么好，应该让他从事嗓音研究工作，并当即聘请他为该院声乐教授。

他演唱的《非洲女郎》中的《海上霸王》一曲，也是有声有色。歌曲刻画一位黑人水手在茫茫大洋中与暴风骇浪搏斗的意志和胆略，表现他的雄心壮志和百折不挠的精神。他唱得慷慨激昂，赢得了听众的热烈欢迎。

他演唱的《小丑》中的《序白》，包含了各种各样技巧难度较大的乐段，诵唱的大幅度跳动，抒情豪放的旋律，伸缩性较强，他都处理得当，赢得了很高的评价。而唱中国歌曲《嘎达梅林》，则表现得深沉稳重。

1979 年，中国唱片公司重新出版了林俊卿 1963 年演唱的歌曲。那年，他在上海声乐研究所工作，与指挥家黄贻钧合作，由上海交响乐团伴奏，演唱了 7 首外国歌剧选曲，包括《非洲女郎》、《弄臣》、《塞尔维亚的理发师》、《奥赛罗》、《化装舞会》等。北京、上海的广播电台经常播送林俊卿演唱歌曲一小时节目，除了上述歌曲以外，还有一些其他的意大利歌曲。这套节目也成了中央人民广播电台"外国音乐欣赏"的保留节目。香港艺声唱片公司则录制了林俊卿演唱的外国歌曲，作为歌曲磁带大量发行到世界各地。

1980 年，67 岁的林俊卿以探亲旅游的名义到美国进行考察。有一次，他邀请了一批美国著名的音乐家、权威的评论家及各界名流，参加他的个人演唱会。他一连唱了十几首歌曲，掌声不息。所有出席的人，都被他的歌喉震惊："中国竟然有这样的歌唱家！"已在哥伦比亚大学任教的著名音乐评论家顾特那博士说："林大夫是中国最好的美声学派的代表，是第一流的男中音歌唱家。"

是啊，人已老，声音不老，这在音乐史是少见的。

研究咽音　起衰振敝

1953 年出国演出的成功，使他确立了顶尖歌唱家的地位。但文化部领导经过慎重考虑，认为如果让他专门从事嗓音研究工作，可能会做出更大的成就。此事汇报到周恩来总理那里，周总理也希望林俊卿集中精力从事嗓音研究，还亲自批了 8000 元，让他购买仪器，向国外订购各种参考书籍。林俊卿逢人就说："一个大国的总理，日理万机，还亲自过问一个普通人的研究工作，这在别的国家恐怕是少见的吧！"1957 年，文化部成立了中国第一个声乐研究所 —— 上海声乐研究所，林俊卿被任命为所长，享受一级教授待遇。

从此，林俊卿大夫致力于"咽音"练声体系的科学研究。他根据科学发声原理和多年学习声乐的体会，从解剖学入手，系统地运用音响学、生理学、动力学、心理学、语言学、神经学等科学知识来阐述声乐上的理论问题，指导艺术实践。他创造性地综合了意大利传统的"咽音"发声法和我国传统的"喊嗓"与"下丹田"练声法，逐步建立和完善了"林俊卿咽音练声体系"，实现了科学与艺术的联姻。世界著名音乐评论家顾特那博士说：

他具有稀有的演唱能力，同时是个伟大的音乐天才……后来他把兴趣转向研究嗓音科学。研究这一领域，他最有资格，他有医学科学知识和研究才能，加上有炉火纯青的演唱技巧和最高级的音乐修养，从事嗓音训练与治疗，必能获得良好的成绩。我认为他的非凡的学问和经验对声乐界是最有价值的东西……

林俊卿于 1957—1964 年的 7 年间，在上海声乐研究所培育出一大批著名的歌唱家、声乐教育家，也挽救了一大批失声倒嗓的演员、歌手的艺术生命，被人们亲切地称为"我们的林大夫"。

我国第一位"白毛女"、女歌唱家王昆早在 1956 年就坏了嗓子，不能再演唱了。1960 年，领导送她到上海，经林俊卿大夫用咽音练声法治疗，仅用了 10 个月时间，她的嗓子恢复了，还能升高一个调。她拜林大夫为师，并全力佐助林大夫办好上海声乐研究所，为保护和医治一大批民歌演唱家、著名戏曲演员的声带，恢复和提高他们的嗓音表现能力做出了贡献。

与王昆的遭遇几乎相同的著名京剧演员新艳秋，1960 年由王昆带去拜见路过上海的周恩来总理，她当场为周总理演唱了一段，总理听了十分高兴，详细地询问上海声乐研究所的情况，赞扬林俊卿大夫的咽音练声法确有奇效。1983 年，新艳秋还深情地回忆道："今天，我能和首都观众见面，我要感谢林俊卿教授。"

著名歌唱家罗荣钜于 1956 年师从林大夫学习咽音练声体系，同班同学有王昆、郭颂、马玉涛等。经过了学习，罗荣钜音乐视野大大拓广，比较完整地掌握了意大利美声唱法的要领。一年后，罗荣钜由原来的男中音改变为戏剧性男高音，音域、音量和声乐技巧，都跃进到一个崭新的境界。在学习期间，已失音倒嗓的胡松华来研究所求医，林大夫忙不过来，便请罗荣钜教他学咽音练声体系。罗荣钜现买现卖，教了 5 个多月，居然使胡松华恢复了嗓音，在重返歌坛一年后一举成名。林大夫说："老罗不只是我的得意门生和得力助手，而且是咽音学派的创始人之一。"

罗荣钜说：

咽音体系自成一家，是一种独特的声乐艺术风格，同时又是不会损害任何艺术风格的科学练声法。不论原来是学西洋唱法还是民族民间唱法，轻音乐唱法或各种戏曲唱法，运用"咽音"练声法之后，发音能力都能明显提高，松弛明亮，音域扩展，技巧和表现及感情的处理也能得心应手，但却不会由"洋"变"土"，或由"土"变"洋"。

1978 年，中央乐团著名花腔女高音歌唱家孙家馨，因为年龄增长，嗓音发生衰退，林大夫专门给她上课，指导她用咽音练嗓。三个月后，她举行独唱音乐会，高音洪亮，低音通畅，获得了好评。当然，还有马玉涛、张映哲、郭颂、钟振发、董振厚……

林俊卿大夫被评为"上海市先进工作者"，著名音乐家李凌称他是一头"牛"。是啊，是人民的老黄牛！

当然，咽音练声法也使林俊卿大夫的嗓音产生了奇特功能。他发高音的能力一下子超过了世界水平。据说，意大利著名男高音歌唱家帕瓦罗蒂由于在一出歌剧中连续 9 次唱到高音 C3，被人们称为"高音 C 王"，但他过了 50 岁后，唱高音 C 就感到吃力了。而 1984 年 3 月，70 岁整的林俊卿大夫可以连续 100 次唱高音 C3，甚至唱到高音 C 以上的一个半音，这是他用科学的发声法创造的奇迹。当时海外的许多媒体报道："C 王在中国。"

当代世界著名戏剧家、波兰戏剧学院院长格洛托斯基在其所著《训练演员基本功》一书，专题介绍林俊卿博士的练声法，在谈及戏剧演员练习发音问题时，主张采用林俊卿博士的练声法，他认为，这是"打开喉咙"的方法，非常有效，可以使嗓子变得非常响亮。

林俊卿博士积 40 年之经验，写出了许多专著：

《歌唱发音的机能状态》（1957 年经文化部副部长丁西林推荐，由人民音乐出版社出版）

《歌唱发音不正确的原因及纠正方法》（1960 年经文化部副部长周巍峙推荐，由人民音乐出版社出版）

《歌唱发音的科学方法》（1963 年经文化部副部长石西民推荐，由上海文艺出版社出版），此书已再版 3 次，后被台湾书商翻印了 50000 册，畅销香港和东南亚一带及美国、加拿大、日本等国，被列为大学声乐系学生必读课本。

《咽音练声体系》（1981 年香港出版）和《咽音练声的八个步骤》（1985年出版，后译为英文）被美国宾夕法尼亚大学图书馆的"RLIN— CTK 国际电脑图书交流系统"列为有关声乐教育的重要图书。林俊卿博士成为第一个有科学声乐著作进入国际电脑信息系统的中国人。《咽音练声体系》一书的稿费，被香港浸会学院音乐系用来设立"林俊卿声乐奖学金"。

《美声唱法发音的技术特点及其训练的步骤》

《咽音防治职业病的五个步骤》

《如何保持嗓音健康》

《有关咽音的几个为什么》

《嗓音的"神药"：咽音》……

这些书籍，已成为重要的科学与艺术遗产，对于将来中国民族音乐、中国声乐、歌剧事业、嗓音医学事业的发展，将起巨大的作用。

爱国情深　报国心切

综观林俊卿的一生，有好几次出国定居的机会。

1946年，美国朋友邀请他到好莱坞从事绘画工作。

同年，他的导师梅百器准备送他到意大利米兰歌剧院大师班学习，给了他一封推荐信，一笔旅费，一张护照登记表。他对恩师说："十分对不起，我作为医生，放不下我的病人；我作为丈夫和父亲，放不下我的爱妻和幼子！"

接着，荷兰糖王请他到印尼去，要送他别墅和医院。

1949年上海解放前夕，不少资本家跑到香港去，他们劝林俊卿也去香港，生了病便于找他。"船王"包玉刚是林俊卿的"病患挚友"，更希望他到香港。地下党的同志对他说："像你这样正直的好医生，新中国多么需要啊！"

林俊卿哪儿也没有去，他一直留在上海。

1981年，年已67的林俊卿，到美国探访久别的大妹和二弟，在美国作学术考察。他的亲人，他的学生，美国朋友，美国科学界、艺术界人士，乃至美国政府，都希望他全家迁居美国。为什么呢？

第一，林大夫在"文革"中吃尽了苦头。"文革"初期，他一手创办的、全国唯一的上海声乐研究所被迫关门，所长职务被撤，降级减薪，他苦心孤诣积累起来的装满3个房间的录音资料、实验记录，全被抄砸一空；他的咽音研究被批判为"假科学"、"封资修"，他成了"牛鬼蛇神"、"反动学术权威"，被扫地出门；住房被挤占得只剩下一间半。他回到医院干本行，可是大医院不欢迎这个"点子太多"的医生，不愿意"收留"，他只好到基层的一家地段医院当内科门诊医生。他还被拉到北京、上海的许多单位批斗，以"肃清流毒"；他被关进"牛棚"，强迫劳动，达5年之久；爱妻许恬如受到惊吓，一病不起，不幸于1968年6月28日去世。1975年他被迫退休。二男一女已长大成人，他毫无牵挂，也没有什么可值得留恋的了。

第二，林大夫英语纯熟，能用中英文演讲及写作，从小受西方生活的熏陶，在美国生活，既没有语言障碍，也容易习惯和融入；他擅长演唱外国歌曲，在国内和者甚寡，在美国知音甚多，可以驾轻就熟，如鱼得水。何况，他还是一位身怀绝技的医生！

第三，美国生活条件和工作条件比中国优越。他受到盛情款待，"嗓音研究所所长"的桂冠唾手可得，而且还有丰厚的年薪，那是中国的几十倍。美国哥伦比亚大学教授、《现代音乐史百科全书》德文总编辑顾特那博士握着他的手说："我还是30年前那句话，你仍然是中国最好的美声学派的代表，东亚第一流的男中音。"一位美国青年对他说："林先生，您都67岁了，还唱得这么好！你留在美国吧，我第一个找你学习，我要把我现在支付给大歌剧院音乐老师的丰厚薪资全部给你！"美国一个大财团——北美保险公司东亚经济总裁，出资请他在费城开设"咽音研究所和国际嗓音治疗中心"，他在给美国政府的推荐信中写道："林大夫是中国咽音练声体系的专家，这种练声法很特殊，美国人还不知道，在中国已经进行了30年的科学研究及教学实践了……我们如能把他留住，必有利于美国人民。"

但是他没有在美国定居下来，他对美国朋友说："谢谢朋友们的盛意。我是中国人，是祖国培养了我，我不能随便把这项研究成果给你们。我欢迎美国歌唱家到中国去，我可以在那里为他们训练和治疗。目前，美国是比我们国家富裕，但我不是为了过富裕生活而工作的。我的一切，都听命于我的祖国。我如果把自己的专长高价卖给美国，我就会成为历史的罪人！"

"请林大夫回国过境时在香港停留几星期，给学生们讲课"，香港清华书院发出了邀请。

"到香港来吧，我来招待您，给您住房，给您汽车"，林大夫的学生盛情期待。

"请林大夫到香港给我们开大师班吧"，香港37名音乐界人士发出呼吁。

这么多优越的条件和因素，却抵不过林大夫的一个信念："把知识和财富送到祖国人民手里！"他在美国走访了35家图书馆，查阅了大量声乐、医学的图书资料，购买了300多册图书，然后起程回国。那时，香港还未回归，讲讲课可以，定居下来可不行。1981年5月，他回到了上海，只因爱国情深、报国心切啊！

1982年8月间，中央电视台播放了林俊卿唱歌与教学的实况节目，引起了巨大的轰动效应，全国各地观众给中央电视台写了几百封信，要求学习林俊卿练声法。他的一群学有所成的艺术家学生，联名给中央宣传部副部长张致祥写信，要求给林俊卿大夫落实政策。张副部长于 8 月 26 日给中共中央总书记胡耀邦写信，信中说："他的练声法是一个学派，对他至今未落实政策，并且偌大的祖国没有用他、发挥他才能的地方，我觉不妥。因此，我不避手伸得太长之嫌，为之呼吁，希望对有一方面专门学识才能的人，能安排各得其所，使他们为社会主义祖国贡献自己的才智。"

胡耀邦总书记亲自作了批示，要求有关部门尽快落实政策，充分发挥林俊卿博士的一技之长。1985 年 3 月，中断了将近 20 年的上海声乐研究所搬到了北京，改名为北京声乐研究所，由文化部艺术局直接领导，林俊卿任所长。他为研究所制定一个宗旨和任务："研究声乐，治疗嗓音。"

晚年林俊卿

十几年间，该所做了许多工作，取得了十分喜人的成绩：训练、治疗各类学员、患者 800 多人。京剧表演艺术家厉慧良、青年歌唱演员方明、川剧著名小生晓艇、京剧新秀雷英等，都是用咽音法训练、治疗后恢复嗓音的，许多演员以此征服了声带出血、息肉、水肿、肥厚、失声等病变。该所还举办了两期男高音 C3 培训班。1989 年 1 月 15—16 日，在北京音乐厅举办的"金嗓子"科技音乐会上，更出现了两个奇迹：

其一：沈阳军区歌舞团男高音演员张立军经过该所副所长张映哲指导训练了三个月，在音乐会演唱唐尼采蒂的歌剧《军中女郎》选段《啊，多么快乐的一天》，歌曲中出现 9 个高音 C，由于其难度很高，国内至今尚未有人在舞台上公开演唱过。这次演唱成功，填补了空白，打破了纪录。

其二：被手术摘去喉结而丧失说话能力的无喉人赵米杰，用经过该所训练的"食道发声法"，清晰地演唱了《我是一个兵》和《打靶归来》。

多年的摸索，中国独有的咽音学派形成了。这种咽音练声是通过对所选的嗓部肌肉进行特殊训练和对人体身心的整体调整，使人的嗓音机能获得超自然的功能，使歌唱者有能力完成声乐中的高难技巧，使嗓音病患者恢复嗓音青春，甚至使无喉者也能通过咽音训练恢复说话和歌唱的功能。

患了老年性白内障的古稀老人林俊卿教授，竟能精神焕发地站在讲台上传授知识，并坚持咽音练习，有时要练上 7 小时，发出几千声的 C3……

科学艺术　双璧辉映

20 世纪 90 年代中叶，党中央制定"科教兴国"战略，提出全面推进素质教育的指导思想，要求全国各地创造性地把素质教育落到实处。

为了推动全面提高全民艺术与科学素质，提高中国科技与教育国际竞争力的事业，探讨在"科教兴国"战略方针下，如何发挥"嗓音边缘科学"特有的"跨民族"、"跨学科"的巨大威力及其国内外经济市场的潜力，1999 年 6 月 8 日，由中央音乐学院、北京医科大学、欧美同学会、中国陶行知研究会、北京协和医学院校友会等联合主办"林俊卿嗓音边缘科学暨'科学与艺术'研讨会"，在北京医科大学举行，上百名中国著名的医学家、物理学家、音乐家、画家，如吴阶平、周巍峙、赵沨、王昆、常沙娜、罗婉华、方明、李竺、汤锡芳、黄旭东、龚镇雄、邹德华、张臣芬、方立平、祖振声、李温年等出席，并做了热情的发言；著名音乐家李凌、赵宋光及海外艺术家彭康亮等因故未能亲临现场，还特意寄来了书面发言稿。李凌先生特地寄来他在 1978 年 11 月 2 日写于 301 医院的一篇文章《颠扑不灭地在寻觅真理的林俊卿》，他特别提到，在胡耀邦总书记的亲切过问下，为恢复林俊卿博士的声誉及嗓音科学研究工作得以实现，使他十分高兴。遗憾的是，研讨会举行的时候，85 岁高龄的林俊卿博士正在上海接受手术治疗，未能到会。这是一次中国当代杰出科学家、艺术家的团圆盛会,是 20 世纪精彩的最后一笔!

诺贝尔奖金获得者、著名物理学家李政道博士是音乐的知音,向来就多方面关心物理与音乐的结合。他从 301 医院跑了出来,亲临会场发表了《科学与艺术 —— 一个硬币的两面》的精彩演讲。吸引李政道博士抱病前来演讲的是堪称传奇的医学博士及其咽音训练体系 —— 用科学手段解决艺术问题。他以林俊卿博士全面发展、跨越科学与艺术领域并都获得成功为例,说明科学与艺术的紧密关系,培养创造性人才的重要性。李政道博士语出惊人:

美苏之争的实质是什么,我们一直以为是军备竞赛,是工业竞争,是钢铁比赛。直到20世纪末,我们才明白,他们竞争的最深层的东西是有艺术气质的科技人才。……科学与艺术是不可分割的,就像一枚硬币的两面,它们共同的基础是人类的创造力,它们追求的目标都是真理的普遍性。

李政道博士列举出这样的事实:

20 世纪 50 年代美苏进行空间技术竞争,结果苏联于 1957 年 11 月把人类第一颗人造卫星送上天。自以为是 20 世纪科学技术第一大国的美国,受到很大的震动,进行了认真的反省。10 年后,教育学家们提出了这样的观点:美国的科学教育是先进的,但艺术教育落后;两国科技人员不同的艺术素养,导致了美国空间技术的落后。接着,美国在哈佛大学进行了 20 多年的"零点项目研究",花了上亿美元。其研究成果导致美国国会于 1993 年 3 月通过了克林顿政府提出的《2000 年目标:美国教育法》,在美国历史上,第一次将艺术与数学、历史、语言、自然科学并列为基础教育核心学科。为此而制定了《美国艺术教育国家标准》,做出这样的结论:缺乏基本的艺术知识和技能的教育决不能称为真正的教育。

与会的专家教授们认为:21 世纪是一个呼唤创造性人才的世纪,而科学与艺术的联姻是培养创造性人才的佳径。我们的教育要突破技术层次,进入一种人文和理工相通的境界;要把林俊卿博士身上那种充满活力的创造精神,不屈不挠的献身精神,传播给今天的社会,传播给我们的下一代,并一代一代地传下去。中国陶行知研究会会长方明先生向大会发出一份倡议书:

林俊卿博士是中国创造性人才的典范,应该写入教科书中……剖析他如何吸收东西方优秀教育的精华,在教育改革的今天是很有意义的,应尽早让孩子们知晓，使我们的后代崇尚创造的风气……

林俊卿博士所创立的"咽音练声法"体系，也获得了公正的评价：赵宋光教授在题为《以科学与艺术联结的动势对待"咽音"》的书面发言中说：

林俊卿大夫的集神经学、生理学、物理学、艺术学等科学于一身的"咽音练声法"在中国的兴起，正是体现了（跨学科的综合研究与应用）这个大趋势。上世纪60年代初，林大夫提出：歌唱者要把咽腔调节成管状的共鸣腔；60年代中期，他进一步从气体动力学"贝努利效应"的视角，指出咽音共鸣的原理是，唱腔空气柱被稳劲气流借助声带激振，形成驻波而发声，创立了"咽音练声的八个步骤"等科学练声法。以后他又发现这一发声方法的纯熟运用具有嗓音保健与治疗的功效。因此，"咽音练声法"是有前沿意识的，是有发展前途，有生命力的。

李向来先生以《"咽音"—— 开启人声宝藏大门的钥匙》为题，发表了长篇论文（后刊登于《中央音乐学院学报》2001年第一、二、三期）。作者认为，美声歌唱已产生300多年，而其核心 ——"咽音"却由于某种历史原因近于失传，现在无论在西方或在中国的声乐界都很少有人知道，掌握它的人就更少了。作者通过考察"咽音"的产生与发展的历史来全面认识"咽音"，深入了解美声歌唱；通过研究"咽音"在歌唱中的价值及作用，以澄清人们对美声歌唱上存在着的某些似是而非的东西。作者得出了这样的结论：

我国男中音歌唱家林俊卿于1941年在来我国讲学的意大利男高音莫那维塔那里学到了"咽音"。虽然他没有什么理论方面的阐述，但却教授林俊卿用张小口的姿势发咽音的方法。而后林俊卿就以坚韧不拔的毅力进行了20年的发音训练与刻苦研究，终于于60年代在他的声乐著作《歌唱发音的机能状态》、《歌唱发音不正确的原因及纠正方法》中将咽音练声法这一意大利黄金时代美声歌唱的秘方介绍到中国。后又经20余年的研究与完善，于1985年出版了《"咽音"练声的八个步骤》，标志着科学完整的"咽音练声法"在我国的确立并处于世界领先地位，博得了世界声乐界的赞誉。美国的一些声乐研究机构曾向他发出邀请，但林俊卿哪里也没去，无私地将这一成果献给了祖国。我们不出国门就可以学到它，这是我们中国歌唱家的福分。……西方虽然首先提出了"咽音"，但却未有从科学上明确阐明咽音的特殊发音机能，也没有咽音的具体训练理论流传下来。而我国林俊卿博士确立的咽音体系却做到了这一点。……近几年来，林俊卿创立的"咽音练声法"已逐步引起国内外声乐界的注意，开始纷纷研究它、学习它。

林俊卿博士一生的经历和成就，就是创造性地把科学与艺术结合的典范。难怪他的半身雕像，被矗立在北京医科大学的校园里，吴阶平、李政道亲自上台为其郑重揭幕。人们写诗赞曰：

坎坷奋进是俊卿，不图虚名为真情。

妙曲万支震中外，歌坛桃李传美声。

2000 年 7 月 12 日晚，林俊卿博士因病医治无效，在上海逝世，享年86 岁。遵照他生前的遗愿，丧事从简。文化部发布讣告，对他的一生做出崇高的评价。

2001年7月12日于鹭江天风阁

参考文献

1.叶永烈：《声如千骑疾——咽音专家林俊卿教授》（载《中国科学名星》，文汇出版社1995年3月出版）

2.陈祖芬：《活力》（载《当代》1981年第6期）

3.罗荣钜：《林大夫和"咽音"体系》（载《美声的金钥匙》一书）

4.李凌：《颠扑不灭地在寻觅真理的林俊卿》

5.李亚熔：《为"中国C王"咏叹》（载《中国信息报》1999年7月23日）

6.沙林：《科学与艺术——一个硬币的两面》（载《中国青年报》1999年6月10日）

7.辛游：《墙内开花墙外香——记咽音练声法创始人林俊卿》（载香港《镜报》1985年9月号）

勤耕细耘　桃李芳菲

——著名钢琴演奏家、钢琴教育家李嘉禄

李嘉禄

理学士当上音乐教师

　　李嘉禄（1919—1982），1919 年 12 月 17 日出生于同安县后滨乡同美村，父亲李永栋是农民出身的传教士；母亲杨冰是鼓浪屿渔民的女儿，她就读于教会学校明道小学，会唱歌，会弹风琴，熟悉五线谱。父母亲是李嘉禄最直接的启蒙老师，使他从小对音乐特别是对钢琴情有独钟。

　　李嘉禄在同安启悟小学毕业后，被保送进入从鼓浪屿迁到漳州的教会学校寻源中学。他会弹风琴，担任全校集会的司琴和大合唱课的伴奏，军号、口琴也吹得不错，寻源中学的起床号就是由他用小号吹响的，任足球中锋也踢得很出色，他确实是一个全面发展、成绩优异的学生。20 世纪 30 年代末期，爱国学生运动风起云涌，平时不大爱在大庭广众前露面喧哗的李嘉禄，就在这股爱国热潮的影响下，用充满激情的语言在漳州街头发表演说，宣传抗日。这对他世界观、艺术观的形成，起了良好的作用，为他的人生道路奠定了基础。

　　寻源中学校长很欣赏李嘉禄的音乐天才，初中时，就介绍他到美国女教师敏戈登夫人那里，正规地学习钢

琴。可是李嘉禄家境贫寒，交不起学习钢琴的费用。敏戈登夫人答应他，以帮助老师抄谱抵作学费。敏戈登夫人喜欢四手联弹，李嘉禄从中学会了与他人合奏时，互相默契配合的能力，钢琴技艺有了很大的进步。但他毕竟还是初中生，又要学功课，又要踢足球，又要吹军号，又要练钢琴，时间不够用。有一次，敏戈登夫人忽然宣布中止上课，这使他吃惊不小：原来，他抄谱太马虎，老师生气了。虽然惩罚不久就结束，但李嘉禄从此明白了一条真理：做任何事情都不能马虎草率。于是李嘉禄抓紧时间刻苦练琴，一连几个暑假都没有回老家同安（尽管相隔只有几十公里）。

1938 年，李嘉禄考入内迁邵武的福建协和大学外语系。学校没有音乐系，却有正式的钢琴选修课。大二那年，美国著名的奥伯林音乐学院（我国著名音乐家黄自的母校）毕业的高才生 A·福路先生到协和大学执教。在一次钢琴独奏音乐会上，福路先生演奏的俄罗斯作曲家穆索尔斯基（1839—1881）的钢琴组曲《图画展览会》让他震撼了，那细致入微的音色变化，那栩栩如生的音乐形象，使他如醉如痴。音乐会一结束，李嘉禄就迫不及待地求见福路先生，希望做他的学生。福路先生为他的真情好学所感动，答应了他的要求。但每月 20 美元的学费，却使他难于应付。福路先生知道他经济拮据，便深情地对他说："你不必付我学费了，给你上课，是一种愉快，也是一种享受！"

在福路先生细致而有说服力的讲解和真挚热情的指导下，李嘉禄学习钢琴的兴趣和信心倍增，技术突飞猛进，视野开阔，曲目广泛。他起早摸黑地练琴，夏天，当然是汗流浃背；冬天，他带一只装着开水的铜壶到琴室，手指冻得难受，就靠水壶暖和一下，继续地练下去。

不幸只读了半年，李嘉禄的父亲突然病逝。母亲卧病在床，弟妹嗷嗷待哺，他只得休学回家，准备务农维持家庭生计。在回家的路上，他遇到了中学英语老师李发德（美籍），问明情况后，李老师愿意提供资助，让他重返协和大学完成学业。一年后，李老师因夫人去世而无力继续资助，李嘉禄只好靠勤工俭学，由学校分配他教业余初学钢琴的大学生，挣些钱好继续念书。

其时，李嘉禄有许多外出的机会，在闽北的崇山峻岭中领略自然风光，他被山林中鸟类的鸣叫声所吸引，在他听来，那是大自然的奏鸣曲。于是他索性转入生物系攻读。系主任郑作新教授是我国著名的鸟类学家，又兼任教务长，不仅同意他转系，还建议他把音乐和生物结合起来作为研究课题。因此在大学的最后一两年间，李嘉禄浸淫于美妙的钢琴声和动人的鸟鸣声之中。

1942 年暑假前，李嘉禄以论文《邵武常见鸟类的鸣声》，取得了协和大学理学士学位。论文运用听音记谱法记录和研究各种鸟类如黄莺、鹦鹉、杜鹃、鹧鸪、布谷鸟等的鸣叫声，并使之在键盘上重现。这篇不同凡响的论文，表现了他那极强的音乐记忆力，获得了学术界的好评，一时传为佳话。他被留校，任福路先生的助教。这样，一个学生物的理学士，开始了他的音乐生涯，而福路先生则按照钢琴独奏家的要求来培养他。

李嘉禄在协和大学当了半年音乐科助教，便被国立福建音乐专科学校教务主任缪天瑞教授挖走了。在福建音专的 5 年中，他举办了 80 多场钢琴独奏音乐会，足迹遍及福建、江西两省，大量介绍了萧邦、李斯特、德彪西及穆索尔斯基的作品。萧邦的《降 A 大调波兰圆舞曲》是他最喜爱的保留曲目之一。20 世纪 40 年代的中国，正和萧邦当年的祖国一样，受到外敌的蹂躏、侵犯，乐曲倾注了萧邦对祖国的热爱和激情；穆索尔斯基的钢琴组曲《图画展览会》是一首写实主义和人民性很强的作品。在当时的国民党统治区，稍有不慎都可能遭到不测，演奏这样的作品当然要担当风险，而李嘉禄却首次在福州演奏了这些作品。

为了精益求精，他经常夜里练琴，通宵达旦，以避开钢琴使用的"高峰期"。不少学生也学习他的榜样，通宵练琴。缪天瑞教授 1989 年 5 月为《钢琴表演艺术》一书写的序中说：

当时由于处在战争环境，钢琴设备不能满足众多师生的要求，他就在夜间练琴，直至深夜。这对当时同学相率在夜间练琴，起了促进作用。那时整个校园内通宵达旦，琴声不绝，特别在秋冬寒夜里听得格外清晰。这一景象，曾引起我无穷感慨，写过一篇短文《谁知琴中音，声声皆辛苦》登在校刊上。这种"寒夜琴声"（自然也包括李嘉禄同志的琴声在内），虽已隔半个世纪，至今犹萦绕在我脑际，未曾忘怀。

不仅如此，李嘉禄还挤出时间，向校长萧而化教授学习作曲知识，以提高自己的理论水平。抗战胜利后，福建音专迁到福州，他除了教学、演出以外，还不时发表论文，1945 年由讲师晋升为副教授，那时他还不满 26 岁。

留学美国获得金钥匙 ‖‖‖

1946 年，福路先生回美国度假后又来到中国，他目睹李嘉禄的勤奋和成绩，表示愿意帮助李嘉禄赴美留学深造，为他申请到奖学金。于是李嘉禄凑足了 500 美元路费，负笈美国。

1947 年底，李嘉禄乘轮横渡太平洋，展转到达美国中西部的内布拉斯加州。他先在克利特城的道安大学音乐系读书，经过学校考查，他的钢琴水平已大大超过该校毕业生，他即以一年的时间补足音乐系全部课程的学分。1949年 1 月 4 日，他以巴赫的《降 E 小调前奏曲与赋格》，贝多芬的《降 A 大调奏鸣曲》（op.110），勃拉姆斯的《E 大调间奏曲》、《G 小调随想曲》，巴托克的《熊舞》、《野蛮的快板》等节目，举行了一场钢琴独奏音乐会，获得了音乐学士学位。

1949年寒假，留美的李嘉禄在朋友家，一面与夫人度假，一面赶写硕士论文

接着他考入内布拉斯加州立大学音乐研究院，获得全额奖学金攻读硕士，主修钢琴。由于他已经超过该校毕业生的水平，就有充分的时间和条件到处举办独奏音乐会。他先后在堪萨斯、明尼苏达、密执安、俄亥俄、伊利诺斯、纽约等州，作过数十场独奏或演讲，并为第 6 届中国旅美留学生联谊会演出，轰动一时。其间，他还向在明尼苏达大学举办大师班的欧洲著名钢琴家费兰克·曼海米尔学习。这位大师像当年的福路先生一样，自愿免费（本来每次授琴 20 美元）教授这位中国青年，他对李嘉禄说："你每次上课弹奏的乐曲，对我来说是一种无比高尚的享受。"这次学习，使李嘉禄的艺术视野更为开阔，演奏技巧也进步了许多。

留美期间，李嘉禄放弃任何娱乐和休息，日程表上只是学习、听名家音乐会和举办独奏音乐会。他利用假日为他人照顾孩子，到餐馆当服务生，到青年夏令营里弹伴奏，有时也举行周末独奏音乐会，得些收入作为生活零用费。而他在钢琴专业上成绩优异，同时学习了和声、作曲、配器、音乐史等课程，成绩也名列前茅。1950年春，他创作了一首单乐章的《中国民歌主题钢琴奏鸣曲》，写了一篇论文《中国音乐的旋律与和声依据》，举办了2场曲目不同的钢琴独奏音乐会。由于成绩突出，1950年夏，李嘉禄不但获得了音乐硕士学位，还获得了一张全美学生荣誉奖状和一枚金钥匙。这在当时，是中国留学生一种极高的荣誉。

李嘉禄获得殊荣，在美国各地的巡回演出又获得很大的成功，不少大学都想聘请他去任教，其中威斯利安大学捷足先登，立即向他发出了聘书。

此时新中国成立未及一年，各项建设正需要大批人才，对外又进行着抗美援朝斗争。国内南京金陵女子大学音乐系向他发来了聘书。两张聘书使他心潮澎湃：他想到旧中国积贫积弱，任由帝国主义者欺侮；他对内忧外患十分痛恨，也激起他爱国报国的满腔热忱。如今是回到灾难深重、但已获新生的祖国，还是留在生活舒适、薪酬优厚的异国他乡？他毅然、决然，退回美国威斯利安大学的聘书，冲破重重阻扰，和夫人吴志顺于1950年10月乘轮返回祖国。他说："美国再好，总不如故土，何况是解放了的祖国。我要把自己的学识都献给祖国，献给人民，为发展我国的音乐事业贡献自己的力量！"

为学生倾注心血智慧

李嘉禄先生一回到祖国，就相继在南京、北京、天津等地举行钢琴独奏音乐会。他演奏的曲目，从古典的巴赫、贝多芬到萧邦、李斯特以及印象派的德彪西，现代派的卡巴列夫斯基、斯特拉文斯基等。此外还有贺绿汀的《牧童短笛》，丁善德的《新疆舞曲》，瞿维的《花鼓》以及他本人的单乐章《中国民歌主题钢琴奏鸣曲》等。新中国成立伊始，曲目如此丰富多彩的钢琴独奏音乐会是非常罕见的。

1950年深秋，李嘉禄应当时南京大学校长吴贻芳先生之聘，到校任音乐系钢琴教授兼系主任。他不但担任钢琴主课的教学，还亲自开设了复调、曲式分析等课程。

在演出方面，他也不遗余力。1950年11月24日，他与歌唱家温可铮合作，在南京金陵女子大学大礼堂为皖南灾区募捐举办音乐会；1951年9月1日，在天津亚洲电影院为抗美援朝捐献飞机大炮进行义演，开了两场音乐会。随后，他又与温可铮、周小燕在北京举办音乐会，招待各国驻华使节和文艺界人士。他以琴声表达他的赤子之心。

1952 年，全国高校院系调整，李嘉禄教授来到上海音乐学院，担任钢琴系副系主任兼教研组主任。由于时间和精力上的限制，他决定放弃演出，专注教学，培养人才，在学生身上，倾注了他的全部心血和智慧，成为上海音乐学院的教学台柱。他培养了众多的钢琴家，其中最突出的是顾圣婴。

顾圣婴出身于书香门第，5 岁学习钢琴，师从过陈汝霖、邱贞蔼先生。但直到她 12 岁那年，师从上海音乐学院的杨嘉仁教授，她才真正踏上攀登艺术高峰的基石。

1953 年 5 月，杨嘉仁教授奉命率领一个艺术团出国访问三个月，他拜托李嘉禄教授代他为顾圣婴授课。三个月后，杨嘉仁教授从国外归来，发现顾圣婴的琴艺突飞猛进，大吃一惊。

李嘉禄和他的学生顾圣婴在音乐会上

第二天，杨嘉仁教授找上李嘉禄教授，问道："李先生，跟你商量一件事，你喜欢顾圣婴这个学生吗？"

"这是我接触过的学生中最好的一个，是一个潜力很大的人才。"

"好，那么我请你做一件好事，你收下这个学生吧！"

李嘉禄教授一时愕然，过一会儿，他才明白杨先生的话意。

"不，不，这是你心血培育的一枝花，我不敢掠美。"

"老李，咱俩别说这种话，我只问你愿不愿意收下她？我昨天听了她弹的琴，我就立刻感到你的教学方法是非常适合她的，请你继续教下去吧！"

"不，不。"李嘉禄教授执拗地拒绝了。

一星期以后，杨嘉仁教授又来到李嘉禄教授

家里。

"老李，我求你行行好吧，难道你真愿意看到她在我手里给耽误了吗？这是一个难得的人才啊！"杨教授恳求着，而且几乎是在哀求了。

李嘉禄教授被他的肺腑之言打动了。最后两人含着满眶的泪水，无言地握手达成了协议。

李嘉禄教授深深为杨嘉仁教授谦虚诚挚、大公无私的美德所感动，倾注全力培养顾圣婴。他们俩都以事业、人才为重，全不顾个人的毁誉。

顾圣婴有得天独厚的条件——手指伸张度大。李嘉禄教授指导她进行了手指肌肉锻炼等许多技巧性的练习，使她能流畅自如地弹奏那些艰难的快速度、大力度甚至大伸张度的浪漫派作品。他十分注重音色的修饰，便让顾圣婴逐步学会运用不同的指法和触键，因而丰富了她的音乐表现力。每次上课，李嘉禄教授不但从各种不同的角度进行讲解和示范，尽量扩大她的曲目范围，而且给她聆听同一乐曲不同演奏家的演奏，以分辨他们的差别。所以授课的时间常常在4小时以上。李嘉禄教授还留神细察顾圣婴的演奏风格，发现她善于将自己对乐曲的独特理解诗意般地表现出来，尤以细腻深蕴的抒情见长。李嘉禄教授有意安排她弹奏大量的欧洲古典名曲，特别是萧邦的作品，这为她日后成为我国著名的萧邦作品演奏家奠定了坚实的基础。

仅仅一年多工夫，顾圣婴的钢琴演奏技艺发生了一次飞跃，进入了高级阶段。这位才智过人而又勤奋不苟的学生，其进步比老师所想象和要求的还要大一些，多一些，这使李嘉禄教授十分感奋，他认为应当把她介绍给广大听众了。1955年2月16、17日两天，顾圣婴就在上海艺术剧场举行了她的第一次钢琴独奏音乐会。由于节目内容丰富多彩，音乐形象鲜明生动，深受音乐界人士赞赏。连当时的上海市长陈毅、上海卫戍区司令员郭化若、华东行政区文化部部长夏衍听了，都大为称赞。顾圣婴高中毕业时，钢琴水平已大大超过音乐学院的毕业生，因而马上被上海交响乐团吸收，担任独奏演员，一开始就被评为文艺8级。而这时她才17岁。

1956年11月，顾圣婴到中央音乐学院专家研究班学习，由苏联专家给予悉心教导。但无论是假日回到上海，还是在上海工作之后，她都常常将自己遇到的问题向李嘉禄教授请教。李嘉禄教授说，我从杨嘉仁教授手上接下她，3年多以后又将她转给苏联专家，如同接力赛一样。他赞扬学生的才华和勤奋，却从不提及自己的教学与付出。而顾圣婴则一次又一次地摘取了国际钢琴比赛的桂冠作为对恩师的回报。

1957 年 8 月，她参加在莫斯科举行的"第 6 届世界青年学生联欢节"，为我国夺得了钢琴比赛的第一枚金质奖章。

1958 年，她参加第 14 届日内瓦国际钢琴比赛，获得女子钢琴比赛一等奖。

1960 年在东欧巡回演出，匈牙利一位音乐评论家写道："她演奏萧邦作品，带有女性特有的细致缠绵、哀愁凄沉的情致，然而有时也是那么强韧有力，显示着光明和希望！她是天生的萧邦演奏家。"匈牙利方面送她一只石膏制的萧邦的手，以示祝贺。

1964 年，顾圣婴参加比利时国际钢琴比赛，李嘉禄教授特地帮她准备了全套曲目。比赛结果，顾圣婴获得伊丽莎白皇太后国际比赛奖。

······

可是她的父亲顾高地，受"潘汉年、杨帆案件"牵连，1955 年 8 月 29 日突然被捕。之后，又逢"反右"运动开始，竟被加上莫须有的罪名判刑 20 年。"文革"中，家庭一再受到冲击，顾圣婴精神崩溃了，和母亲、弟弟一起自杀身亡，英年早逝。

十年浩劫，李嘉禄教授因为教了这么些学生，加上他的留美经历，等等，被打成"反动学术权威"，隔离审查，直至 1977 年，才获得正式平反。李嘉禄教授培养了顾圣婴、郑曙星、朱昌平、项信恩、姚世贞、康却非、裘寿平、李民铎、牛恩德等数十位钢琴名家和一大批全国音乐院校中的教学骨干。

1981 年，李嘉禄当年的恩师福路先生访问中国，对上海音乐学院的钢琴水平赞不绝口，他对李嘉禄教授说："我很高兴，我早年在中国的工作，看来还是有收获的。你对钢琴事业的贡献是很大的！"

为建立"中国学派"而拼搏

李嘉禄教授呕心沥血，勤耕细耘，因材施教，育人有方，所以培养出大批优秀的学生，并为建立钢琴教育的"中国学派"而拼搏不止。

他一再告诫学生们："我们无论如何不要做赶'潮流'的钢琴家，因为赶'潮流'的钢琴家是没有出息的。我们要做真心忠于作品思想内容的钢琴家 …… 希望你们要把'中国学派'坚持下去，这才会使我们的钢琴事业兴旺发达起来。"李嘉禄教授身体力行，洋为中用，形成了自己的教学风格和特色：对触键和音色变化要求十分细腻，对乐曲的处理和表现要求很高。

他认为钢琴是声音的艺术，通过音色的变化，音乐就语言化了，就能更生动更好地表达作品内容；各种音乐、层次感都与触键密切相关，这说明在钢琴演奏艺术和学习中触键的重要性。他强调指尖的稳定性与敏感性，强调手指、手腕、手臂的结合运用。他教学生用各种不同的踏板，用半踏板，用颤音踏板。他把对学生基本功的训练和控制触键的变化有意识地结合起来，在四十多年的教学实践中贯彻始终。

他说："国家很信任地把学生交给了我们培养，我们做教师的就要把每位学生看成是一块刚开挖出来的玉石，教师的责任就是要把这块玉石雕琢成栩栩如生、光彩夺目的艺术品。……教师要善于发现，善于引导，善于启发学生，让学生的个性弹出来，把理解的作品思想弹出来。"所以每一个经过他教导的学生，都能发挥最大的积极性，在原有的基础上大幅度地提高，比较牢固地掌握了钢琴弹奏的基本技能。

李嘉禄教授因人而异，针对每个具体的学生进行备课。人们发现，他对每一位学生，都有厚厚的几本笔记，上面有上课记录，学生的课堂提问，言谈想法，他经常要在那上面划上红线，然后写道："他为什么提这个问题？下次上课时要同他谈谈。"他从不强求学生按照他的模式弹奏，而是谆谆善诱："哦，你是这样处理的吗？当然也可以成立，不过如果……是不是更好呢？"他从剖析乐曲的结构入手，在和声进行、声部线条高潮安排方面，都提供了充实的理论依据，使学生能够纵观大局，把握整体，然后开始对乐曲进行细腻的处理。他认为每个学生的基础、气质、感受、优缺点都不同，应当在尊重作曲家风格的前提下，设法保留学生的气质和特长，不要强求千篇一律；不同的学生，对作曲家不同时期作品的演奏都可能有新颖独到之处。

在这位留美的教授身上，找不到一丝一毫崇洋的习性，却有着淳朴的中国气质。他认为学习西洋，借鉴西洋，是为了更好地发展我们自己民族的音乐文化。连他创作和改编的作品，都具有十足的中国气派，如《中国民歌主题钢琴奏鸣曲》、《清江河》、《游击队之歌》、《南泥湾》、《红梅赞》等钢琴曲。他灌制的唱片，有瞿维的《花鼓》，寄明的《农村舞》，丁善德的《新疆舞曲》等钢琴曲。他用自己的行动，实践了"古为今用，洋为中用"的文艺方针。

李嘉禄教授呼吁，在钢琴艺术事业上，需要创做出代表我们时代和民族面貌的中国作品。他重视和鼓励创作，积极支持和推荐新作品，经常把优秀的新作品作为教材。汪立三的《蓝花花》，桑桐的两首《序曲》，王建中的《樱花》等，都是李嘉禄教授通过自己的学生首先介绍给听众的。中国钢琴曲很多都用五声音阶及民族调式来进行创作，它的技术规律和特点不同于传统的西洋作品，为此，李嘉禄教授又编写了以五声音阶为基础的系统的基本技术训练教材。

1980年9月，李嘉禄教授随同文化部组织的代表团前往波兰参加第10届国际萧邦钢琴比赛。他通过现场观察，将自己多年研究和曾经感到困惑的问题加以比较，感到受益匪浅，也增加了自信心，借此机会与同行和有关方面进行了交流探讨。

1981年，一位学生要到美国参加国际钢琴比赛，李嘉禄教授为他准备了3首中国钢琴独奏曲：贺绿汀的《牧童短笛》，陈培勋的《平湖秋月》，王建中改编的《百鸟朝凤》。他说："我要向美国人民介绍这3首曲子，还有一个重要的原因，就是它们代表了中国音乐界的三代人，并显示了中国钢琴音乐的发展脉络。"

李嘉禄和他的学生们

1981年11月10日，距离他病倒医院半个月，他完成了一篇重要的论文《如何学习一首钢琴乐曲》。此文发表时，作者已离开人世，这可以说是李嘉禄教授的绝笔，是他的钢琴教育、教学经验的总结。全文分为浏览背谱、处理乐曲、攻技术关、再抓整体四个部分。我们来看看李嘉禄教授的精彩论述：

他总结自己师从福路先生、弗兰克·曼海米尔大师学习钢琴的经验说："学生在学习一首钢琴曲时，首先要离开钢琴把乐谱背好，而后才开始练琴。当然，要采用这种办法，首先应该具备关于和声、复调、曲式等方面的音乐知识。这样，离开钢琴背谱时才会在脑子里想象出乐曲的音响效果以及和声的线条和立体感。……再花一点时间读谱、背谱，或者在钢琴上用慢速进行练习，直到把乐谱上的一切表情记号统统背熟记牢，这样才能改正'只见森林，不见树木'的毛病。"

"处理乐曲必然要涉及乐曲分析问题。分析乐曲的段落，是为了要探索作者的构思和音乐发展的逻辑，进一步理解作品所要揭示的音乐内容和各种表现手法，等等，以便在演奏乐曲时进行艺术再创造。"

"如果说处理乐曲是学好一首乐曲的关键，那么攻技术是学好一首乐曲关键中的关键。"李嘉禄教授列举了几种技术难关，并提出了攻关的办法。

"再抓整体，首先是加强演奏者艺术再创造'一次过'的锻炼，通过'一次过'的练习，提高自己塑造鲜明音乐艺术形象的能力。"

1981年11月底，李嘉禄教授病倒医院，在他得知自己得了绝症之后，还在考虑学生出国比赛的训练计划。病魔残忍地折磨着他，而他还是那样慈祥地望着学生，用双手比划着断断续续地说："这个乐句要这样弹才会更辉煌。"他的病床上摆满了乐谱和稿纸，他特别抓紧时间写作《钢琴教学中的100个问题》一书。当他写到第20个问题时，进入了昏迷状态。1982年2月19日，他丢下未完成的书稿，与世长辞。人们评价他以勤奋、拼搏、奉献组成了一生的三部曲。他培养的学生，他生前灌制的唱片，所写的教材、论文和专著，将成为我国钢琴教育事业中的宝贵遗产。1993年9月、1998年1月，人民音乐出版社出版了他的专著《钢琴表演艺术》、《钢琴基本技术练习》。这些书，都一版再版，并且获得了很高的评价。

数十年如一日，李嘉禄教授不管严寒酷暑，废寝忘食，把几乎陷于中断的钢琴音乐事业扶植和发展起来。

道德风范永留人间

1982年3月7日，李嘉禄教授追悼会在上海龙华革命公墓隆重举行。上海音乐学院院长贺绿汀教授的挽联写道：

卅载勤耕苦耘乐坛长赞颂
满园桃红李白文范永芳菲

他的遗体上覆盖了一块精心绣制着钢琴和休止符的白绸布，周围是小松树和家乡的名花 —— 水仙。在遗体告别仪式上，他的学生于金弹奏了萧邦的《葬礼进行曲》，人们在深沉的乐声中向他作最后的告别 —— 这展示了音乐是他生命中永恒的主题。他的老朋友、顾圣婴的父亲顾高地老先生，在平反出狱之后，曾多次到医院探望病中的老友。李嘉禄教授逝世后，他怀着十分悲恸的心情，写了一对催人泪下的挽联：

四十年化育乐坛，长愿传薪人常健，那堪病榻缠绵，力疾深宵著巨帙；

九泉下若逢吾女，应怜入室出同工，忍顾琴键深沉，神伤何处觅遗音？

许多同事回忆起李嘉禄教授的崇高品格：解放后第一次定级评薪时，领导和同志们都评他为二级教授，后来他作为定级评薪委员会的成员之一，了解了一些情况，为了让更多的同事晋级，他主动提出把自己从二级降到三级。他参加工作40多年，从来没有为自己争过名誉、地位和金钱。

这里我们还要提一提他对家乡的关爱。20世纪50年代，正是他以伯乐的眼光，在鼓浪屿发现

李嘉禄逝世，学生们悲痛欲绝

了殷承宗、郑毅训、殷承基、许斐平等音乐天才，把他们招收到上海音乐学院。在病榻旁，他还在询问："福建音专筹办得怎么样了？故乡是出音乐人才的地方，如果我还有能力为故乡的音乐事业添砖加瓦，那该有多么幸福啊……"

李嘉禄教授在40多年间，面对面、一对一地教过600多名学生。他像一位辛勤的园丁，在钢琴园圃里撒下了种子，哺育了幼苗，培养了鲜花，扶植了大树。受过他教泽的莘莘学子，念念不忘他们的恩师。

福建音专时期的学生，后来任教于中央音乐学院的赵方幸教授（著名指挥大师黄飞立教授的夫人、著名作曲家黄安伦的母亲）在给师母吴志顺的信中，回忆了当年"夜练琴"的情景说："李嘉禄教授勤奋、刻苦、好学和不怕困难的精神，我们都心领身受了。

他坚持'夜练琴'，感染了我们，我们也开夜车练琴。可是我们女生宿舍夜里十点关门，无法外出，我们想方设法，从女厕所掏粪的门洞钻出去，爬出墙（下面是粪池），到琴室练琴去！1944年冬，我要练贝多芬的奏鸣曲作品27，可是没有琴谱，李老师就亲手抄谱给我练。唉，到哪儿去找这么好的老师啊！我写到这里真是不禁泪下！"

李嘉禄教授逝世时，上海音乐学院教授王叔培和他的夫人失声痛哭了好多天。原来王叔培是一位盲人学生，耳朵灵敏，记忆力强，但学钢琴有些难度。李嘉禄教授在教他的时候，为了让他感受到如何触键才能产生优美的旋律，就把自己的五只手指弹在学生的手背上，使他能具体感受到手指的弹法；为了让王叔培懂得如何使用不同的踏板法来配合乐句，李嘉禄教授有时用自己的双手移动学生的脚，让他不断练习。这样，教学进行得非常顺利，王叔培的演奏水平提高很快，毕业时得了5分（满分），留校任教，后来晋升为教授。李嘉禄教授这么呕心沥血，不仅当导师，还当服务员，硬是把一位残疾人培养成钢琴家，怎么不让学生铭记肺腑呢！

后来成为著名钢琴家的李民铎回忆道：数十年如一日，李嘉禄教授的日程表上，从来就没有假日，他也没有其他娱乐和嗜好；在他那宽阔的胸怀里，只有一个"主题"，那就是祖国钢琴事业的发展。这个"主题"贯串了他的一生，成为他生活的核心，生命的全部意义。

他的研究生李健总结道："在因材施教方面，李嘉禄教授体现了教师必备的两项素质：一是抓住学生的特点，二是抓住教材的特点。正像李嘉禄教授常常使用的比方，病人与药方的关系——对症下药。"

美籍钢琴家牛恩德，20世纪60年代出国深造而获得博士学位，后任美国长岛普莱尼茨公立学校教授。1984年4月11日，她在纽约《华侨日报》撰文《怀念李嘉禄老师》，记述了这么一件事：

1977年夏天，利用暑假期间，牛恩德博士出国后第一次回国观光探亲，第二天就回到阔别多年的母校——上海音乐学院。中午时分，骄阳似火，校园静悄悄。她走近教学大楼，听到从钢琴系教室里传来了一阵贝多芬的《月光奏鸣曲》第一乐章的旋律。谁在三伏天的午间练琴？牛恩德博士走近一看，原来是李嘉禄教授正在为一位学生上课！见到这种场面，牛恩德博士非常激动，可李嘉禄教授只是寒暄几句，又继续专心致志地教起课来，他时而闭眼聆听，时而来回踱步。一曲完毕，他与学生并肩而坐，侃侃而谈，既充分肯定学生的进步，又不放过任何一点小小的毛病，时而亲自示范演奏，还像从前那么认真耐心、一丝不苟。直到上完课，他顾不得拭去额头上的汗珠，就十分和蔼、微笑着握住牛恩德博士的手说："十分抱歉，让你久等了。"他又十分谦虚地征求她的意见："你看我刚才讲的《月光奏鸣曲》行吗？说说么，你已经是钢琴家了。"牛恩德博士一时心潮起伏，激动得流出了泪水，她只觉得：李嘉禄教授不是把音乐看成一种职业，而是看成一种神圣的事业！多少年过去了，但老师的这个形象，这副模样，时时在她的脑海中出现。

　　啊，一生勤耕细耘，满园桃李芳菲！

2006年10月3日于鹭江天风阁

参考文献

1.郑曙星：《音乐是他生命中永恒的主题——钢琴教育家李嘉禄》（载《中国近现代音乐家传》第3卷，春风文艺出版社出版）

2.汪培元：《攀登艺术高峰的带路人——钢琴教育家李嘉禄传记》（载《钢琴艺术》2001年第2、3期）

3.方仁慧：《辛勤浇灌　桃李芳菲——祝贺李嘉禄教授回国任教30周年》（载《人民音乐》1982年第2期）

4.赵家圭：《李嘉禄与记者的最后一次谈话》（载《音乐艺术》1982年第4期）

5.林翔飞、黄登辉：《赤子之心——怀念著名钢琴家李嘉禄教授》（载《福建音讯》1983年9月号）

6.陈炳煌：《谁言寸草心，报得三春晖——怀念爱国音乐家李嘉禄教授》（载《厦门音讯》1985年第3、4期）

7.李嘉禄：《如何学习一首钢琴乐曲》（载《音乐艺术》1982年第3期）

8.李嘉禄：《钢琴表演艺术》，人民音乐出版社2006年1月出版

9.李嘉禄教授的夫人吴志顺所提供的文字、照片资料，李嘉禄教授多年演出的节目单，学生的来信等

深深植根于民族的沃土之中

——著名音乐家李焕之

李焕之

踏上征途

　　李焕之（1919—2000），原名昭彩，学名钟焕，笔名焕之，1919年1月2日出生于香港。父亲李孙修原籍福建晋江，母亲郑慧珍原籍台湾台北市。李焕之在香港念小学时，曾随其父受洗礼加入基督教。1930年，父亲逝世，母亲带着全家人迁回福建，定居于厦门。李焕之转入厦门竟存小学插班学习。1932年小学毕业后，考入厦门双十中学。所以他曾调侃自己是"闽、台、港三结合的产物"。

　　受家庭影响，李焕之从小就经常接触广东、闽南的民间戏曲及说唱音乐，如粤剧、歌仔戏、梨园戏、南曲等；他又在基督教会的唱诗班学唱过圣诗和欧美通俗歌曲（如《101首最美的歌》），学习弹奏风琴等。

　　在厦门双十中学，他不仅从课堂里学到了比较系统的音乐基础知识，还积极参加学校的课外文艺活动。他回忆道："厦门双十中学给我的印象极其深刻，我的音乐爱好是母校培育的。当时厦门双十中学的课外活动开展得很活跃，我参加了学校的合唱团、铜管乐队，这使我对音乐产生了浓厚的兴趣。我还参加了其他文艺活动，陈梦韶老师（《鲁迅在厦门》一书的作者——引者）把鲁迅的小说

《阿Q正传》改编为话剧演出，我还扮演剧中的小尼姑一角哩！这些活动，为我以后的工作和事业打下了很好的基础。"他还喜欢用风琴弹奏《友谊地久天长》、《老黑奴》等四部和声谱成的曲子。这些活动，对他合唱多声部思维的形成发生了影响，并为他后来写作合唱曲打下最初的基础。

当时李焕之与同班的一些同学，在初中毕业之后，还继续保持联系。他们在进步思想的影响下，经常在一起讨论时局，唱救亡歌曲，如《松花江上》、《示威歌》、《毕业歌》、《自由神》、《义勇军进行曲》等，上街参加游行；阅读鲁迅、郭沫若、谢冰心、巴金、叶圣陶等人的作品及进步书刊，如杜重远编的《新生》，邹韬奋编的《生活》等。中学时代，李焕之就表现出对音乐的特殊爱好和才能，读了丰子恺、王光祈等人写的有关音乐的书，对诗歌、文学也有广泛的兴趣。他看到国难方殷，寇患日亟，当局倒行逆施，激于义愤，忧国忧民，便发为心声。在高二年，他萌发了对作曲的兴趣，年仅16岁的他，就为郭沫若最早的一篇小说《牧羊哀话》中的诗篇《牧羊哀歌》谱曲，那是牧羊女凄凉哀怨的歌声：

> 太阳迎我上山来，太阳送我下山去。
>
> 太阳下山有上时，牧羊郎去无时归。
>
> 羊儿啼，声甚悲，羊儿望郎郎可知？

这支歌，不正是那个凄惨时代的写照吗？从现在的眼光看，这支歌音乐语言的动人和结构形式的完美，令人惊异，很难相信出自一位16岁的少年之手！优美的音调中透出哀怨凄凉的思绪，巧妙地刻画了郭沫若笔下可爱而又孤独的牧羊女的形象。从中我们可以看到李焕之聪敏的音乐灵性，对音调的特殊组织才能，朴实无华、流畅自然的品性。他后来说："从我的处女作《牧羊哀歌》的音调中，就即兴地自然流露出我的音乐语法。"（见1995年出版的《李焕之声乐作品选集自序》）

处女作的成功，大大鼓舞了他，便开始用笔名"焕之"发表作品，从此一发而不可收。

1936年春，他到上海国立音乐专科学校师从著名音乐教育家、作曲家萧友梅博士（1884—1940），学习和声学并选修视唱、钢琴、合唱等课程。但母亲希望他学习经商，他便于这年秋天辍学回厦门，到香港乾德商行当练习生，一边自学音乐。这时厦门双十中学的一些同学也在香港，他同他们一起热情地学习进步文学和革命理论。他经常默默地浏览冼星海创作的歌曲，把它们当作学习的教材，他十分欣赏冼星海艺术创作上的独具特色和富有强大深刻的感染力。他看了电影《夜半歌声》，那首主题歌使他感动不已，他迫不及待地去买了一张盛家伦演唱的唱片，带回家里打开收音机就听，听、听，然后跑到凉台上放声歌唱！

1937 年"七七"事变发生，李焕之正好回厦门养病。他后来回忆道："卢沟桥的枪声响了，那时我正在故乡厦门，在诗人蒲风的鼓励下，我为他的诗歌《慰劳前方将士》(原名《慰劳二十九军》) 谱写成抗战歌曲，接着又写了《厦门自唱》、《咱们前进》等。后来又与'广州诗坛社'(应为广州的'中国诗坛社'——引者) 的诗人们合作了不少抗战歌曲，我为金帆的诗《保卫祖国》谱写了一首混声合唱。"(见《人民音乐》1995 年第 8 期《高唱人民胜利的凯歌》) 李焕之由此与蒲风所领导的"中国诗坛社"主要成员黄宁婴、克锋 (即金帆)、可菲等相识。

1938 年 5 月厦门沦陷前夕，李焕之举家移居香港，他经一位姓苏的厦门乡亲介绍，加入党的外围组织"香港抗战青年社"。此社以福建青年为主体，每星期聚会数次，讨论哲学、文艺、时事，并到工厂开展工人文艺活动。李焕之还到香港淘化大同酱油厂 (从厦门迁去的) 教工人唱救亡歌曲，普及音乐知识，并在《抗战青年》上发表歌曲作品。就这样，他开始了早期的创作活动，两三年间，创作了 60 多首歌曲，大都以抗战为主题，主要作品有：

1936 年 ——《午夜》(沙蕾词)。

1937 年 ——《去国辞》(王光祈词)、《九月谣》(辛劳词)、《故乡，我们保卫你》(苏蕴词)、《又一年了 —— 鲁迅先生逝世周年祭》(王统照词)、《安内攘外歌》(陶行知词)、《哀歌》、《生活纵然欺骗你》(均普希金词)。

1938 年 ——《保卫祖国》(金帆词)、《四季忆江南》(施谊词)、《校歌》、《战斗救亡曲》(均蒲风词)。

李焕之用他的笔，用激昂的旋律，投入保卫祖国的战斗，简洁的和声语言和规范的对应手法，标志着李焕之音乐创作风格的逐步形成。

这时他从党所办的报刊上，读到了一则延安已经创办鲁迅艺术学院并由作曲家吕骥担任音乐系主任的消息，大为兴奋，这不是自己朝思暮想的地方吗？于是他给吕骥写了一封信，询问有关报考、入学的问题。没等复信，"抗敌青年社"的朋友就开始筹划分批奔赴延安的事，李焕之踊跃当先，参加了第一批。1938 年 7 月，他瞒着家庭，从香港经广州、武汉、郑州、西安，奔赴延安。这是李焕之一生重要的转折点。

延安岁月

　　经过了长途跋涉，1938 年 8 月 4 日，李焕之到了革命圣地延安，住进了窑洞，进入鲁迅艺术学院（以下简称"鲁艺"）音乐系第二期学习。1938 年 11 月 29 日，李焕之参加了中国共产党。

　　"鲁艺"音乐系除了系主任吕骥，教员有向隅、唐荣枚等。吕骥发现了李焕之创作的《保卫祖国》一歌，立即建议印发给音乐系的同学们演唱，还让李焕之去指挥。不久，光未然带领的"抗敌演剧第三队"到了延安，也演唱了《保卫祖国》合唱曲。这时李焕之还写了纪念"九·一八"的歌曲《九月里秋风凉又凉》（安波词）和纪念苏联十月革命的混声合唱《十月革命赞》（王元方词）。

　　1938 年 11 月，音乐大师冼星海被组织上安排到延安鲁迅艺术学院，担任作曲与指挥教授。在欢迎会上，他指挥大家唱《到敌人后方去》，李焕之看着、看着，心想："我可有了一位指挥老师了。"1939 年 5 月间，吕骥准备到晋察冀敌后根据地创办华北联合大学，冼星海被委任为音乐系主任，并于 6 月 14 日加入中国共产党。李焕之在结业后留校担任基本乐理、视唱练耳、和声、作曲、合唱及合唱指挥等课的教学工作，又与李凌、梁寒光、李鹰航等人组成"高级研究班"，由冼星海亲自教授"自由作曲"及"指挥"课程。冼星海特别重视加强学员们对民族音乐的学习，要求他们一定要熟悉民歌，热爱民歌，搜集民歌。为了适应战争环境的需要，冼星海要求他们作曲要快，提倡 5 分钟作曲法，尽力发挥音乐的战斗作用。他还经常把学员们叫到他屋里，听他讲《黄河大合唱》和《民族解放交响乐》等的创作经过，并逐段分析。他告诫同学们，音乐创作必须植根于自己民族的土壤，再借鉴西洋的创作方法，去反映现代人的心声。他用自己的亲身经历作启迪，用具体作品做示范，用内在情绪感染人，不仅在技巧上，而且在感情上充分体现创作的个性。李焕之的音乐创作生涯是在自学的基础上开始的，如今得到名师指导，自然勤奋学习，获益良多。冼星海还带领师生们在延安举行有纪念意义的第一次音乐会，曲目全部是他们自己创作的抗日的和古典的歌曲和乐曲，这个活动轰动了延安，使师生们深受鼓舞。

　　从音乐系第三期起，李焕之除担任"普通乐学"和"合唱课"的教学外，还从事作曲、指挥、写作音乐评论。同时，在根据地物质条件十分困难的情况下，主编了延安最主要的两个音乐刊物：《歌曲》月刊及《民族音乐》；编著了《乐学初步》、《固定唱名法视唱教材》等教科书。冼星海创作了歌剧，演出时分配李焕之做打板鼓的乐手。1939 年春，延安掀起了大生产运动的高潮。3 月初，冼星海创作了舞台表演剧《生产运动大合唱》，排演时，分配李焕之担任打大锣的乐手，冼星海听了说："你的锣声打出了我的音乐所要求的效果，打出了音乐性，很好！"

在教学、编务之余，李焕之还热情地参加当时延安如火如荼的群众音乐活动，参加"鲁艺"师生们的各种音乐演出。因为他会多种乐器，所以主要担任乐队伴奏。1940 年冼星海去苏联以后，由他担任"鲁艺"音乐系合唱队指挥，多次指挥演出冼星海的《黄河大合唱》，并开始酝酿为《黄河大合唱》编写钢琴伴奏谱，后来又正式编写管弦乐队伴奏总谱。在这一过程中，他越发感到合唱艺术的独特魅力及其对学生形成多声音乐思维的促进作用，加上冼星海创作的四部大合唱对他的强烈震撼与深刻启迪，李焕之更加有意识地投身于合唱的写作，并力求在民族性、多样性等方面有所突破。1939 年，他曾将胡乔木的诗作《青年颂》谱成一首较长的大合唱，就受到冼星海的称赞和"鲁艺"领导的嘉奖，并广为流传。此后他还谱写了《中国女子大学大合唱》(刘御词)、《我们齐声唱 —— 党的颂歌》(贺敬之词)、《青春曲》(胡乔木词)以及《宝塔山下延河边》、《红旗的歌》、《修建飞机场的歌》、《团结抗战》等。

1942 年，李焕之参加了延安文艺座谈会，聆听了毛主席的重要讲话，其后参加了轰轰烈烈的新秧歌运动。

1945年秋，李焕之、李群在延安

1942年6月，"鲁艺"音乐系最年轻的教师李焕之与最年轻的学生李群结婚了。由于年纪小，李群先后读了音乐系第三期、第四期两个班，李焕之教过她视唱练耳、音乐欣赏、合唱与指挥。结婚时，没有婚纱，没有酒宴，喝碗红枣汤，跳场交谊舞，就算是婚礼。他们的结合，在事业上的互相帮助、互相支持是不言而喻的，谁写了新作，对方总是第一个听众兼评论员，有时夫妇则合作谱曲。

李焕之经过延安整风运动的洗礼，响应党的号召，从"小鲁艺"走向"大鲁艺"，即从书斋走到民间去，向群众学习，思想感情发生了很大的变化。当时延安出现了一批歌唱领导人的歌曲，如《毛泽东之歌》（贺敬之词，马可曲）、《贺龙》（贺敬之词，瞿维曲），李焕之与贺敬之合作了《朱德歌》，歌中唱道：

> 千年的土地翻了身，
>
> 万里的长途走到头……
>
> 我们起来跟他走，
>
> 放下忧来放下愁。

歌中，李焕之自觉地吸取民间音乐的精华，丰富自己的音乐语汇，那些生动活泼、富有生命力的音乐语言，经过他的消化，变成自己的东西，体现在作品中，在群众中产生了极大的共鸣。

1943年4月，中共中央为刘志丹举行隆重的移灵仪式，延安水平最高的"鲁艺"乐队承担了奏哀乐的任务。这支乐队由队长兼指挥向隅以及李焕之、时乐濛、张鲁、任虹、徐徐、王元方、程瑞征、徐辉才、彭瑛组成。他们根据从陕北绥德地区搜集来的民间唢呐曲牌，集体编配成《哀乐》。建国后举行追悼会时所奏的《葬礼进行曲》就是由这首《哀乐》编配的。

1945年4月，延安上演了歌剧《白毛女》，此剧由延安鲁迅艺术学院集体创作，贺敬之、丁毅执笔，马可、张鲁、瞿维、李焕之、向隅等作曲（建国后修改时，刘炽、陈紫又参与作曲）。李焕之创作了部分重要唱段，如《王大春心中似火烧》的唱段等。《白毛女》的音乐建立在河北、山西、陕西的民歌、说唱、戏曲音乐及宗教音乐基础之上，继承了中国戏曲音乐的传统，又借鉴了西洋歌剧的经验，创作和演出都获得了巨大的成功，成为中国新歌剧的第一座里程碑。显然，如果没有前期大量的民间音乐搜集和研究的准备工作，是难以获得如此辉煌的成就的。

李焕之在延安新秧歌运动中的生活体验及深刻感受，集中体现在他后来创作的管弦乐《春节组曲》中。这部作品构思于1955年，初稿完成于

1956 年，并在这一年举行的第一届全国音乐周演出。

《春节组曲》是作者通过对战争时期陕北革命根据地军民共度节日生活情景的回顾，表现了根据地军民团结一心、充满革命乐观主义精神的新气象。在音乐风格上，这部作品是继马可的管弦乐《陕北组曲》之后，力图通过交响音乐形式，探讨具有鲜明陕北民间音乐朴实、高亢、豪放风格的成功之作。整部组曲由"序曲"、"情歌"、"盘歌"和"灯会"四个乐章组成。在创作技法上，他成功地解决了将多种丰富、优美、富于地方特色的陕北民间音调技法，同以欧洲大小调体系建立起来的现代多声创作技法经验两者之间的矛盾统一起来。"序曲 —— 大秧歌"（该乐章后来经常以《春节序曲》为名单独演出）概括地描写了一场热烈的大秧歌舞的壮丽景象。其中有沉宏铿锵的秧歌锣鼓，有健壮豪放的秧歌舞姿，有秧歌队员们矫健灵巧的串花场面，有"老伞头"领唱秧歌调的淳朴舒展的歌声，以及一唱百和的相互祝贺和亲切问候致意的吟咏。"序曲"的主部由两首陕北民间唢呐曲组合而成，基调统一，是火红热烈的快板速度。中间部（副部）则是一首亲切悠扬的陕北领唱秧歌调，速度是优雅的中板。副部的主题先由双簧管独奏凸现，然后由大提琴声部重复一次，接着转入三度关系调，最后由小号独奏的连接句把音乐推进到主部的不完整地再现而结束。"灯会"的音乐，自始至终充满了民间节日的欢乐气氛，作者对节奏、音色、力度的变化及中国打击乐的运用都很巧妙。

整部组曲的构思，带有舞蹈形象的特色和传统节日的风俗情调，同时又是新的节日景象的描绘；旋律明快优美，节奏鲜明热烈，具有浓郁的生活气息和鲜明的民族特色，深受群众喜爱，可谓李焕之的力作之一。

后来李焕之在《在毛泽东文艺思想的教导下》（收录在他的音乐论文集《音乐创作散论》，人民音乐出版社 1978 年出版）一文中，联系实际回顾了自己在毛泽东主席《在延安文艺座谈会上的讲话》发表前后，艺术观和创作作风的重大转折，详细记述了他从 1943 年春节起到 1953 年，构思管弦乐《春节组曲》的长期生活与民间音乐素材的积累和以后的创作过程。文中还记述了他和同辈作曲家们在延安新秧歌运动以后，在歌曲创作中探索新风格实践的体会。

迎来胜利

　　1945 年 8 月，抗日战争胜利，李焕之、李群夫妇作为延安派出的北上"华北文艺工作团"成员，9 月 12 日奔赴华北新解放区开展工作。1945 年 10 月 30 日，他的恩师冼星海不幸病逝于莫斯科克里姆林宫医院。消息传来，李焕之悲痛万分，华北文工团抗敌剧社立即组织举行了隆重的追悼人民音乐家冼星海音乐会，他同贺敬之合作谱写了《追悼歌》，还指挥演唱了《黄河大合唱》，以激越的歌声寄托深切的哀思。著名诗人萧三和艾青都参加了。

　　1945 年 11 月 8 日，华北文工团到达张家口，1946 年元旦公演了歌剧《白毛女》(由李焕之负责音乐部分的修订)。后来，该团合并到华北联合大学(校长成仿吾)文艺学院(这所学院于 1939 年 6 月开始筹办，由中共中央抽调"鲁艺"部分师生开赴敌后组建)，李焕之任音乐系主任。不久，"国共和谈"彻底破裂，爆发了第三次国内革命战争。李焕之随学校辗转华北各地，坚持在炮火中教学和创作。

　　在华北联合大学文艺学院音乐系工作的四年间，他的主要精力放在教学方面。他用了一年多时间，在认真总结前人经验、结合解放区音乐创作实践的基础上，编写了一本长达 20 多万字的《作曲教程》第一部——《歌曲作法》。这部教材在当时广为流传，对于许多没有机会进入专门音乐院校学习的作曲者学习作曲，无疑有很大的帮助，曾培育了许多在战斗生活中成长起来的作曲家。

　　繁忙的教学工作，加上战争环境的不安定，他的音乐创作相对减少。但是他根据贺敬之作词所创作的合唱曲《民主建国进行曲》(又名《胜利进行曲》)，是当时受到广泛好评的一首有代表性的优秀群众歌曲。这首歌以热烈明朗和充满朝气的旋律，表现中国人民夺取全国胜利和建设新中国的决心，与以往的群众歌曲及常规的作曲手法相比，在乐汇的安排、词曲的搭配和旋律的对应等方面都有所出新。那"看！我们"的起句，奇崛，充满动力性，非常新颖而有创造性。歌曲几乎完全用五声音阶谱成，后半部分为男女声的二部合唱，音响和谐丰满，曲调自然流畅，是一首融民族特色、进行曲风格和乐观开朗的内在气质于一体的合唱佳作，也是李焕之第一首传遍全国的歌曲。1947 年，他还担任了集体创作的《大反攻大合唱》中的《终曲——胜利进军》(艾青、贺敬之词)的谱曲工作。他还写了《三唱白求恩》、《骑虎难下》(均为朱子奇词)等。这些作品的产生，不仅显示了他在歌曲（特别是合唱曲）创作方面的深厚功底，同时也显示他不同于其前辈（如萧友梅、黄自、冼星海），也不同于其同辈（如安波、郑律成、马可等）的个性特征，即性格化的内容，气质的淳朴和感情的深沉。这种创作的个性特征，在他后来的许多作品中都有不同程度的体现。

此外，这一时期的主要作品还有：《抗战的路是老百姓开》、《铁路工人歌》、《华北大学校歌》、《胜利进军》、《向胜利前进》、《革命无不胜》等，均贯串了豪迈、壮烈的主调。

1949 年 2 月 1 日，北平和平解放，李焕之随军入城，在北平市军事管制委员会文艺组任组长，并兼任华北大学（由华北联合大学和北方大学合并组成）音乐系的领导工作，这是他政治和艺术道路上的一个里程碑。这一年，华北大学与北平"艺专"合作演出他的合唱曲《胜利进军》，由他自己写了双管编制的管弦乐队伴奏的总谱，为后来创作大型管弦乐作品积累经验。1949 年 7 月，第二届世界青年联欢节在匈牙利首都布达佩斯举行，30 岁的李焕之带领中国青年文工团出席，指挥演唱了《民主建国进行曲》：

> 看！我们，胜利的旗帜迎风飘扬，
>
> 看！灿烂的太阳升起在东方，
>
> 嘿嘿，四万万人民欢呼歌唱，
>
> 伟大的共产党
>
> 领导着我们走向解放！

歌声在蓝色的多瑙河上空激越回荡！让国际友人从中认识中国，认识中国青年和中国人民。

1949 年 10 月 1 日，中华人民共和国成立了，李焕之参与奋斗的革命事业获得了胜利，他怎么能不为之雀跃欢呼、纵情歌唱呢！

高歌猛进

建国后，李焕之的工作重心转向在艺术团体担任领导工作。但他也不忘为新中国的诞生而纵情歌唱，谱写了《中国人民站起来了》、《我们生活在英雄的国家》等歌曲。

1951 年 7 月，第三届世界青年友谊与和平联欢节在柏林举行，李焕之带领"中国青年艺术团"出席，并应邀到苏联及东欧各国演出，历时一年多，载誉而归。在莫斯科，他们停留了一个星期，首次在苏联演出《黄河大合唱》，由李焕之指挥。其间，他还访问了各音乐学院、作曲家协会、民间音乐舞蹈团体，参观了歌德及萧邦故居，并向维也纳的斯特劳斯陵墓敬献花圈。1955 年，他到奥地利萨尔茨堡参加莫扎特诞辰 200 周年纪念活动。1960 年，他率领中国音乐家协会代表团赴日本参加日本歌咏运动。

建国初期，李焕之在中央音乐学院音乐工作团任团长。1952 年，在以这个团为基础而扩建的中央歌舞团（即后来的中央乐团、中央民族乐团及中央歌舞团的前身）任艺术指导兼民歌合唱队指挥。1960 年以后，则在由他倡议和具体组建的中央民族乐团任团长兼指挥。他在中国音乐家协会任常务理事、书记处书记、理论创作委员会副主任，分管有关创作方面的事务，并担任其主要刊物之一《音乐创作》的常务副主编。这些活动和工作，使他能站得高，看得远，扩大视野，深入实际，对推动我国音乐创作事业及个人的创作，都起了很好的作用。

创作方面，他在管弦乐、民族合唱和民族器乐合奏等领域，投入了很大的力气。

管弦乐创作，有《春节组曲》（音乐出版社 1959 年初版，1983 年修订版）及 1958 年的《第一交响乐 —— 英雄海岛》。

合唱自 20 世纪初传入中国，几代作曲家一直努力使其与中国社会生活、音乐语言和美学趣味相融合。早在 20 世纪 50 年代，李焕之就是"民族学派合唱艺术"的倡导者，他主张"不是按照美声唱法而是真正具有浓郁的民间或古代歌曲的韵味来进行编曲、创作和演唱"。这一想法的萌生显然与冼星海的教诲、影响和延安时期丰富多姿的民间音乐滋养有关。中央歌舞团、中央民族乐团的建立，为他的构想的实施提供了良好的条件。1953 年，他与中央歌舞团其他领导人一起成立了"陕北女声民歌合唱队"；1956 年，又建立一支混声民歌合唱队，作为民族合唱艺术的实验基地。

李焕之除担任指挥外，还为合唱队编写了领唱和混声合唱《生产忙》（根据刘炽、解冰的东北民歌齐唱曲改编）、《八月桂花遍地开》（根据大别山革命民歌改编）、《茶山谣》（根据云南花灯调改编），并分别采用湖南花鼓戏音调、安徽庐剧音调和河南豫剧及二夹弦音调创作了《祖国、祖国多么好》（放平词）、《织网姑娘之歌》和《焦裕禄颂歌》（均为希扬词）等合唱作品，大大拓宽了合唱队的演唱曲目和表现深度。

在李焕之及其同事们的共同努力下，中国民族学派合唱艺术日渐成熟，并取得了辉煌的成绩。1957 年 8 月，为迎接在莫斯科举行的第六届世界青年与学生和平友谊联欢节的合唱比赛，在刚刚组建一年的混声民歌合唱队的基础上，吸收了北京一些爱好民歌的青年学生参加，组成"北京青年业余民歌合唱团"。在李焕之、王方亮分别指挥下，合唱团演唱经过改编、发展的东北民歌《瞧情郎》，云南民歌《茶山谣》，陕北民歌《三十里铺》，古琴曲《苏武》，丰富多彩的民族风格，浓郁地道的中国风味，率真质朴的演唱作风，倾倒了在场的所有评委和听众，荣获金质一等奖。这是中国合唱团在世界上的首次获奖。参赛的曲目中，有两首李焕之的作品，即在四乐章合唱组曲《茶山谣》和在古代琴歌《汉节操》(又名《苏武思君》)的基础上编写的弦歌合唱《苏武》。为了写好这首作品，李焕之多次向古琴大师查阜西先生请教，并把查先生的唱奏录音带回去学唱、记谱，终于完成了这部忠实于原曲韵味的合唱作品。

　　音乐学者指出，李焕之的合唱作品大致可以分为四种类型：

　　1. 将各地区、各民族的民歌编配为合唱作品，在尊重原作基本音调、节奏的基础上，通过合唱艺术在形式上、意蕴上加以深化和美化，如《八月桂花遍地开》、《东方红》等。

1958年10月，李焕之在厦门与边防部队炮兵战士在一起

　　2. 吸取民歌特性而创作出具有地方或民族风味的作品，如《祖国、祖国多么好》、《织网姑娘之歌》等。

　　3. 借鉴国外合唱艺术创作和演唱的技巧与风格，同时又在音调、和声及终止式等方面带有中国印记的作品，如《民主建国进行曲》、《新长征颂》等。

　　4. 以中国古代音乐为素材，用现代创作手法将其改编为合唱作品，如《苏武》及后来的《秦王破阵乐》(用何昌林按唐代《五弦琵琶谱》的译谱改编)等。这种"古曲新唱"在我国属于首创。

由此可见，李焕之对中国合唱艺术风格的理解，既注意到空间上的中国各地区、各民族的风格，也包容了时间上各个历史时期音乐的特色，同时不排除有选择地借鉴外国音乐文化的某种曲调、节奏，尤其是和声对位的要素。

与此同时，李焕之还创作了大量的群众歌曲。他为第二届全国运动会大型团体操写了主题歌《红旗颂》(合唱，巩志伟词)，为第四届全国运动会大型团体操写了主题歌《新长征颂》(合唱，张藜词)，为大型音乐舞蹈史诗《东方红》写了合唱曲《北方吹来十月的风》、大型声乐套曲《焦裕禄颂歌》(希扬词)，而齐唱曲《社会主义好》(希扬词)具有最广泛的社会影响。其他尚有：《青年团员进行曲》、《民兵进行曲》等进行曲和颂歌，清新优美的《姑娘你跑向谁家》、《春之歌》、《良辰美景》、《布谷鸟》、《巢湖好》等抒情曲。

李焕之还应约为电影进行音乐创作，如1960年为八一电影制片厂的大型记录片《在长征的道路上》和《鲁迅生平》写了全部配乐，为北京电影制片厂的故事片《暴风骤雨》写了全部配乐。20世纪50年代末，李焕之参与了中苏合拍的由长春电影制片厂摄制的故事片《风从东方来》的音乐工作。当时苏联方面派出的作曲家是曾为《西伯利亚交响曲》、《母亲》等苏联著名电影作过配乐的著名电影作曲家克留科夫，中方派出的作曲家就是李焕之。他在这部电影中与克留科夫合写了主题歌及《友谊的长城》(合唱曲)，并创作了民族乐队演奏的《河边的村庄》等多段音乐。

"文革"期间，李焕之深受迫害和打击，但他在挨斗的情况下，还坚持音乐创作活动，先后写了十几首声乐作品，如合唱曲《友谊的春天》，独唱曲《半屏山》，民族合唱《送郎当红军》等以及一些民族器乐曲。1975年，他还冒着风险积极参与冼星海夫人钱韵玲向党中央上书，要求公开举行"纪念聂耳、冼星海音乐会"。他还写了《人民总理人民爱》、《功盖千秋勋后人》、《太阳永不落，万代照人间》等缅怀老一辈无产阶级革命家的作品。

焕发青春

1976年秋，"四人帮"被粉碎，浩劫结束。年近花甲的李焕之，焕发了青春。他为茅盾词谱曲的《沁园春·祝文艺春天》就是新时期开端的鲜明标志。他创作的歌曲《把青春献给新长征》(萧华词)、《新长征颂》(张藜词),富于时代朝气,《水牛背上的八哥鸟》(张加毅词)则风趣活泼,《摸着石头过河》寓意深刻。

他恢复了在中央民族乐团的原有工作职务,1979 年被选为中国音乐家协会副主席,并兼任创作委员会主任和复刊后的《音乐创作》主编。在 1980 年 4—5 月间举行的全国音乐创作座谈会上,他旗帜鲜明地批评了"左"的思想,支持倡导和发展了会议的主导思想,充分发扬民主、自由探讨、各抒己见、互相切磋、团结共进的精神,开了一个成功的会议。这不仅要有远见卓识,而且还要有学术良心和勇气。

1985 年,在第四届全国音乐家代表大会上,李焕之被选为中国音乐家协会主席。他主持工作的四年,是文艺思想最为解放,学术空气最为活跃,创作环境最为宽松,音乐作品最为多产的时期。他参与组织和主持了多次不同类型的全国性作品评奖、全国性的音乐创作学术讨论会。他发表真知灼见,敢于解剖自己,大胆批评别人,也热情扶持青年,完全不顾个人得失、毁誉。当然,他也为此付出了很大的代价,以至积忧成疾。

在演出和社会活动方面,1981 年 7 月,在北京人民大会堂,由 500 人组成的八路军、新四军和国统区革命老战士合唱团,在庆祝中国共产党成立 60 周年文艺晚会上,演唱革命历史歌曲,台上台下,歌声如潮,激情似海。担任指挥的是两鬓染霜的李焕之,担任钢琴伴奏的是他的小老乡、青年钢琴家许斐星。1981 年 2 月,他率领中央民族乐团演出小组访问日本,与日本广播协会合唱团联合举办中国作品音乐会,他担任指挥,演唱了他创作的歌颂中日友谊的歌曲《友谊的春天》以及郑律成的作品和中国民歌。同年 3 月,他作为"中国音乐家代表团"首席代表参加了在香港举行的"亚洲作曲家大会",他在会上介绍了中国乐坛的情况。1986 年,他参与发起的"第一届中国现代作曲家音乐节"在香港成功举行,引起世界乐坛对中国当代音乐创作的极大关注。1990 年,他作为"中国音乐家代表团"团长参加了在香港举办的"第四次中国新音乐史国际研讨会"与"江文也研讨会"。1995 年,他赴韩国汉城参加第 26 届国际音乐理事会,作了题为《世纪的回眸》的专题学术报告。这些重要的学术交流活动,对提升中国音乐水平和提高中国音乐的国际地位等方面做出了重要贡献。

在繁忙的领导事务和社会活动之际,李焕之不忘抓紧创作。1981 年,他应"亚洲作曲家大会"而作的筝与民族乐队协奏曲《汨罗江幻想曲》,由香港中乐团在香港大会堂举行了首演。这一作品取材于著名琴曲《离骚》,

既有传统音乐的古朴深邃，又有现代音乐的广阔丰满，富于动力性和色彩性。1983 年，他创作了篌篌独奏曲《高山流水》，民族管弦乐音诗《梅花情操》等。1985 年 2 月，在北京举办了李焕之及他的夫人李群作品音乐会。1987 年初，他又应香港中乐团约请，创作了篌篌、大合唱与民族管弦乐协奏的《篌篌引》，于同年 4 月由该团在香港首演。这是李焕之坚持在音乐创作中"一手伸向古代，一手伸向现代"的进一步努力。

在李焕之的合唱创作中，大型琴歌合唱套曲《胡笳吟》占有重要地位。这部作品经过长期酝酿和准备，完成于 1984 年。作品取材于古代琴歌《胡笳十八拍》，此歌据传为汉末女诗人蔡文姬（即蔡琰）所作。自幼爱好音乐的蔡文姬，在战乱中被匈奴掠去当左贤王妻十二载，并生了二子。后来其父蔡邕的好友曹操派人把她从匈奴赎回。此时的蔡文姬陷入了异常矛盾的心境之中，在最终选择了回归故土的人生道路之后，离别亲子的痛楚又时时折磨着她。于是她写下了《胡笳十八拍》这首千古绝唱，抒发了思念故国和难舍骨肉的强烈情感。乐曲融悲凉的胡笳音调于古琴音乐之中，共有 18 段歌词。李焕之选取了其中的 1、4、5、8、11、16、18 等七拍，又从清代《五知斋琴谱》的同名乐曲中选择了 12、15 两拍，将九拍的音乐联成一个有机的整体，共同构成了这部气度不凡的大型声乐套曲。

李焕之善于"藏拙亮巧"，在基本保存原曲风骨的前提下，作了必要的删节和重组，并充分运用各种现代多声音乐创造的经验，更深切地表达出女主人公痛彻心肺的情感哀诉。作品用了单声、主调、复调三种织体，使音乐丰满，词意深化，合唱艺术的独特魅力也充分地体现出来。同时，钢琴伴奏在塑造音乐形象上发挥了重要的作用。

《胡笳吟》成为新时期中国合唱作品中的精品，也是李焕之一生执著于中国合唱艺术的生动写照。

1984 年，他以李白所作的乐府诗《子夜四时歌》为词，参照今虞琴社的琴歌传曲《子夜吴歌》为调，创作了一首由古琴伴奏的琴歌女声合唱《子夜四时歌》，1988 年又写了钢琴伴奏。此外，他还以琴曲《酒狂》为素材创作了一首现代筝曲《酒狂主题变奏曲》。在短短的六七年间，他创作了各种类型的声乐作品 40 多首。

他确实是一位永远焕然一新之歌者！

著名作家老舍1963年在北戴河海滨题赠李焕之的条幅

讴歌故土

1981年6月的一天，我赴京开会。休会那天，我打电话给李焕之同志，提议在他家里举行一次在京厦门籍音乐家聊天会。他听了以后，十分高兴，连声说好。我说："那就请您这位音乐家协会主席出山，必定旗开得胜，马到成功！"

果然，第二天下午，殷承宗、许斐星、吴天球等人，都来到三里河南沙沟李家。陈佐湟（指挥家，时任职于全国总工会文工团）、许斐尼（小提琴家，时任职于总政歌舞团）等人因临时有演出任务，也特地打电话前来"请假"。李焕之的客厅里，悬挂着著名作家老舍1963年在北戴河海滨题赠他的条幅：

> 碧海为琴浪作弦
> 水仙吹笛老龙眠
> 滩头自有知音客
> 谱出风云交响篇

老舍善于抓住李焕之的特点——作曲家，闽南人，在交响乐的创作上很有成就，用形象性、简洁性的诗歌语言表现出来。

大家坐定之后，李焕之同志说："这可以说是一次同乡会，而且老中青代表都有了。我在首都这么多年，因为工作忙，北京大，这样的聚会还从未有过。今天老乡们能见见面，聊聊天，幸会、幸会，难得、难得！"说得大家都哈哈大笑起来。接着老乡们就从对故乡的回忆，谈到当前的工作，特别请老大李焕之同志谈谈他的经历。

1958年，李焕之参加首都文艺界前线慰问团回到阔别22年的厦门。故乡旧貌换新颜、军民团结守海疆的壮丽情景，激发了他的创作热情，他把《第一交响乐——英雄海岛》献给了他热爱的故乡人民。初稿完成于1960年7月，后改名为《第一交响乐——天风海涛》。作曲家用天风海涛的形象来象征

中国人民的威严与坚强意志。整部交响乐分为四个乐章：

一、在祖国的东南海疆。包括序奏和两个音乐主题。序奏以南曲旋律描写海洋的辽阔，海风的呼啸；第一主题（主部）以闽南民歌《四季调》的旋律为基础，倾诉人民对家乡的深厚感情；第二主题（副部）以闽南民歌《索罗连》音调为基础，表现前线军民的劳动热情。

二、英雄战歌。用南曲《八骏马》的旋律发展，加上《人民解放军进行曲》、《三大纪律八项注意》的某些旋律，来表现第一主题——人民子弟兵；第二主题是民兵的英雄形象，以英雄小八路、前沿十姐妹为代表，采用歌仔戏、梨园戏的音调综合构成。

三、在前沿村庄。前沿村庄遭受敌人炮火蹂躏，但军民团结如一人，誓保海疆卫国防。用歌仔戏、梨园戏和南曲《梅花操》音调，写成抒情性旋律。

四、辽阔的祖国海疆。英雄小八路、前沿十姐妹和人民解放军的主题再次重复，天风海涛，战鼓雷鸣，与劳动号子交织成金戈铁马、壮怀激烈的意境，最后铜管乐奏出《索罗连》，首尾呼应。

作曲家没有着力去描写战争，而是刻画人民形象的多个侧面，突出乡音乡情，在运用现代西方的创作技法方面（特别是和声、配器两方面）作了大胆的突破，使之与我国的传统音调、传统风格相结合。

1981年6月，一群厦门老乡在北京李焕之家中，右起：殷承宗、李焕之、彭一万、吴天球

1983年，李焕之再一次回到故乡。这一次，他遇到了一件令他激动不已的事情：他的《第一交响乐——英雄海岛》手稿和录音在"文革"中遗失，而厦门人民广播电台完好地保存着，"完璧归赵"。故乡亲人约请他为厦门人民广播电台写《开始曲》，第二年9月29日，他创作的具有闽南风格，由中央广播交响乐团演奏的《开始曲》，在厦门人民广播电台播出了。同时，他还为《厦门音乐》与"鼓浪屿音乐厅"题了名。他的书法融严谨、

遒劲、潇洒与秀美于一体，自成一家。

1985年，李焕之创作了大型民乐合奏《乡音寄怀》。该曲最初写于1962年，当时是按照小型地方乐种的特点编写的，原名《芗剧音乐联奏》。经过改写后，仍然保留了芗剧特有的乐器（如大广弦、南音琵琶、三弦、大箫等）的独特韵味和特有的演奏技法，又发挥了大型民乐合奏各种不同乐器的声部与多声创作的丰满色彩和音响。后来由于中国唱片公司录制唱片的需要，编缩为《芗曲》。

1989年，厦门电视台摄制以颂扬鹭岛儿女、讴歌特区建设为主题的电视音乐片《白鹭女神之歌》，李焕之病重住院治疗，他坚持在病榻上为该片谱写主题歌，并题写了片名。他还为厦门五星级的悦华酒店谱写了店歌《悦我宾客，爱我中华》（他的夫人李群谱写了儿童歌曲《快乐的小白鹭》），笔底毫端，倾注了他对故乡，对故乡人民，对故乡艺术的一往深情。故乡人民授予自己的优秀儿子"白鹭女神之歌特别奖"。

1997年3月24日，我因一篇散文获奖而到北京领奖，想不到竟是从王光英副委员长和李焕之手中接过奖状、奖章和奖金的。颁奖大会之后，李焕之和夫人李群以及张克辉、林丽蕴、张楚琨、吴天球等领导和专家，又特地跑来向我祝贺，我们高兴地合影留念。李焕之还特地询问了故乡的情况，要我回厦门后，代他向故乡的朋友、父老乡亲致意。

耕耘终生 ▋▋▋▋▋▋▋▋▋▋▋▋▋▋▋▋▋▋▋▋▋▋▋▋▋▋▋▋▋▋▋▋▋▋▋▋▋▋▋

我每次到北京，总要去拜访李焕之及其夫人李群。他经过治疗，病况稍为好转，就投入紧张的创作和活动中。

1997年，洗雪百年国耻，收复祖国失地——李焕之的出生地香港，使他激动万分。香港诗人王一桃写了一首歌词《香港回归曲》寄给他，"大作阅读之后，情不自禁地一口气把它谱完一个即兴稿子，接着不能再放松，一改再改三改总算定稿了"。（见李焕之1997年4月2日致王一桃的信）李焕之以无限美好的音符，将他对香港难分难舍、热烈而深沉的情感充分地表现出来，获得了广大音乐爱好者的喜爱。

1998年底，王一桃又写了一首诗《一片相思一片情》（海外侨胞怀念祖国之歌）：

> 度过了多少椰风蕉雨，
> 走遍了多少异乡番寨，

海外的酷日催人老啊！

故乡的明月夜夜入梦来。

手里，一颗相思的红豆；

怀里，一片深情的大海。

一片相思一片情，

倾注不完对祖国深沉的爱。

尝尽了多少凄风苦雨，

历尽了多少人祸天灾，

海外的孤儿如今有了娘啊！

祖国的大门日日为你开。

怀里，一撮家乡的黄土；

眼里，无数亲人的等待。

一片相思一片情，

倾注不完对祖国深沉的爱。

作曲家也沉浸在诗人深邃的艺术构思之中，立即飞翔于热烈的音乐曲谱之上，深情地唱出海外游子的心声！

1999 年，他在 80 高龄又癌症缠身和双耳失聪的情况下，于病榻旁，创作了民族管弦乐《第二交响曲 —— 土地》的第一乐章《路》(第二乐章《诉》和第三乐章《赋》未能完成)。他坚持将《路》改写成单乐章的独立作品民族管弦乐《大地之诗》，在同年 5 月"李焕之作品音乐会"上首演之后，获得了很高的评价，同时首演的还有《香港回归曲》、《一片相思一片情》。这有力地证明了李焕之是一位永远保持创作激情和创作活力的作曲家。

李焕之还是一位音乐理论家。从延安时代起，60 多年来，共发表了300 多篇音乐理论文章，他还相继出版了《怎样学习作曲》、《歌曲创作讲座》、《音乐创作散论》、《民族民间音乐散论》、《论作曲的艺术》等多部专著。1997 年，由他主编的 60 多万字的《当代中国音乐》("当代中国丛书"之一）出版了，这是他在病中坚持完成的又一项重要工作。他的专著和论文直抒心声，具有真知灼见，是我国音乐事业的宝贵财富。

1999 年，全国第五次音乐家代表大会推选李焕之为名誉主席。在 1999年 9 月召开的联合国教科文组织国际音乐理事会（IMC）第 28 届代表大会上，他当选为音乐理事会荣誉会员（中国目前仅有三名会员，即吕骥、贺

晚年的李焕之、李群夫妇在家中

绿汀、李焕之）。2000 年初，他被推选为中国文联荣誉委员，一生多次当选为全国人大代表和政协委员。60 多年间，他写了 400 多首（部）声乐作品，他的管弦乐《春节组曲》，筝协奏曲《汨罗江幻想曲》，歌剧《白毛女》（作者之一）三部作品，入选"20 世纪华人音乐经典"；他编配的《中华人民共和国国歌》与《东方红》合唱及管弦乐总谱，成为后来广为流传的标准版本。他还为冼星海的管弦乐作品及《黄河大合唱》总谱进行了认真的校订与整理，在身患绝症之际，还担任《冼星海作品全集》的副总编辑，为此书的出版付出了巨大的劳动。这些功绩，将永远载入史册。

1999 年，在他 80 华诞之际，全国音乐界同行举行了一场以展现李焕之 60 余年创作生涯为主题的"李焕之作品音乐会"。在音乐会上演出的女高音独唱《牧羊哀歌》（1935 年作）和第二交响曲《土地》第一乐章《路》（1999 年 3 月作）这两首作品，时间跨度长达 64 年，把作曲家在各个历史时期的各种风格和题材的音乐创作全部都浓缩其间，包容在内，展示了作曲家音乐世界的丰富多彩及人生之树常青的心灵世界。

2000 年 3 月 19 日，自称为"音乐界老兵"的李焕之同志病逝于北京。是的，这位战士终生勤奋耕耘，留下了累累硕果，始终把时代性、民族性、群众性三者的完美结合作为不懈追求的目标。在音乐创作上，他执著追求中国作风和中国气派，力图使自己所作所为与人民大众相结合，为人民大众所喜闻乐见。在致力于弘扬民族音乐

厦门音乐广场的李焕之雕像

文化的同时，对一切古往今来的外来优秀音乐文化成果都采取兼收并蓄的态度，拿来为我所用。在学术研究上，他执著追求真知和义理，力图使自己所论所述符合客观实际和艺术规律。通过真诚和理性的思考，一旦发现自己过去的看法与此相悖，敢于自我批评，并坚决予以摈弃，使观念的更新始终与时俱进。在指挥艺术上，端庄自然，手势明晰，拍点规范，同时又十分洒脱、舒展，富于流畅的韵味。他以一种质朴的魅力把美的享受传达给听众，有很强的艺术感染力。

李焕之的一生，为家乡，为祖国争得了极大的荣光；为世界，为人类留下了宝贵的财富！

2006年10月3日

参考文献

1.汪毓和：《峰高无坦途　探索无止境》（载《中国近现代音乐家传》第3卷，春风文艺出版社出版）

2.靳学东：《李焕之和他的合唱套曲〈胡笳吟〉》（载《合唱艺术手册》，上海音乐出版社出版）

3.梁茂春：《李焕之——为中国音乐耕耘终生》（载《百年音乐之声》，中国经济出版社出版）

4.王一桃：《我和李焕之的三同》（载《音乐生活》2000年第2期）

5.王安国：《晚霞绮丽　辉映江天——〈李焕之声乐作品集〉》的艺术特色（载《人民音乐》1997年第9期）

6.戴鹏海：《他就是一个这样的人》（载《人民音乐》2000年第5期）

7.居其宏：《创造使人生之树常青——从"李焕之作品音乐会"说开去》（载《人民音乐》1999年第8期）

8.李焕之：《我与"黄河"的不解之缘》（载《人民音乐》1999年》第3、4期）

行吟四海的钢琴诗人

——钢琴大师许斐平

许斐平

钢琴神童

　　许斐平于 1952 年 7 月 20 日出生于鼓浪屿一个音乐世家，母亲张秀峦是他的音乐启蒙老师。许斐平聪颖文静，从小酷爱音乐，并显示出对音乐特殊的接受力和惊人的理解力。母亲是教堂里的司琴手，她教斐平弹圣诗，斐平一教就懂，一学就会，而且还会转调和变奏。有一次，教堂做礼拜，妈妈因故未到，5 岁的斐平就爬到琴椅上当替手，他没有看谱，竟把全部圣诗准确无误地弹出来。这可让在座的人们感到十分惊诧，"钢琴神童"的美誉就这样传开了。6 岁时，许斐平便在鼓浪屿三一堂举行钢琴公开演奏。

　　1957 年夏天，中央音乐学院到鼓浪屿招生，斐平和二哥斐尼、三哥斐星到面试现场参观。面试结束后，主考老师想顺便听听这三个没有报考的孩子的弹奏。于是斐星弹《少女的祈祷》，斐平弹《蓝色的多瑙河》，斐尼拉二胡。三兄弟的即兴演奏把中央音乐学院的主考老师们吸引住了，特别是斐平弹奏的圆舞曲，不仅很好地表现乐曲灵活的节奏，优美的旋律，而且还能听辨出四度和弦与不协调和弦的声音，这真使老师们喜出望外。就在这一年，斐尼、斐星被选送到中央音乐学院附属中学读书，斐尼修小提琴，斐星修钢琴。斐平因为年龄太小，暂时不能成行。

母亲为了让斐平学到更多的专业知识，特别找到毕业于上海音乐学院声乐系的厦门钢琴家杨心斐老师，请她指导斐平练琴。杨老师满口答应，而且十分认真负责。许斐平后来回忆道："杨老师是一位很有爱心的人，她不但教我弹琴，还唱歌给我听。这对我后来学习弹琴的歌唱性有很大的帮助。"

1959 年夏天，斐尼、斐星回厦度假，三兄弟便在三一堂举行家庭音乐会：斐平弹琴，斐星弹伴奏，斐尼拉小提琴，一举成功，"许家三兄弟"声名远播。正好中央音乐学院与上海音乐学院同时来鼓浪屿招生，8 岁的许斐平弹奏了萧邦的《b E 大调华丽大圆舞曲》，上海音乐学院钢琴系副主任、我国著名钢琴教育家李嘉禄教授听了非常高兴，赞赏他的才华，并判断他极有培养前途，立即来到斐平家中，动员他的父母，一定要让斐平到上海学习。于是斐平便在母亲的陪同下，前往就读于上海音乐学院附属小学。

后来许斐平回忆道："我特别感谢和怀念我的母亲。我和我的兄弟们的音乐天赋，都是我母亲一手培养的。我母亲常在教堂里的唱诗班，我小时候就在唱诗班的氛围里生活，备受熏陶。我很有幸，有这样对音乐执著的母亲在教我，我小时候就在母亲和外祖母的歌声中成长。母亲要求我弹琴一定要弹出如歌的旋律，这样才会让音乐朗朗上口，才会更动听。"

上海夯基

为了把许斐平培养成一流的钢琴家，上海音乐学院院长贺绿汀决定给他"吃小灶"——由钢琴系主任、我国著名钢琴演奏家、教育家范继森教授亲自给他授课。

范继森教授每周抽出两个小时给他上专业课。一开始，许斐平不习惯于自己练琴，也不容易记住老师的要求。学院就特地派一位老师陪他听课，把教授的要求逐条记下来，然后再陪他练琴。一年多以后，许斐平逐渐养成良好的练琴习惯，能够按照老师的要求去做了。范继森教授说："我教了这么多年钢琴，还很少碰到才能这么全面，接受能力这么强的学生。"范继森教授十分疼爱他，经常带他出席音乐会、文艺晚会，参观美术馆、博物馆，特别是国内外名家的演出和展览。他还经常与许斐平打乒乓球。三年困难时期，范继森教授特地为许斐平订购牛奶，增加孩子的营养。而在教学上，要求十分严格、认真和扎实。

许斐平果然不负众望和名师指点，进步很快，在小学三年，就基本完成了大学的课程，养成了良好的练琴习惯，能弹奏莫扎特的协奏曲，萧邦的圆舞曲、夜曲、摇篮曲及一定数量的中国作品等较为复杂的乐曲。此外，他还自己动手创作一些简单的乐曲。他与附小的同学韦福根共同创作了一首四手联弹曲，曾在上海广播电台、电视台播放过，并受到音乐界及广大听众的赞扬。

1960年，美国著名作家斯诺访华，为了了解中国的文化艺术情况，特地到上海音乐学院访问了一天，听了许斐平的演奏。斯诺还以特殊身份，带来一批美国记者，拍摄了许斐平的电影专集，从早到晚，他踢足球，打乒乓，上文化课，上专业课，参加演奏会……一一上了镜头。可以说，这是最早向美国直接报道中国发展文化艺术情况的记录片。后来斯诺在《大河彼岸》一书中，写下了这么一段话："许斐平来自南中国福建省厦门市，他5岁便开始练琴，在这里（指上音附小——引者）已寄宿两年了。小许年纪小小，但早已举行过两次公开演奏。他以熟练优美的技巧，演奏了一首莫扎特作品的选段……"

1961年，苏联国家交响乐团访华时，一些团员听了许斐平的演奏后，把他高高抱起："这就是钢琴界的加加林！"（加加林是人类有史以来第一个环绕地球的太空宇航员）并送给他加加林明信片，上面写道："你一定会像加加林一样闻名全世界。"范继森教授还有许多苏联朋友，其中一位作曲家卡巴列夫斯基对许斐平的演奏极为赞赏，曾经把他新完成的作品交给许斐平，让他在中国首演。须知他还是一个小学尚未毕业的小孩哩！而每年的"上海之春"音乐会，总有许斐平的表演，被誉为"名师出高徒"的生动体现。

11岁时，许斐平应邀与上海交响乐团合作，演奏莫扎特的钢琴协奏曲，正在上海访问的比利时伊丽莎白皇后听了以后，赞不绝口，立即邀请他参加在布鲁塞尔举行的以她的名字命名的国际钢琴比赛，并在欧洲留学，皇后对许斐平说："你好好努力，将来一定能在我的比赛会上得奖！"

1963年，许斐平在附小毕业，升上附中。这时他已把萧邦24首练习曲全部攻下来了。

风雨十年

1966 年"文化大革命"爆发，学校停课闹革命，钢琴被藏入仓库，甚至泡在水中；学业荒废，黄金时代白白地流失了。学校到处都是院长贺绿汀、系主任范继森的大字报，许斐平的名字赫然与他们连在一起。因为这些"反动学术权威"，"在精心培养许斐平这棵修正主义苗子"，非斗倒批臭不可。好在许斐平只有十四五岁，对他不加深究。下乡劳动，接受再教育，那弹琴的手指，只好用来插秧、锄地、摘棉花，与钢琴绝缘了三年多。

直到 1969 年，许斐平才从上海郊区调回学校，参加国庆 20 周年的演出 —— 弹奏《钢琴伴唱红灯记》。但是过于繁忙的演出，又造成他的手指磨损受伤。他一方面坚持完成演出任务，一方面发奋练琴，以加倍的努力，夺回失去的时间。

由于他不屈不挠地默默进取，1970 年，他被调到中央乐团任首席独奏钢琴家，主要弹奏钢琴协奏曲《黄河》。重拾荒疏了多年的琴艺，确非易事，特别是《黄河》中使用了大量高难度的大和弦与八度和弦，使他非付出加倍努力不可。好在强壮的苗子不因受压而枯萎，他真的是"排除万难，去争取胜利"了。其间，他曾两次随中国艺术团出访朝鲜和日本。在日本的美国哥伦比亚公司和维克多公司，都为他的演奏录制了唱片。

1979 年，在中美建交之际，美国艺术家代表团访华。代表团成员、美国伊斯特曼音乐学院教授，在中央乐团排练厅，对许斐平进行面试。他们听了许斐平的演奏后，兴奋地说："你一定会成为中美建交后第一个留美的钢琴家。"许斐平以优异的成绩和一张录制他演奏钢琴协奏曲《黄河》的唱片，被著名的美国伊斯特曼音乐学院录取，并获得了全额奖学金。

赴美深造

伊斯特曼音乐学院位于纽约州，以严格出名。主修钢琴的学生，要学习钢琴、人文、演奏、团体演奏、理论、音乐史、教学法等课程，许斐平师从钢琴系主任大卫·伯奇教授。

在伊斯特曼音乐学院的第一年，他就在一个音乐会中，首次亮相。这次，他演奏的全部是萧邦的作品，包括序曲、玛祖卡、变奏曲等。尽管这只是一个在校内举行的学生音乐会，但当地的《民主记事报》却发表文章，赞赏许斐平对萧邦作品有深刻的理解，演奏热情奔放，音色富丽。

　　1981 年，许斐平又考取美国顶尖、世界一流的茱丽娅音乐学院。在近 40 个国家和地区的留学生云集的纽约，他以优异的成绩名列前茅，得以获得全额奖学金，并师从著名的浪漫派钢琴大师戈拉特尼斯基教授。在他的指导下，许斐平益加发挥了自己在钢琴演奏上优美抒情和如诗般的特色，并开启了职业演奏的生涯，教授们认为他是近 20 年来茱丽娅音乐学院最有成就的学生。1982 年，上海音乐学院院长贺绿汀到鼓浪屿休养，听斐平的妈妈说斐平在茱丽娅音乐学院学习成绩很好，老人家十分高兴。

　　在美国当学生的几年间，他获得了一系列荣誉：

　　1980 年，在纽约获得何塞·伊欠尼斯奖；

　　1982 年，在马里兰大学国际钢琴比赛中获得莫瑞斯·星申和劳瑞·爱斯利两项大奖；

　　1983 年，在以色列鲁宾斯坦国际钢琴比赛中获得金牌奖；

　　1983、1984、1985 年连续三届获得吉娜·巴考尔奖学金钢琴比赛奖；

　　1984 年，一向以"门槛极高"著称的纽约林肯中心和音乐家艺术造诣重要标志的音乐圣殿卡耐基音乐厅为他敞开了大门。5 年后，多少音乐家拼搏终身、希图一进的华盛顿肯尼迪中心也回荡着他那悠扬的琴声，每张 75 美元的入场卷全部售光，演奏完毕，他一连加演、谢幕四次，听众仍不罢休。

　　1985 年，在西班牙举行的巴诺玛·欧西亚国际钢琴比赛获得第四名……

　　自此，许斐平遨游在国际钢琴的舞台上。

　　他回忆步入林肯中心的心情说："你要知道，当时我是多么激动，多么自豪，这不仅仅因为我作为第一个华人在这里举办音乐会，也因为我向世人证明：华人同样也能在西方音乐界取得成功。"

　　本来许斐平并不认为艺术家参赛获奖是必须追求的目标，但是每一次赛事，都充满了劳动的汗水和成功的喜悦。

　　就说 1982 年马里兰大学举办的"国际钢琴节"第 12 届比赛吧！参赛的人近 200 名，经评委听录音后选出 40 名参加第一轮比赛，第二轮有 15 人，参加最后决赛的只有 3 人。许斐平在强手中脱颖而出，获得了两个大奖，在美国乐坛崭露头角，引起美国音乐艺术界人士的注意。"美国之音"记者在采访时对他说："你把这次最难能可贵的一个奖牌拿走了，那就是斐斯新作品的最佳演奏奖。你在赛前一个月才收到这首新作品，请问：你是怎样去研究这个作品的？"许斐平说："我很仔细地分析了这个曲子后，每天利用往返学校的途中，把谱子背下来，然后我才来弹。我记得有位钢琴家说过：要成为一个钢琴家，先要成为一个音乐家；要成为一个音乐家，先要成为一个艺术家。这话很有道理。这个曲子就是考验你是钢琴家、音乐家或艺术家的试金石……要把一支很平凡的曲子，弹得非常有意思，让听众能够被吸引过来，这就是艺术家。"评委之一、美国著名钢琴家莉莉·克劳斯说："真没想到，一个西方的现代作品竟是东方人弹得最好。""美国之音"记者不解地问许斐平："你会不会感到，东方人学习西方音乐，有一些因为文化等原因所造成的先天不足，还是有什么占便宜的地方？"许斐平坦然地答道："作为东方人在这里学习音乐，我感到骄傲，因为东方有悠久的历史文化，而文化艺术是相通的。所以我们理解西方音乐时，我个人觉得比西方人来得深刻。"

在纽约家中与妻女合影
（1998年）

　　1983年在以色列第四届鲁宾斯坦国际钢琴比赛中，有17个国家和地区的50多名选手参赛。许斐平经过历时三个星期的四轮紧张比赛，终于赢得了金牌，成为继刘诗昆之后，20多年来第一位获此殊荣的华人钢琴家。在第二轮比赛演奏结束时，全场听众起立，长时间鼓掌，情绪极为热烈。评委会主席来到后台，与他握手表示祝贺时，动情地说："很遗憾，鲁宾斯坦（1887—1982年）先生没能聆听您的演奏，他在几个月前去世了。"但是鲁宾斯坦夫人聆听了，并在演出后与许斐平合影留念。

行吟四海

在茱丽娅音乐学院毕业之后，许斐平的职业演奏生涯更为辉煌。

1989 年，许斐平与著名指挥家查理斯·杜托指挥下的蒙特利尔交响乐团合作，为电影《哭泣的新娘》录制配乐。同年，他在日本录制了萧邦钢琴曲全集。

1993 年，许斐平与上海交响乐团同赴欧洲作巡回演出。他在德国、瑞士、意大利演奏拉赫玛尼诺夫及勃拉姆斯的钢琴协奏曲，大获好评。同年，他同瓦西里·辛奈斯基指挥下的莫斯科管弦乐团在香港柴可夫斯基百年纪念音乐会上，合作演奏了柴可夫斯基第一协奏曲。他也曾在新加坡与新加坡交响乐团合作演奏此曲。其后他先在安道尔和法国举办了个人独奏音乐会，继而，他前往美国与当地乐团在宝氏森林音乐节上合作，并和杜佩奇交响乐团于芝加哥同台献艺。

20 世纪 90 年代末期，许斐平与堂皮雅交响乐团、中国国家交响乐团等艺术团体在日本、中国、法国、哥伦比亚、芬兰等国的音乐节、音乐会上频频献艺，他翻飞的十指下流淌出珍珠般圆润、钻石般璀璨的音符，荡漾在全球各地。他还与几家唱片公司合作录制了包括贝多芬协奏曲、贝多芬奏鸣曲在内的几张唱片，风靡全球。

我从他的录象带中，看到这样的场面：

加拿大温尼伯艺术博物院大礼堂，许斐平正在演奏萧邦的《降 B 小调奏鸣曲》，那激越的情调，哀痛的挽歌，故国的幽思，朦胧的萧瑟，被琴声一一尽诉，似乎萧邦孤独的身影，在徘徊，在忧伤，但又不懈地追求着真善美……在暴风雨般的掌声中，许斐平多次加演、谢幕。围上前请他签名的人，竟是里三层，外三层。一位要求签名者说："你的演奏与众不同，你理解了萧邦，也融合了你自己。"一位老华人拉着许斐平的手说："你为我们华人争得了荣誉，我为你感到骄傲！"许斐平眼眶噙着泪珠说："我是在寄寓我的思念 —— 对遥远的故土。"

2001 年 4 月，许斐平和黄安伦一起到莫斯科，与俄罗斯爱乐乐团合作，录制唱片，包括协奏曲、三重奏、七重奏等，并以中国风格演奏加拿大民歌旋律，令人耳目一新。在莫斯科作曲家协会音乐厅举行室内音乐会，是许斐平首次在俄罗斯的演出，俄罗斯艺术界人士对许斐平的演奏和黄安伦的作品，给予很高的评价。

好评如潮

许斐平在世界各地的演出，好评如潮，我们仅能摘录其中的一小部分：

美国《纽约时报》："一个完全成熟、卓越的演奏者，以罕有的才华将火热的情感与细腻的技巧融为一体。"

美国《华盛顿邮报》："一个完全驾御音乐的表演，充满魅力和灵巧。"

美国《旧金山观察报》："成熟技巧的完美体现！许斐平是乐坛瑰宝，绝世奇才。"这成了轰动全美国的头条新闻。

美国钢琴杂志《CLAvIER》："可能有的钢琴家的技巧比许斐平好，可能有的演奏者对某些作曲家的风格掌握得更好，不过我们怀疑是否有别的钢琴家，能在一场音乐会中，以他的音乐让那么多人感动。"

德国《莱比锡大众日报》："其大师般的技艺，细腻却不乏苍劲的曲调，让他的演奏更为夺目。他对狂想曲、变奏曲极富激情的演奏更令人'过目不忘'。"

德国《斯图加特新闻》："许斐平不费劲地表演了拉赫玛尼诺夫那首闪光的《帕格尼尼主题狂想曲》。他不仅是一位技术辉煌的钢琴家，他以丝绒般的触键，梦幻的、对话似的风格，富有光彩地表现了作曲家的意图。"

以色列《耶路撒冷邮报》："他的演奏犹如大珠小珠落玉盘，恰当地表达敏锐的音乐感觉和眩目耀眼的键盘技巧。"

香港《CD天地》："笔者的一位同学（后来成为美国内政部赞助的'音乐大使'PROGRAMME的主脑人）听了许斐平的萧邦第二奏鸣曲及贝多芬热情奏鸣曲后，就确定他是具有技艺大师风范的中国钢琴家。笔者就认为他的演绎既满足了西方音乐的美学要求和格式上的需要，又蕴藏着一种东方性情——线条清楚，曲式表现明显，音色多层次及理性感性并存的美德。"

香港《标准报》："听众为他指尖所流泻出的美妙旋律而深醉不已。此间既有无穷的诗意、幽默，又有令人眩目的指法变幻。"

香港《华南晨报》："这是一种对诗、词拥有的激情的统领。从他的指尖流露出的深深情感，一次又一次地征服了广大的听众。"

我们再看看音乐同行对他的评价。台湾著名作曲家黄辅棠（笔名阿镗）以《多伦多以乐会友记》为题，在1990年3月号的香港《明报月刊》上说："在音乐会的听众席上，我从容地欣赏他（指许斐平——引者，下同）弹奏贝多芬的第四号钢琴协奏曲。他那高贵的气质（这种高贵气质，在今天之平民社会，越来越罕见）、不着痕迹而又无处不在的超凡技巧（听他弹琴，有点像高山流水，只觉得美丽是天经地义的事），使我深深倾倒，禁不住一再为他喝彩。西方乐评人士称他是'乐坛瑰宝'，果然绝无过誉。"

接着，阿镗又记述另一件事："音乐会的第二天，在赖德梧先生家里，趁着记者采访前的空挡，我请求他弹奏黄安伦题献给他的新作《舞诗》。他说才拿到谱不久，尚未练好，恐怕弹不下来。我说主要是想听音乐，弹得断断续续也没关系。他经不起我再三请求，勉为其难开始弹奏，结果又是大出所料。他不但把这首技巧极高、弹奏极难、长达十几分钟的巨作一口气弹下来，而且把曲中那深沉的热情，磅礴的气势，如诗的意境，如舞的律动，都表现得淋漓尽致。……黄安伦则是满眼泪水，前去握住许斐平的手，久久说不出一句话。我猜想，如果他把话说出来，一定是：'弹得太好了！怎么样？阿镗，我的作品没有献错人吧？'"

阿镗记述第三件事：台湾著名合唱指挥家尤美文女士，在华盛顿肯尼迪中心听了许斐平的钢琴独奏会后，与阿镗通电话时说："你知道吗，在美国音乐界这样受欢迎的钢琴家，中国人反而不看重。前不久，他去台湾演奏的申请，才被打了回票。"阿镗说："不要急，我们等着瞧。今天打他回票的人，明天会以他为傲的。"

黄安伦与许斐平通力合作，于1997年在上海录音，1998年由龙音制作有限公司出版了《许斐平钢琴独奏专辑——黄安伦钢琴作品选》，包括了塞北小曲30首和《舞诗》第三号。

一向以严格、严谨著称的香港著名乐评家郑延益先生1987年在香港《明报周刊》，写了一篇题为《记杰出的中国钢琴家许斐平》的文章，评述许斐平的演出。他说："当晚第一个节目是海顿《E大调奏鸣曲》Hob. XVI/23，是一首不大听到的音乐会节目。身材矮小、文质彬彬的他，一坐下来，他的清亮的音色就吸引住了我，在我的记忆中，这种音色我还没有在香港现场听见过。随着乐曲的开展，简朴清新的风格，听起来既古雅朴素却一点不死板，还带有一点适当的现代浪漫气息，这就使我耳目一新，引起了我更大的兴趣。而且最大的特点是极少用踏板，完全是靠手指下的扎实功夫，根据记忆似乎比斯戈乌罗斯（当代国际著名钢琴演奏家——引者）更清脆利落。接着是两首萧邦《升F大调夜曲》Op15NO.2与《升C小调》Op27NO.1，其情调之清新朴素使我惊奇。很明显这是一位极其内在、毫不矫揉造作的钢琴家，在现代这一群摇头闭眼表情十足成风的钢琴家里这是罕见的。"郑延益先生发现许斐平有许多独到的想法："原来他认为钢琴演绎应该如中国的书法、山水画、诗那样！"所以他预言："许斐平如果不能有一天扬名国际乐坛，那才是怪事！"后来故事的发展，完全被郑先生言中。

1999年，我国著名音乐家、指挥大师李德伦在加拿大听了许斐平的钢琴独奏音乐会，对黄安伦说："我刚听了你哥儿们许斐平的音乐会，真是难得，他应该是目前中国最好的钢琴家了。"

胸怀祖国 ▌▌

许斐平当年带着把中国的音乐介绍给世界，并学习国外优秀的音乐文化的目的赴美留学，在他事业有成以后，他时时惦记着祖国，想为民族音乐的振兴尽一分力量。

1985年6月间，还在茱丽娅音乐学院当学生的许斐平，应香港管弦乐团之邀，到香港演奏钢琴协奏曲《梁山伯与祝英台》及其他中国名曲。

小提琴协奏曲《梁山伯与祝英台》，是以西洋乐器演奏中国戏曲音乐的一次非常成功的尝试，它既保存了中国音乐的特点，又吸收了西洋作曲技巧，是令人赞叹的结合体。由原作者之一的陈钢改编为钢琴协奏曲，效果将会如何？许斐平认为："以钢琴演奏戏曲，是大胆的革新。钢琴音域宽广，音色变化大，表现力特别强。正如安东·鲁宾斯坦所说：'钢琴好比一百件乐器。'它就像一支雄伟、有力的乐队，能把反抗封建的戏曲内容表达出来。钢琴可以模仿古筝，为祝英台天真活泼的性格增添色彩，使之更形象化；钢琴又能在第二段结束的慢板中，模仿琵琶轮指的效果，表现梁、祝难舍难分的悲痛、凄凉的气氛；描写抗婚的华彩乐段，也可能比小提琴更为有力。"许斐平总结似地说："我国的民族音乐非常丰富，有着悠久的传统，但它仍处于发展和探索的阶段，尤其是戏曲音乐，虽然已经经过数百年的提炼，有较全面而成熟的发展层面，但它仍然有很大的发展潜力。"

这场音乐会所产生的效果，果然如许斐平所分析的那样，感动了众多听众，因而连演了三场。

这之后，许斐平又有多次到香港演奏中国名曲。1997年秋，应著名指挥家陈佐湟之邀，许斐平到北京与中国交响乐团合作演出，轰动了京城。

海外的华裔作曲家、演奏家，通过他们的作品和演奏，抒发对中华故国的热爱和思念，特别是在大陆接受过音乐教育和工作过的音乐家们，更是如此。他们到异国他乡留学、创作和生活之后，更是把中华民族的博大精神和在祖国获得的各种感受，把灿烂悠久的民族文化和丰富多彩的音乐宝藏，作为自己创作和演奏灵感的源泉。旅居加拿大的著名作曲家黄安伦和旅居美国的许斐平，就有过多次珠联璧合的演出。

1999 年 7 月 4 日，在上海音乐厅，上海交响乐团在"加拿大周"里，举办了黄安伦作品音乐会，由黄安伦指挥。其中黄安伦于 1999 年 6 月刚在多伦多完成的献给好友许斐平的《C 小调第二钢琴协奏曲》，由许斐平首演。这是一部结构宏大、乐思丰富的特大型作品，富有时代感和民族性。许斐平的演奏发音考究动听，触键灵活准确，在感情表达、音色变化、幅度对比、技艺发挥等方面，都显示了成熟钢琴家的大气和才华。第一乐章是很快的快板，许斐平在 11 岁稚龄，曾以一曲完美的萧邦三度练习曲震惊乐坛，所以在这里有一段技巧相当高深的华彩乐段是黄安伦为他"量身定做"的，许斐平将其发挥得淋漓尽致，使作品和演奏相得益彰。

在此之前，1987 年，黄安伦创作了《舞诗》第三号，也是题赠给许斐平的。许斐平于 1989 年在加拿大多伦多沃尔特音乐厅首演成功。其后许斐平在纽约卡耐基音乐厅再次成功演出，以至于出席音乐会的以色列鲁宾斯坦国际钢琴比赛主席，当场决定将该曲作为鲁宾斯坦大赛的决赛曲目。

2001 年 3 月 24 日，许斐平与我国著名指挥家郑小瑛教授和厦门爱乐乐团合作，在鼓浪屿音乐厅演奏黄安伦的《C 小调第二钢琴协奏曲》。许斐平将它的修改版的首演放在家乡，为此，作了半年多的准备。身为炎黄子孙，他执意演奏华人作品，宁愿付出更多的时间和劳动。在振兴民族音乐方面，郑小瑛和许斐平有着共同的深刻理解。他们认为在当前市场经济大环境中，如果只以"卖点"来选择演出的曲目，那么尽管演出的"成本"得到控制，但却不利于民族音乐，特别是民族风格非常浓郁的交响乐作品的弘扬。因此，大力扶持优秀华人音乐、演奏华人经典音乐作品，应该是演奏家和指挥家的共同责任。

郑小瑛教授认为，黄安伦的《C 小调第二钢琴协奏曲》是华人音乐中的典范，是目前华人创作的钢琴协奏曲中最长也是最成功的一部作品，具有相当的难度。许斐平认为，在这部作品中，有华彩乐段的高深，有行板如赞美诗的绵延、宽广和升华，还有快板的豪迈有力、舒展宽阔以及无比辉煌的高潮。他认为"在钢琴上唱歌"的演奏家，能够唱出对祖国、对人民、对民族、对故乡的深情，是一种莫大的幸福。

难忘母校

1991 年 6 月间，许斐平回到母校上海音乐学院，他要把在大陆举办的第一场个人音乐会，献给母校，献给恩师，献给校友，献给第二故乡——上海的朋友们。

他坐在上海音乐学院礼堂舞台钢琴凳时，全场一片欢呼。他的到来，使熟悉他的师友们想起 20 世纪 60 年代那个全院为之骄傲的"钢琴神童"，而现在他是世界级的钢琴大师了。从某种意义上说，在这简朴礼堂里举行的这场音乐会，比他在林肯中心、肯尼迪中心、卡耐基音乐厅举行的辉煌的音乐会还要重要，因为这是一位学子、游子对母校、对恩师、对故国的答谢音乐会，成绩汇报会。

音乐会比预期的还要成功，但许斐平心里比演出成功更为激动，他想起当年独具慧眼的李嘉禄教授把他"拔出来"，爱才若渴的贺绿汀院长为他"开绿灯"，育人有方的范继森教授给他"吃小灶"……许斐平说："我在美国苦斗了十几年，开拓了艺术事业，但我的音乐基础是在上海音乐学院打下的；我师从过国际上许多著名的音乐大师，但我觉得对我一生最有影响，给我最重要教诲的，还是范继森教授。"

20 世纪 60 年代初，范继森教授就为他筹办了一台独奏音乐会的节目，花了很多时间和心血，甚至节目单都拟好了。可是最终被以"都是西洋古典曲目"为由否定了，终于没有开成。30 多年过去了，范继森教授也已抱憾作古多年。许斐平多年来始终都保存着恩师亲手书写的节目单，那些曲目，他不知弹过多少遍。现在这场音乐会，他准备了，也期待了 30 年，上半场的曲目，就是当年范继森教授拟定的。他了却了 30 年的心愿，默默地对范继森教授说："范教授，愿您听到我在音乐会上的演奏，宽慰于九泉之下。"在上海期间，他还与上海交响乐团合作演出了拉赫玛尼诺夫的《帕格尼尼主题狂想曲》、李斯特的《钟》及斯克里亚宾创作的用单手表现双手效果的《夜曲》，等等，演奏会引起了极大的哄动。

许斐平说："我在美国学习和演奏了这些年后，回过头来看看，我认为我在国内就读的上海音乐学院，是最好的音乐学院。这里的老师不少是留学过欧美或苏联的，各种流派都有，学院附中、附小的程度，比起外国来，也是很高的。学校有一整套教学大纲，重视学生的基础训练。老师们教学上认真负责，生活上全面关心学生。这使我受益非浅，奠定了后来深造发展的坚实基础。在国外，就不是这样了，碰上个好老师，就是运气。否则就差劲了。即使是好老师，系统性、责任心也比不上国内。但也有个好处，逼你非进行思考不可，要独立钻研，发挥自己的个性。因此在国外学习，学生的发展很不平衡。"而许斐平，就在这种不平衡中脱颖而出。

我曾问他："那么你是怎么发挥自己的个性的？"

他像一位诗人，脱口而出："音乐是一首诗，是一幅画，作者只是为你写出或画出轮廓和印象，还有许多东西需要演奏家去填补、修饰和丰富，深入地理解就是最好的工具，而这取决于自身的文化修养。我深深感谢上海音乐学院给我打下的基础。"由于许斐平强调创造性、个性化，所以他演奏时指触细腻，层次丰富，音色透明，布局严谨，表现幅度广而富于分寸感，也更富于热情和表现力。

故土情深

1998 年 9 月 11 日晚上，鼓浪屿音乐厅座无虚席，700 多名听众屏住呼吸，静听着许斐平的钢琴独奏，不管是贝多芬的奏鸣曲，还是舒曼的幻想曲；不管是沉雄的军队进行曲，还是活泼的圆舞曲。都受到大家的热烈欢迎，一曲下来，掌声四起，全场沸腾。许斐平一再深深鞠躬："我的眼里饱含泪水，因为我深情地爱着这片土地；能在故乡为父老乡亲演出，是我一生中最幸福、最难忘的时刻。"他四次加演，五次谢幕，在暴风雨般的掌声和鲜花的簇拥中，结束了他 19 年来首次返回故乡的演出。

100 多位在厦工作、来厦经商的外宾，与其他听众一样，站在观众厅里，久久舍不得离去，在"VERY GOOD！"（"太棒了！"）"NUMLER ONE！"（"第一流！"）的赞叹声中，竖起了众多的大拇指。我心想：老外是不是由单位送票请来的吧！经打听，才知道，他们谢绝接受赠票，听了演奏后说："这么高水准的演奏，我们掏钱买票值得，再高点的票价也是超值享受！"

我国音乐界泰斗、著名指挥家黄飞立教授（黄安伦的父亲）指着还在谢幕的许斐平说："我早就认识许斐平，他德艺双馨 —— 人品好，技巧高，所以他的演奏能打动人心。说真的，我有很久没有听到这么精彩的钢琴独奏了！"

这话一点不假！

在厦门短短几天中，许斐平放弃休息，走访了厦门大学音乐系和厦门音乐学校，与师生们以及来自福州、漳州、泉州的二十几位钢琴老师进行学术交流，他的示范演奏打动了每一个人的心。他亲自上课指导弹奏，令人有点石成金、耳目一新之感，大家都为他治学严谨又诲人不倦、虚怀若谷又从善如流的精神所感动。

为了了解家乡钢琴生产的情况，许斐平特地参观了厦门三乐钢琴有限公司。董事长兼总经理黄三元既是高级工程师，又是高级调律师，也是许斐平的鼓浪屿老乡，这些都让许斐平兴奋不已，他就用三乐牌钢琴弹奏出优美悦耳的旋律。厦门音乐学校初三年学生方思特，在父亲的带领下，赶了十几里路，前来讨教。许斐平听了她的弹奏，觉得基础很好，指导她半个多小时，再一次显示了钢琴大师的人品。

故乡的巨变使他惊讶，浓浓的乡情令他激动。他说："故乡变了，变得认不出了，而不变的是故乡人民对音乐的痴迷和热爱，对远方游子的呵护和关爱！"

在鼓浪屿家中

9月14日，许斐平在郑小瑛教授的陪同下，回到了他就读过三年的母校——鼓浪屿人民小学，受到了师生们的热烈欢迎。著名指挥家陈佐湟也是这所学校的校友，这使郑小瑛教授称赞它是"音乐家的摇篮"。许斐平向当年和现任的校长、老师们，表示深深的谢意，参观了校史陈列室，观摩了音乐课的教学，赞扬母校十分重视学生德智体的全面发展。已退休的当年班主任汪玉山老师，豪情满怀地赋诗勉励许斐平：

钢琴诗人许斐平，成名不忘母校情。

乐坛伟业无止境，永远攀登最高层。

鼓浪屿区委、区政府在菽庄花园举行欢迎仪式，许斐平当场将此次演出个人所得的

鹭江船上

20000 元人民币，全部捐献给长江水患灾区的人民，表达海外游子对祖国人民的关爱。《厦门日报》报道说："掌声响起，为钢琴家罕有的才华、高超的技巧；掌声响起，更为他那无私的爱心与高尚的人格。"

许斐平的故乡之行，充满了亲情、乡情、友情和艺情的温馨，给他留下了美好的印象和难以忘怀的回忆。根使叶子获得养分，叶子对根充满情意。难怪在机场送别时，许斐平近乎语音哽咽地说："再见吧，故乡，我还会回来的！"

2001 年 3 月间，他真的再回来了。他与厦门爱乐乐团合作，举办"享誉世界的鼓浪屿之子、钢琴诗人许斐平协奏曲音乐会"，由郑小瑛教授执棒。厦门爱乐乐团的演奏员们在与许斐平一起排练过几次以后，便下了结论："真正的高水平，没有一个错音。""他的手在钢琴上滑过去，感觉就像一首诗从他的手下流出。"郑小瑛教授感叹不已："真是炉火纯青的演奏啊！"这一对"音乐上的至交"，与大家一起，成功地演绎了钢琴诗人的音乐史诗。

许斐平参观了设在菽庄花园里的鼓浪屿钢琴博物馆，他在留言簿上写道："珍贵名琴奏天音，秀丽鼓岛系乡情。"在听涛轩外，他望着金色的沙滩，听着如鼓的涛声，深情地说："这就是家乡的海涛声！我走过了很多国家，到过很多海洋，可是我忘不了家乡的海涛声，就是这样的海涛声，孕育了美好的音乐……这么美的地方，不出音乐家才怪！"

2001 年五六月间，许斐平以所积累的 47 套曲目，到广州、佛山、珠海、漳州、泉州、福州、上海、南京、北京、沈阳、哈尔滨等 11 座城市作巡回演出，在中国大地上，刮起了一阵"许斐平旋风"。

没有不浸润咸涩汗水的成功，没有唾手可得的荣誉。正如许斐平所说："学音乐，必须要有献身精神，这不是一件容易的事，因为它有很多不确定的因素，这不是八小时工作制能解决的，时间不能完全铺垫它的成功，金钱更无法衡量它的价值，只有全身心忘我的投入，否则，不会成功。"是的，心血与精力是无法衡量的，当一个人的生命与音乐紧紧地结合在一起时，对音乐的献身不再需要任何形式的衡量，只有默默奉献，执著追求。许斐平是一个成功者，从古老的中国大地起步，脉搏里流动着中国 5000 年文化的血液，却在西方世界引起了阵阵轰动。他吸取了西方文化的洒脱、抒情，也融进了东方文化的凝重、深沉，两种文化糅合、渗透，使他成为一颗光照寰宇的艺术明星，行吟四海的钢琴诗人。

2001年3月24日，演出结束与首席小提琴手握手

巨星殒落

2001 年 11 月 27 日，许斐平在黑龙江省 301 国道齐齐哈尔至林甸段遭遇车祸，不幸亡故，享年 49 岁。

我真的无法接受这一事实，遥望北辰，放声高喊："斐平，你不能走啊……"

就在他罹难的前一天，他还从广东给我电话，并传真送来一份贺词。

原来 2001 年 11 月间，他应邀从美国回到祖国，准备进行自南而北、自东而西的巡回演出和讲学活动。他于 11 月下旬抵达广东，指导佛山钢琴艺术中心举办的少年儿童钢琴培训班的孩子们，接着北上齐齐哈尔，然后飞回厦门，经深圳到成都，12 月上旬抵南宁。

正在这时，《厦门商报》为庆祝厦门经济特区建设 20 周年，拟编辑《游子情怀》特刊，诚邀海外游子们寄语厦门。他们在联系厦门籍艺术家时，首先就想到了旅美钢琴家许斐平。报社知道我与斐平常有来往，便委托我进行联系。也许是心有灵犀，斐平正好从佛山打来电话，说他已到广东，可能要先上北方，再回故乡数日，应李未明教授之邀，到厦门大学、集美大学讲学演出。我告诉他《厦门商报》约稿之事，他十分高兴，当即答应。11 月 26 日，我便接到他亲笔签名的贺词传真件，短短数语，道尽了游子对母亲的拳拳深情，"我将永远为她歌唱！"说得多么朴实而真挚啊！

可我万万没有想到，这竟是斐平的绝笔！

从故乡到母校，从香港到北京，从上海到成都，从深圳到齐齐哈尔，从加拿大到新加坡，从俄罗斯到澳大利亚，从美东到美西……人们都在用各种方式，心祭这位德艺双馨的钢琴巨星！

斐平没有死，他永远活在我的心中！

斐平没有死，他迈着矫健的步伐，行吟四海去了！

斐平没有死，他正在天国向我微笑！

斐平没有死，他指尖下流淌的旋律，在我的耳际回响……

2002年7月30日于鹭江天风阁

音乐艺术的长青树

——著名指挥大师郑小瑛

郑小瑛

郑小瑛（1929— ）教授，我国著名指挥家，曾任中央歌剧院首席指挥、中央音乐学院指挥系主任和"爱乐女"乐团音乐指导，现任厦门爱乐乐团艺术总监、首席指挥。她曾获国家文化部优秀指挥一等奖、金唱片奖指挥类大奖、法国文学艺术荣誉勋章、俄中友谊勋章等，多次获得"全国三八红旗手"、"全国优秀女职工"、"老教授科教兴国奖"和"全国老有所为贡献奖"，被西方媒体称为"世界最佳女指挥家"。

动荡激昂的青少年时代

郑小瑛的祖先，从河南省迁徙到福建省永定县龙寨村山区，她的父亲郑维就出生在这里。他自幼苦读，1916年考取"庚子赔款"第二期公费赴美留学，是当时第一批从永定大山走出国门求学西方的客家子弟。他在美国两所大学攻读经济学，获得硕士学位后回国，任职上海基督教青年会全国协会干事，解放后在上海外国语学院任英语教授。郑维具有一丝不苟的学者风范和欧美的教育理念，希望孩子们从小接受比较全面的教育，特别是文化的熏陶，这对他的家庭、孩子产生很大的影响。母亲温嗣瑛的祖上是撒马儿罕（今中亚乌孜别克）人，她出生于重庆一个书香门第，有强烈追求时尚的思想，在五四运动的影响下，她孑然一身从四川跑到上海，考入上海基督教女青年会高等体育师范班，学习西方的体操、田径和土风舞，结业后回到重庆，在第二女子师范学校教体育，成为我国第一代女子体育教员和妇女运动的先驱者之一。这对夫妻是当时新思潮的拥护者和追随者，男的曾提出16条选妻标准，女的则发过誓非留学生不嫁，她不顾家人阻挠，用自己挣的钱，跑到上海相亲。母亲常对郑小瑛说："如果我有你父亲一样的学识，我就可以当总统。"这种好强争胜的性格，在女儿的身上得到了延续。

1929年9月27日，郑小瑛出生于上海。6岁时，父母亲就安排她学钢琴。7岁时，又让她上舞蹈班学踢踏舞，小小女孩子，既弹莫扎特、巴哈，也爱听聂耳创作的《大路歌》。后来抗战爆发，她家从上海迁到四川，她也同样受到两种不同音乐的熏陶：既在教会学校参加唱诗班，也酷爱歌唱抗战歌曲，憎恨日本侵略者。10岁的她曾和妹妹小维一起唱歌、跳舞，在亲友宴会上进行义演，并把所得的钱全部寄给生活书店的邹韬奋，请他转给前方的抗日将士。邹韬奋先生亲笔回信，赞扬两个小朋友支援抗战的爱国行为，并把她俩给前方将士的信和捐款数额，刊登在他主编的《全民抗战》战地版上。这时郑小瑛还参加过大型话剧《家》、《雷雨》等的演出，读鲁迅、巴金、高尔基的作品，表演《黄河大合唱》等。

社会大动荡时期的这些经历，对一个人的成长无疑起了重大的影响，奠定了她后来毅然投身革命的思想基础。

抗战胜利后，他们全家搬回上海，郑小瑛按照父亲的愿望报考了北京协和医学院，先到南京金陵女子大学生物系读三年预科。在轰轰烈烈的民主学生运动的影响下，她在校园里组织了一个民歌社，吸引同学们学唱苏联歌曲和解放区传来的民歌。尽管读的是医预科，但她并没有放弃音乐，仍然在音乐系学习钢琴，依然是一手贝多芬，一手追随时代潮流。

1948年底，在地下党的指引下，郑小瑛与朋友从家里逃了出来，坐船到武汉，再坐火车到河南漯河，然后把行李放在跑单帮的骡车上，跟在它的后面走了几天几夜，第一次看到了贫穷的农村，体验到了艰苦的旅程，终于到达中原解放区开封，进入中原大学文训班学习，并兴致勃勃地"混入"了文工团的秧歌锣鼓队。一个小女生，竟然拿着小槌、大槌，随着南下大军领奏锣鼓，从开封一直敲到了武汉！而且由于她能识谱，会写歌，就自然地当上了文工团合唱队、管乐队甚至大秧歌剧的指挥了。

艰苦卓绝的留学生岁月

1952年底，文工团送郑小瑛到中央音乐学院学习作曲。这时来了一位苏联指挥家尼·杜马舍夫，专门来挑选学生去跟他学习合唱指挥，郑小瑛被看上了，她成为新中国第一个合唱指挥班的唯一女生。一年半以后，她以优异的成绩结业，回到中央音乐学院继续学习，开始领导大学生合唱团、附中红领巾乐队，并在新成立的指挥系任教，继续向另一位苏联专家瓦·巴拉晓夫学习指挥。

1960年，她的潜质又被院长赵沨所赏识，便送她到莫斯科柴可夫斯基音乐学院去学习歌剧和交响乐指挥。她的导师安诺索夫不顾苏联政府的态度，以他个人的影响到处活动，让郑小瑛获得了执棒实践的机会，同全苏广播交响乐团和莫斯科市乐团等进行了多次的合作。她的指挥启蒙老师杜马舍夫又把她引荐给苏联资深指挥家伊·巴因。在巴因大师慈父般的悉心指导下，郑小瑛于国立莫斯科艺术剧院指挥公演了意大利歌剧作曲家普契尼的著名歌剧《托斯卡》，获得成功，而成为中国指挥家走上国际歌剧艺术舞台的第一人，并为以后在国内外指挥世界名剧和大型交响乐奠定了坚实的基础。

留苏期间，她曾在中国驻苏大使馆见到了敬爱的周恩来总理。总理得知她所学的专业时，语重心长地说："指挥，那可是乐团之帅啊！这是要求很高的综合性艺术哟！就好比战场上的总司令嘛。小瑛同志，目前正是我国经济困难时期，国家派你们留苏学习十分不易。你要好好地学，回国后为我国歌剧、交响乐做出贡献！"年轻的共产党员郑小瑛激动地说："请总理放心，我会加倍努力，报效党和人民！"

留苏3年间，郑小瑛以常人难以想象的勤奋与毅力，学习着，实践着，践行了她对周恩来总理的承诺。她的导师安诺索夫这样评价她："在指挥了全部节目后，年轻的女指挥家郑小瑛的天才和能力，给观众们留下了深刻的印象。她有着令人信服的音乐理解力和音乐感觉 —— 这就是她能够影响演奏员和听众而取得成功的重要保证。她那独特的指挥艺术，完全可以预见她从事指挥事业的光辉前途和在中国交响艺术事业中将起的作用。"

1963年，郑小瑛学成归国，继续在中央音乐学院任教。1965年在中央实验歌剧院指挥中国歌剧《阿依古丽》获得成功，她被公认为国内出色的指挥家之一 —— 热情奔放，严谨细腻，动作潇洒利落，又活泼俏皮，具有强烈的艺术感染力。

音乐艺术在与时间赛跑

　　十年浩劫一过，郑小瑛马上与中央歌剧院的同志们，在废墟上重新恢复歌剧，以极大的热情，夜以继日地排演世界名剧《茶花女》、《卡门》、《蝴蝶夫人》等，用中文演唱，到国际舞台表演，她要让世界透过音乐，重新倾听苏醒的中国。

　　1978年以来，郑小瑛经常担任国家重要演出活动的指挥，指挥演出了中外歌剧《护花神》、《第一百个新娘》、《热土》、《茶花女》、《女仆—夫人》、《小红帽》、《夕鹤》、《卡门》、《费加罗的婚礼》、《蝴蝶夫人》、《弄臣》、《帕老爷的婚事》、《图兰多特》、《屈原》、《魔笛》、《塞维利亚的理发师》和芭蕾舞剧《卖火柴的小女孩》等。还曾与中央乐团、中国广播乐团、上海交响乐团、中央歌剧院及十几个省市的交响乐队合作，举行音乐会，演出过贝多芬、勃拉姆斯的全部交响曲，柴可夫斯基、德彪西、马勒以及中国音乐家的交响乐和歌剧音乐。此外还指挥录制了电影《孔雀公主》、电视系列片《话说长江》等的音乐。她指挥的一些歌剧如《第一百个新娘》、《草原之歌》、

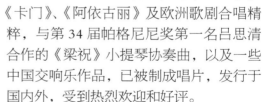

《卡门》、《阿依古丽》及欧洲歌剧合唱精粹，与第34届帕格尼尼奖第一名吕思清合作的《梁祝》小提琴协奏曲，以及一些中国交响乐作品，已被制成唱片，发行于国内外，受到热烈欢迎和好评。

　　改革开放促进了国际交往的热络。1980年，郑小瑛作为中国音乐家代表团成员访问日本，1985年秋赴澳大利亚、香港举行交响音乐会，1987年在意大利访问讲学。1985年到1994年，曾在美国丹佛、堪萨斯、密苏里、新墨西哥、北德克萨斯、威斯廉和哈佛大学讲学、排练和演出，都是好评如潮。

光芒四射

1988 年 7 月，中央歌剧院应芬兰萨冯林纳歌剧艺术节之邀，前往芬兰公演了 4 台大型节目，郑小瑛成功地指挥了歌剧《卡门》和"中国交响音乐会"。半个多月的演出，场场爆满，每场演完后，观众的掌声都达 10 分钟之久。国际音乐权威们充分肯定整体演出的成功，《赫尔辛基新闻》特别称赞："郑小瑛是这个乐队首席指挥的正确人选 …… 她是可以使自己的乐队充分发挥的非常出色的指挥。"此后她又 5 次应邀出访芬兰、瑞典和爱沙尼亚，指挥那里的演员和乐队演出《蝴蝶夫人》、《卡门》、《波希米亚人》和音乐会，都获得成功。芬兰舆论界盛赞："没有任何普契尼想要强调的、极为细腻的感情色彩被粗心忽略，这简直是奇迹，令人惊叹！""她的指挥手势对眼睛来说是一种享受。""我非常佩服作为最后凝聚这部作品力量的郑小瑛指挥的风格和手段。""整个演出的灵魂是中国中央歌剧院的指挥郑小瑛。能把大师从北京请来，这是上帝赐给我们的意外的圣诞礼物！"郑小瑛是第一位应邀在国外排演世界著名歌剧的中国指挥家，在中国歌剧表演艺术走向世界的尝试中，郑小瑛付出了大量心血和极高代价，也获得了丰收和喜悦！

厦门爱乐乐团为中学生演奏

1989 年，她应邀赴新加坡指挥演出歌剧《奥尔菲下地狱》。1991 年，担任中日合作的歌剧《魔笛》的指挥，并在澳门国际音乐节与世界著名歌唱家合作，举行歌剧音乐会，还赴英、美、比、朝、俄、泰和香港、台湾指挥音乐会、歌剧或讲学。

……

郑小瑛在与时间赛跑，她要把十年浩劫的损失抢回来！中国音乐艺术家的使命感、责任感、光荣感，使她马不停蹄而又始终精神饱满、精力充沛地全球飞，全球演，而且场场爆满，场场优质，场场成功，使世界对新中国的女性刮目相看！

独树一帜的"爱乐女"风格

市场经济的发展，商品性格突出的流行音乐、轻音乐大行其道，歌剧、交响乐一类的严肃音乐进入了低谷，这使郑小瑛和一些音乐家忧心忡忡。于是1990年初，郑小瑛和几位女音乐家组成"爱乐女"室内乐团。这是一个有志于推广和普及高雅严肃音乐的志愿者团体，一个凝聚了老、中、青三代女音乐家乐于奉献、充满爱心精神的团体。在商业化激烈，没钱就不干的氛围中，这些女音乐家拿着自己的乐器，穿上演出服，不计报酬，不怕劳累，把优美的音乐送到校园里去。这就是高尚的"爱乐女"风格！

你看，她们的阵容有多么雄壮：指挥家郑小瑛、丁芷诺，资深演奏家周广仁、司徒志文、朱丽、黄晓芝；青年民乐演奏家章红艳、宋飞、黄桂芳，歌唱家周小曼、杨光，打击乐刘瑛等……

当时身为中国音乐家协会副主席的著名女作曲家瞿希贤写了祝词："她们是严肃音乐低谷中的鲜花。她们奏出的音乐暖流，使听众屏目凝神在忘我之中，神往之后，为表示感激而真诚地鼓掌。"字里行间，充满了一位音乐界"大姐大"对女性同行们的赞美和感激之情。

5年多的光阴，她们义务地为学生们演出了300多场。为了做好音乐的普及工作，她们的足迹遍及国内10多个城市和60多所大中学校，受到年轻同学们的热烈欢迎。

她们以演出推动中国音乐作品的创作，几乎保持了每年推出一台中国室内乐新作的惯例，累计演出了80多首中国室内乐作品。

1993年，郑小瑛率领"爱乐女"室内乐团赴欧洲执行国家文化交流项目任务，在德国、荷兰、法国演出了12场。

1995—1997年的暑假里，郑小瑛三度在北京组建由百名女性组成的"爱乐女交响乐团"，约同台湾女指挥家张培豫，为在北京召开的第四届世界妇女大会演出，也邀请了两位台湾女性小号演奏员助阵，在北京音乐厅推出了交响乐专场。这初步实现了她将"爱乐女"室内乐团扩大为交响乐团的愿望，以便解除我国女孩子不敢吹奏管乐器的顾虑，并且第一次集中演出了中国老中青 5 位女作曲家（萧淑娴、刘庄、辛沪光、严晓藕和陈怡）的交响乐作品。1996 年 8 月 15 日，这个乐团在北京音乐厅举行了第二期音乐会，管乐声部全部由大陆女性担任，其中有中央音乐学院附中学生，北京中学生管乐队和来自上海、四川、黑龙江、辽宁的大、中学生，第一小号和第一圆号手都只有 14 岁。在指导老师对管乐声部进行数周集训之后，他们与来自首都各大交响乐团的弦乐演奏家们一起，在郑小瑛的指挥下，为女作曲家张丽达的第一小提琴协奏曲《茫谐》，徐振民的《雪里梅园》和萧斯塔科维奇的第九交响曲进行了排练和演出。1997 年 8 月，"女交"也举办了庆香港回归的音乐会，演奏了张丽达的《香港1997》和普罗科菲耶夫第七交响曲。

然而，"爱乐女"室内乐团遇到了"定性"问题，由于当时国家还没有出台有关非企业"志愿者"团体的政策，"爱乐女"就必须登记成为一个营业性团体，这已非她们当时的初衷。于是郑小瑛不得不在最后一场音乐会上宣布："爱乐女室内乐团已完成了历史任务，从此解散。"一听说"爱乐女"要解散，全国共有 50 多家媒体发出呼吁："爱乐女，你们不能走！""爱乐女，我们需要你！"有一个北京大学的学生打电话给郑小瑛："郑老师，你不要泄气，我就是你们培养出来的爱乐者。那时你们到学校来义务演出，我们是免费听了你们的音乐会，我现在是白领了，我已经常自己买票来听您的音乐了！"有一个女同志给郑小瑛打电话："郑老师，我的生活受到了挫折，偶尔听到了你们的音乐会，是你们的人格，你们的音乐打动了我，使我重新唤起了生活的勇气。从此我就追随你们，你们每个礼拜在哪，我就追到那，现在没有你们，我怎么办？"这些话让郑小瑛十分感动，因为"爱乐女"不仅进入了人们的耳朵、脑门，更进入了人们的心灵啊！

但是当中国交响乐团的改革开始对首都各直属文艺团体产生积极影响时，郑小瑛还是平静地为"爱乐女"作了个小结："爱乐女在'一切向钱看'的时期，曾为经典音乐的普及做出过雪中送炭的贡献，现在已经完成了她作为'志愿者'团体的历史任务，当山花开始烂漫时，她自然'俏也不争春'，该在'丛中笑'了。"

然而，音乐是她的生命，只要生命还在，她决不会停步。

永不服老的再创业精神

郑小瑛把实践诺言推行到远离北京的地方 —— 东南沿海的厦门。

1998年，她应邀到厦门创办厦门爱乐乐团。这个乐团一开始就采取了符合艺术规律的、有远见的建团方针。艺术总监负责制为郑小瑛创造一个有生命力的乐团提供了很好的保证。乐团的每一位成员都是经过认真挑选，严格考核，进了乐团的门，必须敬业爱岗，高效率、高质量地工作，天天严格按时排练，不得无故缺席。一切规章制度与排练、演出表现，都与经济制约挂钩，来不得半点含糊。郑小瑛则时时、处处身先士卒，以身作则，不以总监自居，不以年迈而降低对自己的要求。排练中，她绝不放过一个错音和一丁点不整齐的节奏，满怀热情地领导大家表现音乐。她更关心每一位团员的生活和思想。

"民办公助"的厦门爱乐乐团，其建设经历了太多的困难与挫折，资金、人员、乐器、设备、场地、曲目、宣传、协调……为了乐团的生存、发展，她付出了自己的全部心血和精力！

音乐学界认为：中国交响乐团分为"表演型"（郑小瑛认为，这是指那些只演奏西方现成作品的乐团和指挥）和"创造型"两类，指挥家也因此分为"表演型"和"创造型"两类，厦门爱乐乐团和郑小瑛均属于"创造型"之列。就是说，乐团在介绍西方交响乐作品的同时，更加注重演奏中国作曲家的交响乐新作，哪怕其作品还不是很成熟，而这样的推广在很大程度上又取决于指挥家对它的关注和热情。由于发展中国交响乐事业的根本，是拥有一批能表现我中华民族时代精神的高质量交响乐作品，因而积极地将谱面上的音乐变成能听得见的音乐，并将其中的精品通过频繁演出，让世人听得到，就是中国指挥家神圣的责任。郑小瑛正是这样一位敢于接受挑战、具有创新意识和历史使命感的优秀指挥家。

厦门爱乐乐团积极演奏具有鲜明福建、厦门特色的交响乐作品，他们把提倡、支持福建风格的交响乐作品作为自己的本分工作。如1999年，郑小瑛就以一台中国作品的交响音乐会"中华魂"作为献给澳门回归的礼物，其中特别推出了福建作曲家吴少雄的女高音与乐队《海赋》的厦门首演，还有张丽达的第二小提琴协奏曲《醉与舞》的中国首演，并请中央音乐学院作曲家徐振民将钟立民作曲的《鼓浪屿之波》改写成钢琴与乐队《我爱鼓浪屿》。2000年12月22日，厦门爱乐乐团再次举办"中华魂·八闽情"福建题材交响乐作品音乐会，推出《土楼回响》，刘长远作曲的第一小提琴

厦门爱乐乐团在日本新潟音乐厅演出

协奏曲《诗篇——献给海沧大桥建设者》，以南音为题材的郭祖荣无标题第七交响曲等。2006 年还为福建作曲家骆季超举行了艺术歌曲专场音乐会。有一些作品，是他们自己精心组织"抓"出来的。以高水准的交响乐诗篇《土楼回响》为例：

　　世纪之交的春节，郑小瑛回到了从未到过的祖籍地——永定县寻根。她在神奇的土楼前心潮起伏，乐兴汹涌："应当有一部交响乐来表现土楼展示的民族精神！"于是经人介绍，她找到了曾在闽西客家生活过多年的青年作曲家刘湲，请他为即将在龙岩举行的"第 16 届世界客属恳亲大会"创作一部以土楼代表客家人形象的交响乐作品。刘湲不负所望，完成了一部史诗性的交响诗篇《土楼回响》，深刻反映了我中华民族汉族的一个族群——客家人的开拓拼搏精神和慎终追远情感。作品以闽西客家山歌为音乐素材，使用现代作曲技法，还插进了 74 岁"闽西山歌王"和客家艺人树叶吹奏的表演，充满了浓郁的地方民族特色。

　　在郑小瑛的领导下，厦门爱乐乐团投入了认真的排练，2001 年 11 月 24 日，世界上第一部表现客家人精神的交响诗篇，在龙岩客家人的祖居地

厦门爱乐乐团演出《土楼回响》

上空奏响，来自世界五大洲出席第 16 届客属大会的 3000 多名客家代表抹泪聆听，并为客家女儿的成功执棒喝彩！首演获得空前成功后，《土楼回响》获得了第一届中国音乐"金钟奖"大型器乐作品唯一金奖。接着，郑小瑛率领、指挥厦门爱乐乐团火热般地东冲西突，南征北战 ——

2002 年三四月间，《土楼回响》在日本倾倒三城（佐世保市、神户市、新潟市），引起轰动，佐世堡百人合唱团用客家话纵情唱起了"客家之歌"，日本的乐迷们在脑海中，用有限的音符勾画出令人无限遐想的客家生活画面。

2002 年 11 月 6 日，在北京中山公园音乐堂，厦门爱乐乐团作为唯一被邀请的地方团体，举办了"钟鸣盛世"福建题材交响音乐会，《土楼回响》又掀起一阵阵狂澜。

2002 年 11 月 16—23 日，美国康涅狄格州威斯里安大学举行"中国当代音乐与西方音乐之间的互相影响"为主题的音乐节，郑小瑛应邀出席。由于《土楼回响》被认为"最能够体现中国传统音乐的特点和中国当代音乐的成就"而获邀参加音乐节闭幕式的压轴演出，郑小瑛率领《土楼回响》作者刘湲、闽西山歌王李天生、树叶演奏家邵少春组成的艺术家访问小组，前往参加。在美国期间，中国艺术家们与威斯里安大学交响乐队在郑小瑛指挥下，演奏了《土楼回响》，美国师生也是用客家话兴奋地高唱："你有心来我有情，不怕山高水又深；山高自有人开路，水深还有造桥人！" 4 位艺术家还为该校师生举办了艺术讲座，进行示范表演和小型艺术交流活动。中国音乐真的倾倒了美国听众，以至于他们团团围住郑小瑛和刘湲，说："你们的音乐太美了，这是我们长久以来从未听过的最好的音乐！"原籍鼓浪屿的著名旅美钢琴家许斐星、刘锦媛夫妇，特地送来一个大蛋糕，题字写着："郑大妈名言：小车不倒，只管推！"这正是郑小瑛精神的写照。接着，"土楼回响"又被郑小瑛演到了重庆、香港、上海、杭州，甚至从来没有听过交响乐的南平、泉州、福清，每到一地，都由当地的合唱队参与互动齐唱，把音乐会推向了令人难忘的高潮。

2003 年 9 月，欢庆建团 5 周年的厦门爱乐乐团与拥有 240 名团员的厦门联合合唱团合作，第一次将宏伟的贝多芬第九交响曲献给了来厦参加"9·8"洽谈会的海内外嘉宾，实现了郑小瑛"演出'贝九'，提升厦门"的愿望！

国际著名指挥家董麟这样评价厦门爱乐乐团："厦门爱乐乐团的综合能力已经不逊于国内任何一个交响乐团了。如果说他们的目标是国内一流的话，那他们已经达到了。"

但是郑小瑛永不止步！她与厦门爱乐乐团应三峡工程总公司之委托，委约作曲家刘湲创作交响合唱诗篇《三峡回响》，并于 2005 年 12 月 13 日，在北京音乐厅成功首演。这是一部描写中华民族与大自然奋斗的篇章，也是一部描写"人与水"相息相融的交响诗篇。与其他交响乐不同的是，作曲家刘湲用其对作品的独特理解，把人声（合唱）作为交响乐中的一个声部来体现，使整部作品更加自然、沉静、博大得多。

中国三峡总公司副总经理曹广晶在致辞中激动地说：

合唱诗篇《三峡回响》是一部以三峡工程为题材的宏大的音乐作品，它的创作源于三峡但又超越三峡，它名为《三峡回响》，实际上是一部描绘祖国大好河山的"山河回响"。著名作曲家刘湲先生花了近两年的时间，多次深入到三峡工地，足迹遍布峡江两岸，用心去体会，用心去感受，呕心沥血去创作，其中的艰辛难以描绘；著名指挥家郑小瑛老师和她的乐团更是倾注了极大的热情和心血。如果我们曾经游历过美丽壮观的三峡，曾经参观过雄伟美观的大坝，曾经体验过气势磅礴的泄洪，放眼过波浪滔滔的大江，那么我们再来聆听一下用音乐语言描述的超越时空、有如天籁的《三峡回响》，一定会有非同寻常的感受。

中国音乐家协会主席傅庚辰称赞道：

《三峡回响》奏响了时代的强音，是改革开放，全面建设小康社会，

第一小提琴协奏曲——献给厦门海沧大桥的建设者

音乐会后，厦门市领导人亲切会见郑小瑛教授和演员们

中华民族伟大复兴时代的呼唤和需要。……《三峡回响》是一部好作品，它的创作很有气势，很有力量，作品的音乐形象、艺术风格和蕴涵的思想力量，都十分值得肯定。

著名作曲家吴祖强认为，《三峡回响》首演取得了相当的成功，受到热烈欢迎，他希望刘湲和更多的作曲家担负起时代的责任和使命，共同努力，创作出更多更好的像《三峡回响》这样的作品，使中国交响乐的创作沿着更好的道路发展，受到听众更多的支持和欢迎。他还向厦门爱乐乐团表示衷心的祝贺！他认为音乐演奏很成功，乐团进步很快，赞扬郑小瑛教授为推动中国交响乐的发展做出的努力，认为她领导的厦门爱乐乐团致力于推广中国交响乐作品的精神很难得，给予了充分的肯定。

应当说，《三峡回响》凝聚着作曲家刘湲先生、指挥家郑小瑛教授、合唱指导吴灵芬教授、厦门爱乐乐团全体演奏员以及参加此次演出的中国音乐学院青年爱乐合唱团的老师和同学们的努力和心血。

郑小瑛与厦门爱乐乐团还为两岸的交流做出了很大的贡献。

2002 年 2 月中旬，金门的学生们来到厦门，与爱乐乐团亲密接触，郑小瑛在爱乐厅里用通俗易懂的语言，为孩子们讲解了俄国普罗柯菲也夫创作的交响童话《别佳与狼》："长笛表现的是活泼的小鸟，猎人的枪声是用定音鼓表现的，脾气暴躁的别佳爷爷用忧郁的双簧管来表现……"怪不得孩子们都说："郑奶奶讲的童话故事真好听！"

2002 年 4 月，郑小瑛应台湾交响乐团之邀，赴台担任"浪漫新声"定期音乐会客席指挥，演出了柴可夫斯基《第四号交响曲》，徐振民的《边塞音画》，韦伯的《第二号单簧管协奏曲》及尼尔森的《长笛协奏曲》。

2004 年 7 月 23 日，郑小瑛率领厦门爱乐乐团业务骨干赴金门，辅导 2004 年金门暑期青少年管弦乐夏令营，举行了专场音乐会。金门县县长李炷烽说："希望两岸炮声消停，乐声飞扬。"应他的邀请，2006 年 5 月，厦门爱乐乐团再次带《土楼回响》成功地访问了金门。

2006 年 1 月 18 日，厦门爱乐乐团被评选为厦门城市十大名片之一，这说明厦门人民对交响乐、对爱乐乐团认可了。郑小瑛欣喜地说："是厦门给我提供了一个按照艺术规律建设乐团的空间，是'厦门爱乐'使我的艺术生命有了一个大的提升！"

2006 年 10 月，郑小瑛又率领厦门爱乐乐团赴台湾，带去的《土楼回响》，引起了台湾 400 多万客家人的共鸣，共同的音乐，让他们感觉到自己与大陆是那样的亲近。台湾著名指挥家陈澄雄教授赞扬说："厦门爱乐乐团是两岸交响乐发展的曙光。"而这次乐团赴台演出的费用，竟是由泉州九牧王（中国）公司主动全程赞助的。台湾媒体说，这显示了大陆社会及企业开始认识到交响乐对厦门文化建设的重要性，并开始主动关心和支持高雅音乐了。

厦门爱乐乐团正在向着郑小瑛的理想发展：阳春白雪，和者日众。

成功母亲的成功"儿女们"

郑苏博士是郑小瑛的独生女儿，现在是美国威斯里安大学音乐学教授、美国国家艺术基金会专家评审小组成员、美国民族音乐学协会理事及提名委员会委员。她有自己奋斗拼搏的经历，但母亲的引导、教育却在她身上深深地打下了烙印。

小郑苏三四岁的时候，缠着母亲带她到天安门广场看国庆焰火。回家路上，女儿撒娇了："妈妈，我走不动了。"

"走不动了？好，咱们跑。"于是妈妈在前面跑，女儿在后面追。追了一段，女儿耍赖："妈妈，我跑不动了。"

"跑不动了？好，咱们走。"这样跑着走着，回到家了。妈妈就是这样将自立自强的理念，在哄哄玩玩中，灌输给女儿了。

小郑苏上小学四年级时，"文革"爆发了。初中毕业后，尽管成绩优秀，却因不是'三代红'而不能读高中，郑小瑛只好自己教。14岁，从拉大提琴开始起步，小郑苏走上了音乐之路，弹钢琴，练视唱，学英语，念法语……外出旅行，母亲也不忘给女儿指点各种生存迷津：怎么看火车时刻表，怎么转车，怎么利用转车之际参观附近的名胜古迹。女儿后来考上中国广播民族乐团，郑小瑛鼓励女儿报名到河南"五七干校"下放一年，她在那里学着盖房、帮厨、插秧、喂猪，睡稻草，耐肮脏；零下40度时也只有一点刷牙的热水……"要培养孩子能上能下，年轻人承受艰苦并不困难，日后会变成生命历练中的一笔财富。"

恢复高考的第二年，郑苏以同等学力的第一名考上了中央音乐学院音乐学专业，这又是母亲因材指点的结果。接着郑苏到美国去打拼，先后取得纽约大学音乐学硕士、威斯里安大学民族音乐学博士学位。1993年，经过80人的激烈竞争，她又成为美国大学里获得教职的第一个来自大陆的音乐学家。

女儿如此，她的弟子们何尝不是如此。

吴灵芬是郑小瑛教授20世纪60年代的学生，如今是我国著名的合唱指挥家和教育家了。1963年，留苏归来的郑小瑛任教于中央音乐学院，她发现吴灵芬在钢琴、练耳、节奏等基础知识方面都很扎实，只因个子偏矮不被系里看好学指挥，只打算将来让她教总谱读法。郑小瑛却要了她，颇具潜质，勤奋好学的吴灵芬就这样一步步成长起来了。1999年的一天，郑小瑛得知吴灵芬右臂粉碎性骨折，正要去探望她，可吴灵芬已飞到青岛，用长丝袜裹住右臂，成功地指挥了《黄河大合唱》。老师深为感动，写了一篇《"拼命三娘"吴灵芬》的文章，吴灵芬则逢人就说："我是跟郑老师学的。要说拼命，她比我甚！"

著名作曲家鲍元恺回忆道：1958年，我在中央音乐学院附中"红领巾管弦乐团"（中国少年交响乐团前身）演奏长笛，郑小瑛担任指挥，我参加了从海顿到萧斯塔科维奇几十部交响音乐作品的排练和演出，为我日后从事管弦乐创作打下了坚实的感性基础。

旅加拿大著名作曲家黄安伦说：我的舞剧《卖火柴的小女孩》、歌剧《护花神》和钢琴协奏曲的创作，都是在"大妈"的帮助下完成，并由"大妈"指挥首演的。"大妈"是黄安伦对郑小瑛的尊称。

福建省歌舞剧院的树叶吹奏家邵少春特别感激郑小瑛，他梦寐以求将树叶吹奏吹进交响乐，郑小瑛带他出访演奏，帮他圆了此梦。

2002 年 11 月，著名指挥家卞祖善应邀到厦门，指挥爱乐乐团演奏芭蕾舞剧《梁三伯与祝英台》第一组曲。此曲的作者刘敦南，是生活在美国的作曲家，他把此曲的首演交给了厦门爱乐乐团，他说："我的第一颗音乐种子是郑小瑛老师帮我播下的。"1946 年，当刘敦南还是一个五六岁的孩子时，郑小瑛就教他弹钢琴，引导他走上音乐之路。

卞祖善则评价道："厦门爱乐乐团是一个稳步前进的乐团，特别是在推出原创交响乐作品方面，它取得了很大的成绩。如果每一个乐团都能这么做，那么中国的交响乐发展就大有天地了。…… 我们的乐团必须演自己的东西，这样才能形成自己创作的学派，理论的学派，教学的学派，表演的学派和评论的学派。"

看来郑小瑛的学生们乃至乐团的乐手们，都是她宝贝般的儿女！

这位慈祥的妈妈、大妈，1997 年发现罹患癌症，她乐观、自信地与之搏斗，居然神话般地痊愈出院。1998 年 5 月，在"塔林国际艺术节组委会"担心她不能出席之际，头戴假发的郑小瑛奇迹般地出现在塔林了，她带着半箱子中药，精神矍铄地指挥爱沙尼亚国家交响乐团演出了两场中国交响音乐会，并未经排练就为该国国家歌剧院执棒了一场《卡门》的公演。"儿女们"怎么不心疼、惊讶而又自豪呢！

"郑小瑛模式"也培育了一大批高雅音乐的"儿女们"。

不管在北京，在厦门，郑小瑛在指挥演出时，总是就作品、作者、乐器、演奏，乃至音乐会礼仪，做一番连说带唱的解说，有时甚至放下指挥棒，抄起打击乐器在指挥台上手舞足蹈地参加合奏。这使高雅音乐与普通人拉近了距离。"小朋友们，现在你们看到的是小提琴，这是小提琴的哥哥 —— 中音提琴，这是小提琴的妈妈 —— 大提琴，这个站着拉的呢，是小提琴的爷爷 —— 低音提琴 ……"一位听友在给郑小瑛的信中说："这种独特的'郑小瑛模式'，本身就是一种美好的艺术享受与崇高的灵魂洗礼。"一位名叫伴佳意子的日本朋友，听完她的指挥后感慨地说："美丽的女人我见过许多，但这样英俊的女人我还没有见到过。见到她我才知道，一个女人，不用怕年龄大，年龄大了反而是勋章。"以后只要她在厦门，有郑小瑛指挥的音乐会，她必定来听，而且一定会送上99朵玫瑰，以表示敬意。

来华20年，在厦门大学新闻传播系任教的美国女教授英健，更是"厦门爱乐"迷和郑小瑛迷，她对媒体说："我们非常幸运，郑小瑛把她的才能带到了厦门，她理应赢得厦门人的掌声和无私的支持。"她对郑小瑛说："现在我知道我为什么到厦门来了，我是来这里等你啊！"

八年来，郑小瑛已经邀请了260多位国内外知名音乐家来与"厦门爱乐"合作，2002年在厦门举行第四届国际柴可夫斯基青少年音乐比赛以来，她又引入一种全新的音乐会运作机制，利用乐团的灵活体制和她本人的魅力影响，以方便操作的方式，欢迎国内外优秀的年轻乐手前来合作，达到乐团积累曲目、乐手获得与乐队合作协奏曲的经验和听众得以欣赏优秀音乐家表演的三方受益的目的。这又被媒体称为"郑小瑛第二模式"。通过这个模式，年轻的乐手们迅速地成长了，有的在国际比赛中获奖了。他们在得奖后第一时间做的第一件事，就是给郑小瑛打电话，因为她帮助他们走出事业关键的一步，并成长起来。

2005年9月以来，第一批爱乐乐团的8名优秀乐手在郑小瑛的努力和支持下，成为厦门大学艺术学院的在职研究生，他们的主修科目是"交响乐队实践"，导师是郑小瑛教授。两年后，他们就可以成为第一批同时具有丰富乐队合奏实践经验和较高理论修养，可以在高等艺术学院任教的演奏家了，这对提高厦门未来音乐师资的水平无疑有极重要的意义。

2006年5月，郑小瑛开通了"爱乐人生"博客与她的"粉丝"们进一步沟通，点击率极高。她还在"急社会之所需，尽自己之所能"，她总是走在时代的前沿！

2007年4月，厦门爱乐乐团将应德国莱法州州长之邀，赴欧洲巡回演出。然后她还要筹备一件大事：举办一期"国际指挥大师班"，邀请芬兰著名指挥家帕努拉来厦门讲学，她本人则为年轻的指挥人才做有针对性的指导，而厦门爱乐乐团则将为许多未成名的青年指挥提供指挥乐队的机会。这对后者来说，是一次极其难能可贵的机遇，因为要取得参加国际指挥比赛的资格，必须提交与乐团合作的录影带，而这在国内外都是要付出高昂费用的。这将又是以提携后进为目的"郑小瑛第二模式"的新发展。

厦门爱乐乐团的声誉日渐扩大，欧洲还未成行，她又收到了美国方面的邀请。能够带着乐团走向世界，宣扬中国、福建和厦门的文明建设成果，正是她有生之年的心愿。

郑小瑛今年78岁了，她当然关心乐团事业的接班人，她希望这个年轻人首先要有为人民音乐事业献身的精神，要能把自己的利益往后放；专业方面要具有一定的国际声望，如果需要，她会扶他上马，再送一程的。郑小瑛这种思想境界，使我想起了诸葛亮，他是"鞠躬尽瘁，死而后已"，而郑小瑛把它提高为"鞠躬尽瘁，死而不已"。这不仅是量的扩大，而是质的升华！

无怪乎人们亲切地称她为"音乐妈妈"、"音乐奶奶"，希望她健康长寿。她的音乐儿女、儿孙们太多了，太多了。

在我与郑小瑛多年的交往接触中，始终感到她是一棵音乐艺术的长青树，是一本读不完的音乐百科全书，是一位不断创造"第一"的女楷模，是一个充满爱心的老大妈。她绚丽多姿的一生，可以写一部大书。单单我手头掌握的资料，就不下百万字。但我只能蜻蜓点水，浅尝即止，写一篇传略，表示我的敬仰和佩服之情。

2007年1月12日

参考文献

1.《我们是女人》（湖南大学出版社2002年1月出版）

2.靳卯君：《情系音乐——中国当代音乐家访谈录》（上海音乐出版社2004年4月出版）

3.蒋力：《音乐厅备忘录》（中国文联出版公司1998年2月出版）

4.鲍元恺：《大妈、吉普赛女郎、客家女——我所认识的郑小瑛》（载台湾《乐览》2002年5月出刊35期）

5.郑小瑛：《女儿郑苏》（载《人民音乐》1996年第4期）

6.梁茂春：《为厦门"爱乐"喝彩》（载《厦门日报》2002年12月8日）

7.张一莉、张一骐：《郑小瑛的生命交响曲》（载《中华儿女》）

8.《厦门日报》、《厦门晚报》历年来的有关报道

9.尹海燕：《笑见花开》（载《银联商务》2007年第1期）

在曲折崎岖的人生道路上奋进

——钢琴大师殷承宗

殷承宗

九岁举行独奏会 ▮▮▮▮▮▮▮▮▮▮▮▮▮▮▮▮▮▮▮▮▮▮▮▮▮▮▮▮▮▮▮▮▮▮▮▮▮

殷承宗于 1941 年 12 月 3 日出生在鼓浪屿一个基督教徒的大家庭，父亲有两房太太，大妈有五个子女，殷承宗的母亲有九个子女，殷承宗排行第七，上有四个姐姐，两个哥哥，下有一个弟弟，一个妹妹。他的同父异母姐姐殷彩茂，爱好音乐，造诣非浅，在鼓浪屿的小学任教音乐，小承宗经常听她弹琴。另一位姐姐殷彩恋，曾经赴美国学习声乐，是殷家中第一个受过西洋音乐正规训练的人，早在 20 世纪 20 年代，就灌制过《何处呼声》、《歌吾入梦》等独唱唱片。他的同父异母哥哥殷祖泽、殷祖澜兄弟，先后在美国费城大学留学，尽管学的是理工科，却是音乐的爱好者。他们从美国带回留声机和大量唱片，家里常常传出世界名曲的歌声。这些都给孩子们的心田，撒下了艺术的种子。

殷承宗最初在基督教教堂里接触到音乐，看到钢琴，加上鼓浪屿经常有家庭音乐会，使他能背诵圣诗，听外国音乐。他自幼迷恋钢琴，3 岁那年，家里第一次出现钢琴 —— 他的三姑姑殷碧霞（厦门大学第二任校长林文庆夫人）将一台钢琴搬到殷家暂存。殷承宗的姐姐们会弹、爱弹，他就搬个小凳子，坐在旁边听弹琴，累了就靠在琴旁打盹，醒来又接着听。可是一年多以后，这台钢琴搬走了。

1948 年，他家里第二次出现钢琴，因为大妈从上海迁居到香港，把家中两台钢琴运到鼓浪屿老家 —— 一台三角钢琴，一台立式钢琴，这可把小承宗给乐坏了。姐姐们高兴地点着蜡烛弹起《蓝色的多瑙河》，优美的旋律激荡着殷承宗幼小的心灵。夜色阑珊，他们还一起围坐在钢琴旁。六七岁的他，也学起弹钢琴来了。他帮大妈整理房间，擦皮鞋，得到两美元奖赏。他花 1 美元向一位牧师太太学了一个月识谱，她成了殷承宗的音乐启蒙老师；另外一美元拿去买乐谱，开始了弹钢琴的音乐生涯，不懂就问姐姐和客人。儿童时代，对他最有直接影响的人是姐姐殷秀茂，她在鼓浪屿怀仁小学、毓德小学任教，教导弟弟自然得心应手。到 9 岁那年，殷承宗已经能弹很多曲子了。

1950年，9岁的殷承宗举行钢琴独奏音乐会

父亲和大妈去了香港，家计开始困难了。为了帮助姐姐、哥哥们赚取学杂费，一家人商量，让小承宗开个钢琴独奏音乐会。之前，殷承宗请陈振原老师指导了 3 个月。1950 年春天，殷承宗在鼓浪屿毓德女子中学礼堂举行了"9 岁幼童钢琴独奏音乐会"。海报一贴出，300 张门票很快就卖光了。

殷承宗在音乐会上弹奏了萧邦的《圆舞曲》，舒伯特的《小夜曲》和《军队进行曲》、帕德列夫斯基的《小步舞曲》，还有他自己改编的革命歌曲《解放区的天》、《团结就是力量》和《解放军进行曲》等。每弹一首曲子，都博得了全场热烈的掌声和欢呼声。演奏一结束，熟悉和不熟悉的人都涌上台去，与殷承宗握手祝贺，大家为鼓浪屿的音乐新星冉冉升空而兴奋不已。坐在台下的母亲，也欣喜激动得流下了眼泪。音乐会取得了很大的成功，使殷承宗看到了自己的未来，坚定了他学习音乐的决心和成才的抱负。况且，还为兄弟姐妹们挣得了学杂费，也为自己挣得了学习钢琴的费用哩！可是不久，他在路上把钱丢了，"只得回家乱弹琴"——后来他这么调侃自己。

鼓浪屿是个秀丽的小岛，又有浓郁的音乐氛围，但毕竟没有音乐院校，没有音乐大师，不具备正规专业学习音乐的条件，要再进一步提升，就非得到上海、北京不可。许多亲戚、朋友看到殷承宗的天赋和志向，都劝他远走高飞。当时鼓浪屿有一位女高音歌唱家颜宝玲，比殷承宗早一年到上海音乐学院学声乐，鼓励他去上海。表哥也劝妈妈让他走："几万个孩子当中也很难找出一个殷承宗啊！"

殷承宗参加厦门市中学生合唱团，担任钢琴伴奏，艺术指导兼指挥是厦门市音乐工作者协会（即后来的厦门市音乐家协会）主席杨炳维（杨扬）老师，他很欣赏殷承宗的才能，积极推荐殷承宗报考上海音乐学院附属中学。看到殷承宗家境困难，他便代表厦门市音乐工作者协会赞助了 25 块钱。1954 年夏天，12 岁的殷承宗就靠着这 25 块钱，提着一个小小的破箱子，告别了亲爱的故乡，他一上船，便大哭了起来。船渐开渐远，他擦干眼泪，狠了狠心："我要走一条真正的音乐之路，就要出去奋斗！"

乘小船，乘卡车，乘火车，颠颠簸簸地折腾了五六天，才到了大上海，殷承宗开始在另一片天地里闯荡和拼搏。

报考上海音乐学院附中的考生有 2000 多人，只录取 40 名，殷承宗弹的曲子是贝多芬的《悲怆奏鸣曲》，以 98 分的成绩荣居榜首，被录取了。这首"状元曲"还有一个阴错阳差的故事。在鼓浪屿准备报考上海音乐学院附中的时候，殷承宗托人从上海带回一份招生简章。可是被托人不是拿回附中而是拿回大学的招生简章，远在天涯海角的殷承宗，既分不清也弄不懂这之间有什么差别，便照着这份简章的要求，去复习视唱、练耳、演奏曲目和音乐理论知识。殷承宗先人一步，又技高一筹，当然一鸣惊人了。

一波三折学钢琴

进了上海音乐学院附中，安排在马思荪老师（马思聪的妹妹）班上学习。这时苏联专家谢洛夫来到上海音乐学院任教，也到附中来挑选几名学生。谢洛夫看中了殷承宗的音乐才能，便把他选上了。谢洛夫所教的七八位学生，包括青年教师、大学生，只有殷承宗是中学生。

殷承宗只受过几个月的正规训练，一开始当然非常艰苦。谢洛夫一上课就要他弹萧邦练习曲等高难度的曲子，这意味着殷承宗必须付出更多的时间和精力，大大提升劳动强度。殷承宗却以苦为乐，乐此不疲，把自己放在一个很高的起点上，去攀登音乐艺术的高峰。在附中二年级时，苏联音乐家代表团来校访问，一位成员听了殷承宗演奏门德尔松的《严肃变奏曲》后说：这个孩子将来会震惊世界。

附中的两年，殷承宗不但钢琴弹得好，文化课的成绩也都名列前茅，他担任过班长、少先队大队长，在运动场上，也是龙腾虎跃，又是跳远，又是百米……样样都拿第一名。

1956年夏，第一届全国音乐周开幕式在北京中山公园音乐堂举行，参加演出的都是全国音乐界名家或新秀，音乐会节目中唯一的一个少年钢琴独奏——儿童组曲《快乐的假日》，演奏者正是戴着红领巾的上海音乐学院附中初二年学生殷承宗。

1956年秋，殷承宗升上初三年，谢洛夫奉调回国。这时在中央音乐学院任教的苏联音乐家塔图良（阿美尼亚人）到上海选拔人才，他看中了殷承宗，便把他带回当时还设在天津的中央音乐学院。塔图良想让富有天分的殷承宗参加国际比赛，便给他加码，各种各样的练习曲，不仅要照谱弹，而且要转调弹。殷承宗在上海跟谢洛夫学习时，并未感到有太大的压力，每天练琴五六小时，就对付得了。一到天津中央音乐学院，周围的同学如顾圣婴、刘诗昆、李名强等都有很高的水平，自己又面临国际比赛，这使他意识到，基本功、技术问题如果在16岁以前不能解决，以后的难度就更大了。他下决心豁出去了，拼命地练琴，有时一天练10～12小时。这么一来，钢琴水平迅速提高，进步惊人。一年之后，塔图良太太到泰山游览时，乘坐轿子，被苏联大使馆知道，便把塔图良连同太太调回国内。殷承宗只好又回到上海音乐学院。

这时殷承宗遇到了第三位老师——苏联钢琴家阿尔扎玛诺娃，她同样欣赏殷承宗的才华，准备让他参加罗马尼亚的埃聂斯库钢琴比赛。刚刚准备了一段时间，苏联著名钢琴演奏家克拉芙琴科到中央音乐学院任教，也到上海音乐学院讲学，在听了殷承宗的钢琴演奏后，决定把他带回中央音乐学院继续做比赛准备。1958年，殷承宗第一次出国赴罗马尼亚参加比赛，是当时年龄最小的选手。由于刚更换老师，时间仓促，准备不购充分，没能正常发挥，他初次出征失利，名落孙山。但这对于殷承宗来说，是一次很好的学习机会，能听到那么多高手演奏，获益不浅。

比赛回国后，殷承宗到北京中央音乐学院师从克拉芙琴科学琴，一学就是三年。同时，他开始准备另一个重要比赛——维也纳第七届世界青年联欢节钢琴比赛。他吸取上次比赛失败的教训和临场的经验，下苦功夫专攻技术上的难点，每天早晨5时起床，找比赛中最难的曲子练琴。

1959年，殷承宗出征维也纳。他正好与乒乓球健将庄则栋同住在奥地利党校，跟着他们一起练球，一起洗冷水澡，不慎得了感冒。预赛的前一天，他发高烧到39度多，还是带病坚持参加，顺利通过了预赛。决赛中，他演奏了贝多芬的《热情奏鸣曲》，舒伯特的《即兴奏鸣曲》和李斯特的《塔兰泰拉舞曲》等，获得了评委们的高度评价，10位评委全部给了满分，殷承宗拿到了第一名。

得奖之后，殷承宗在国内开始有了名气，不断有机会参加各种演出，在北京饭店，在钓鱼台国宾馆，在人民大会堂，都响彻他演奏的钢琴声。

这时他正上高中三年级，还得为两件大事作准备：参加柴科夫斯基钢琴比赛，留学苏联。他不仅要上文化课，还要学俄文，每天得背90到100个生词。不久，中苏关系恶化，他们这批留苏学生，行前必须到乡下参加劳动，接受反对苏联修正主义的思想教育。

留学苏联获殊荣

1960年秋，殷承宗赴苏联留学，被分配到奥得萨音乐学院。在开头的一个多月时间里，整天与苏联同学辩论政治问题。由于曾教过他三年钢琴的克拉芙琴科教授到苏联文化部交涉，殷承宗才被调到列宁格勒音乐学院，在克拉芙琴科教授身旁学习。但是天天上政治课，使得他在第一年里什么也没学到。到了第二年，由于要参加柴科夫斯基国际钢琴比赛，他才被特许不必上政治课，全力以赴作赛前准备。

柴科夫斯基国际钢琴比赛是世界瞩目的大赛，1958年举行第一届，冠军是美国人范·克莱伯恩。这在美国引起了极大的轰动，他回纽约时，受到英雄般的夹道欢迎。第二届规模更大，报名参赛的选手有66人，仅美国人就占了将近一半。苏联有16个加盟共和国，逐级层层选拔，也是强手如林。参赛者中如英国的奥格顿、苏联的阿斯坚纳西，都是年逾25岁，多次国际比赛摘冠的职业演奏家。比赛曲目涵古盖今，时间长达好几个小时。殷承宗面临强战、恶战，当然要花更多的时间和精力去练琴。

可是当时列宁格勒音乐学院的钢琴每天只允许学生练 4 个小时，指导老师克拉芙琴科教授帮他联系，安排到红十月钢琴厂练琴。钢琴厂离宿舍很远，乘搭无轨电车需要 1 个小时。殷承宗为了练琴，每天都到深夜一两点才赶末班车回宿舍。冬天下大雪，有一次为了拼命追赶电车被甩了下来，胸部撞伤导致内出血，疼了 3 个月仍坚持练琴。

钢琴厂离列宁格勒大学比较近，当时的中国留学生会便设在那里。他们看到殷承宗练琴这么辛苦，夜间就让殷承宗睡在留学生会的办公室里。

1962 年，殷承宗代表中国参加在莫斯科举行的第二届柴科夫斯基国际钢琴比赛，荣获第 2 名。评委们的评语是："殷承宗有着对于音乐的深刻理解和无懈可击的技巧。""殷承宗以他的才华征服了莫斯科人。"殷承宗的首轮演奏就引起强烈反响，那天他是最后一个演奏者，音乐会结束之后，听众们久久不肯离去，在音乐厅里热烈议论了 1 个小时才散场。

比赛后，宣布比赛结果的时间一延再延，原因是评选结果要经克里姆林宫批准才能公布。当时由于中苏交恶，原来第一名苏、中各一，第二名英、美各一，被调整成第一名苏、英各一，第二名中、美各一的排列。当时法国评委玛格丽特·朗曾为此而大抱不平，他对殷承宗说："他们不给你第一名，你来参加我们法国的钢琴比赛，你一定能拿第一。"后来法方曾邀请殷承宗和他的老师去法国参加比赛，可惜没有成行。

获奖后，殷承宗在苏联各地进行了五六十场巡回演出，受到了热烈欢迎和崇高评价。这些演出，大大拓宽了他的艺术视野。他在苏联三年，尽情地吮吸各个艺术门类的养分。他上专业课，修室内乐、伴奏课、音乐理论，看歌剧，看芭蕾，看画展，参观博物馆，出席音乐会 …… 每到一个新环境，他都像海绵吸水一样地吸取知识，他从美术画面上听到了琴声，从雕塑作品中捕捉到灵感。艺术之都列宁格勒（今彼得堡）启迪了他的人生。最后他以各科满分的优异成绩提前把主修的钢琴本科课程全部修毕，并加修作曲和指挥。1963 年，他接到回国的通知。回国后，留在中央音乐学院继续深造。

钢琴出路在何方

1963 年 12 月 31 日，毛泽东主席为了了解当时文艺界的情况，在中南海客厅安排了一个小型文艺晚会。殷承宗被指定弹奏钢琴，他演奏了自己创作的《秧歌舞》和萧邦的《诙谐曲》第二号。演出后，受到毛泽东主席

1963年，毛泽东主席接见殷承宗

的接见，他被安排坐在毛主席身旁。毛主席赞扬他钢琴弹得好，希望以后多搞一些民族的东西。

1964年9月，殷承宗参加了"四清"运动，被安排到北京通县劳动锻炼，拔麦子，挖水沟，拉大车，一干就是一年。他一边劳动，一边不断地思考：钢琴的出路在何方？如何找到这条出路？诚然，如果不努力求生存，自己的钢琴前途就要白白断送。他想了一个窍门，以给农民演出为由，要求中央音乐学院搬一台钢琴到乡下。终于在春节前夕，一台钢琴运到了生产队队部。这样，殷承宗白天干农活，晚上练钢琴，名正言顺，理所当然。许多从未见过钢琴的农民兄弟姐妹，特别是孩子们，都跑来围观，殷承宗就与他们交上了朋友。

他回到城里，就创作了一曲《农村新歌》，由一些革命歌曲和农村小调合成，中间加上朗诵、号子，边弹边唱，热闹得很。这首曲子被灌成唱片，还得到周恩来总理的高度评价。同年，周恩来总理在听了他演奏瞿维改编的《洪湖水，浪打浪》后说："我过去对钢琴如何民族化、大众化的问题感到信心不足，听了你的《洪湖水，浪打浪》之后，我有信心了。"这些尝试和所获得的肯定与正面评价，鼓舞了殷承宗不断探索钢琴的出路，并向民族化、大众化的道路迈进。他说："那些曲子还很幼稚，但对我后来创作钢琴伴唱《红灯记》和钢琴协奏曲《黄河》有相当的启迪作用。"

1965年，殷承宗从中央音乐学院毕

业，被指挥大师、著名音乐家李德伦点名要了去，担任中央乐团首席钢琴演奏家。可是第二年夏天，"文化大革命"就爆发了。钢琴被认为是"资产阶级的玩艺儿"、"不能为工农兵服务的洋家伙"，在砸烂之列。当时全国只能唱两首歌，弹两支曲子，即《东方红》和《国际歌》，殷承宗也不例外，他只好把这当作练习曲。样板戏出来了，京剧、芭蕾舞剧的演员们还能活跃在舞台上，这使殷承宗羡慕不已。有一次，他从一份大字报中得到一个信息：江青于 1964 年曾对中央音乐学院的陈莲说过，钢琴应当弹奏京剧，弹奏《黄河大合唱》和《歌唱祖国》。

这可启发了殷承宗：这就是钢琴的出路呀！要在实践中，证明钢琴是可以"洋为中用"，能够为工农兵服务的。

1967 年 5 月，为纪念毛泽东主席《在延安文艺座谈会上的讲话》发表 25 周年，社会上掀起组织毛泽东思想宣传队并到各处演出的热潮。殷承宗想，何不借此机会，使钢琴有用武之地，关键是钢琴要让老百姓听得懂，意见要让领导人听得进。

他和中央乐团几个人决定冒一次风险，在天安门广场演奏钢琴。一台立式钢琴被运到金水桥畔，殷承宗每天下午都在那里演奏一两小时，弹毛主席语录歌和自己在 1964 年下乡时创作的《农村新歌》，观众点什么，殷承宗就弹什么，边弹边唱，很受欢迎。第一天就有一位观众问他："你能不能用钢琴来弹奏京剧？"话虽简单，"弹"何容易！殷承宗那时不懂京剧，只知道京剧艺术，有唱念做打，仅仅为唱腔伴奏的那套打击乐器，就不是一台钢琴能拿得下来的，何况还有其他各种重要环节！不过既然有人喜欢欣赏，不妨试试。他想起中央乐团当时搞了个交响乐《沙家浜》，他还有点熟悉，便凭记忆弹了一点。回去后，他连夜写了一段《沙奶奶斥敌》，第二天，找了个会唱京剧的人，跑到天安门又弹又唱，出乎意料，反应非常热烈。

在天安门演出三天之后，他又到建国门及北京其他街头去演出，受到许多听众的喜爱，收到了大量来信。于是殷承宗向中央乐团及中央领导提出，要求进行这方面的创作尝试。

钢琴伴唱《红灯记》

由于在天安门广场演出产生了巨大的反响，中央乐团领导决定让殷承宗进行创作，作为对 1967 年国庆节的献礼。

　　殷承宗带了一个创作组到广播乐团，同他们讨论创作问题。大家对创作题材提出很多意见，有的想创作一些歌颂"文化大革命"的作品，有的想创作钢琴交响诗，穿插诗歌朗诵，题目是《前进，毛主席的红卫兵！》。就是这些节目的总和，也只够演半场，还有半场演什么呢？殷承宗根据天安门演出的经验，想搞京剧。于是他跑到中国京剧团去拜师。他先找到京剧《红灯记》的作者之一刘吉典，刘吉典又把中央音乐学院青年二胡教师孙玄龄介绍给他。这样，殷承宗就开始向他们学京剧并写曲子。

　　他很喜欢京剧《红灯记》，特别喜欢李铁梅这个角色和她的唱腔设计。于是他又到中国京剧团串门，坐在排练场看《红灯记》的排练，听刘长瑜、李维康等人的练唱。回家后，他在几天内就改编了几个唱段，然后请刘长瑜到中央乐团，试唱了当中《做人要做这样的人》等3个段子。虽然还只是即兴伴唱，但京剧的抑扬顿挫与钢琴的脆亮雄浑交相辉映的艺术特色，令人耳目一新。1967年国庆节，在北京民族文化宫的演出节目中，殷承宗和刘长瑜合作的钢琴伴唱《红灯记》以及毛泽东词《咏梅》引起了轰动。中央领导人鼓励他继续搞下去。

　　于是殷承宗埋头于创编工作。为了找准钢琴与京剧结合的感觉，他连续听了200多张京剧老唱片，并向京剧团的老师学习京剧鼓点。他苦心孤诣，完成了8个唱段（李铁梅5段，李玉和3段），便与刘长瑜和钱浩梁进行了认真的排练，录音后送上审查。

　　1968年6月30日，他获中央首长接见，钢琴伴唱《红灯记》的创作受到充分肯定，并告知他第二天这一作品要作为建党47周年的特别礼物，向全国广播。殷承宗兴奋得彻夜难眠，他感到，彷徨、探索了这么些年，钢琴终于获得了翻身，"曲线救琴"功德圆满。7月1日，在北京人民大会堂举行的庆祝建党47周年文艺晚会上，殷承宗和刘长瑜、钱浩梁合作演出了钢琴伴唱《红灯记》，毛主席、周总理等中央首长都出席观看，并走上舞台接见演员。第二天，《人民日报》头版头条以特大号字通栏报道了这一新闻，并配发了毛主席、周总理与演员们合影的大幅照片。这给了大家很大的鼓舞。

　　中央音乐学院的学生们从收音机里听到了久违多年的钢琴声，高兴得上天安门广场游行，并张贴大标语、大字报欢呼，庆贺钢琴重获新生。

　　中央新闻电影制片厂把整个演出过程拍成影片在全国公映，成为当时风靡全国的一道音乐风景线。这被认为是钢琴音乐一次史无前例的大普及。

　　随后，殷承宗又创作了李玉和、李奶奶各两唱段，最后定稿的钢琴伴

唱《红灯记》共 12 段。

音乐评论家们认为，殷承宗创造性地运用钢琴这一传统的西方乐器与中国戏曲巧妙"嫁接"，与京剧艺术家们一道，改编创造了令人耳目一新的艺术品种，具有独特的艺术魅力。钢琴伴唱并非原京剧音乐总谱的翻版，其和声织体的变化非常丰富，钢琴的优势得以精妙地利用和发挥。这样的改编极具难度，需要改编者对京剧非常熟悉，并作过深入研究，同时要有非常深厚的钢琴功力。

用钢琴伴唱京剧，对京剧演员也是一个全新的考验。"小铁梅"刘长瑜对钢琴伴唱的最大感受就在演唱上。她说："钢琴对我的声音运用有很大的影响，丰富了我的行腔，使我的声音更加圆润，更为连贯，更具内涵。"在"小铁梅"眼里，殷承宗的艺术灵感特别好，他们之间的配合特别默契。她当时曾考虑到，如果用钢琴这一键盘乐器来伴奏，难度太大，就增加小提琴。可殷承宗的钢琴一演奏，大家都服了，心里融入了一股暖流，原先的顾虑一扫而空，终于取得了很好的艺术效果。

然而，1975 年最后一场演出之后，钢琴伴唱《红灯记》被搁置了 25 年无人问津。2001 年 4 月 21、22 日，在北京中山音乐堂，钢琴伴唱《红

1968年，演出后，周恩来总理走上舞台与殷承宗握手，祝贺演出成功

灯记》重新展现在人们的面前，殷承宗与京剧表演艺术家高玉倩、刘长瑜、钱浩梁等在阔别 1/4 世纪之后，再度同台。他依然担任钢琴伴奏。当年李奶奶的扮演者高玉倩已 74 岁高龄，身带心脏起搏器登台"痛说革命家史"，作为主持人的刘长瑜也在观众的要求下，重唱《都有一颗红亮的心》，中国京剧院著名年轻演员耿巧云、陈淑芳同饰李铁梅，袁慧琴饰演李奶奶，李岩、李文林同饰李玉和。殷承宗弹起熟悉的旋律，难抑心情的激动，他与广大听众又一起找回当年的感觉，再谱钢琴与京剧的多彩乐章。

钢琴协奏曲《黄河》

　　钢琴伴唱《红灯记》成功之后，殷承宗又考虑要使钢琴从为京剧伴唱的位置上独立出来，突出它的地位和真正的艺术价值。他想写钢琴协奏曲，写个有分量的东西。他想起江青讲过，钢琴也可以弹《黄河大合唱》和《歌唱祖国》；《黄河大合唱》很有气势，可以写成钢琴协奏曲。于是他和他的同事们把目光聚焦在冼星海的《黄河大合唱》上，因为它是中国现代史上最优秀的音乐作品，用钢琴来写黄河，的确可以把它的气势表现出来。1969 年 2 月，中央乐团成立了"钢琴协奏曲《黄河》创作组，成员是：殷承宗、杜鸣心、储望华、石叔诚、许斐星。不久，杜鸣心调到中央芭蕾舞团，由盛礼洪接替，后来再增加了刘庄，总共 6 人。

　　为了写好作品，他们除了反复深入地研究《黄河大合唱》的原作，了解冼星海的创作过程和当时的历史背景外，还到黄河沿岸去体验生活。他们到了壶口，去领略"黄河之水，一泻万丈"的惊天动地的气势；去体验"旱地行船，水中冒烟"的壮观奇景。他们还到龙门，上延安。

　　回到北京，他们开始进行创作。殷承宗认为，钢琴协奏曲《黄河》要由管弦乐队来烘托和陪衬钢琴的独奏，这才是"钢琴革命"所迈出的真正步伐。可是江青却指示"《黄河大合唱》可以留曲不留词"。

　　当年光未然的歌词，激发了冼星海的创作冲动与灵感，自然也会启迪和萌发创作组成员的想象力和乐思。虽然江青用钢琴协奏曲《黄河》来压制《黄河大合唱》，但是创作组成员心里都明白：钢琴协奏曲《黄河》如果想获得成功，非仰仗于《黄河大合唱》不可，词曲是一个不可分割的艺术整体，能否将大合唱的乐魂，体现到器乐表现的形式中；能否成功地进行艺术再创作，而不是简单的移植和改编；能否利用钢琴协奏曲，特别是钢琴独特、丰富的表现手段，去再现《黄河大合唱》所表现的中华民族的精神气概。这是关键的关键。

1969 年底，钢琴协奏曲《黄河》完稿送审，江青无视历史，不顾冼星海原作及当时的不同意见，强行指示要加入《东方红》和《国际歌》。这个"画蛇添足"的举动，使《黄河》差点成了革命歌曲大联奏。

1970 年 2 月 4 日，钢琴协奏曲《黄河》在人民大会堂小礼堂正式由中央领导人审听。周恩来总理边听边打着拍子，乐曲刚完，他就上台举起手臂喊了一句："星海复活了！"这使这次成功的首演达到了高潮，在场的人情绪都特别高昂。从此，"革命样板戏"又增加了一个新品种：钢琴协奏曲《黄河》。

1970 年 4 月间，钢琴协奏曲《黄河》在"中国广州出口商品交易会"上，对外演出，正式向世界"曝光"。1970 年 5 月 1 日，钢琴协奏曲《黄河》在北京民族文化宫正式公演。这样，一部既有民族特色又有西洋风格，既有熟悉老到又有清新隽秀的手法技巧，既有民族民俗场景又有历史战争画卷的音乐作品问世了。

1971 年，中央芭蕾舞团出访欧洲，包括罗马尼亚、阿尔巴尼亚、南斯拉夫、英国、法国、意大利等国，演出《白毛女》、《红色娘子军》，也把钢琴协奏曲《黄河》带去，这是它第一次在国外演出。

殷承宗在创作中，追求艺术上的整体气势，在中国风格的基础上，继承和借鉴西方的钢琴协奏曲的手法，是必然的，也是允许的。因而这部作品虽历经风云变幻，却是 30 多年来在海内外演出最多、最为人熟悉的中国钢琴与乐队作品。

1972 年美国总统尼克松访华后，西洋的东西又可以弹了。伦敦交响乐团、维也纳交响乐团、费城交响乐团相继访华，殷承宗都与他们合作演出了钢琴协奏曲《黄河》。

1973 年，殷承宗加入中国共产党，并担任中央乐团党委副书记。稍后，他又作为文艺界的代表，被选为全国人民代表，并成为第四届全国人民代表大会常务委员会委员。

2001 年 4 月 21—22 日，殷承宗在北京复演钢琴伴唱《红灯记》。音乐会最后，他在中央芭蕾舞团交响乐团的协奏下，弹奏了当年经常与钢琴伴唱《红灯记》同台演出的钢琴协奏曲《黄河》中的《黄河颂》、《保卫黄河》，受到听众的热烈欢迎。

创作钢琴独奏曲

当时殷承宗把钢琴的出路分成三步：第一步，搞钢琴伴奏、伴唱，写出了钢琴伴唱《红灯记》；第二步，创作钢琴协奏曲《黄河》；第三步，创作钢琴独奏曲，让钢琴有独奏的机会。

日本邀请殷承宗到日本演出，对方希望殷承宗一半弹中国乐曲，一半弹西方乐曲。可是中央只批准弹中国乐曲，还必须是革命歌曲。哪来的那么多革命歌曲可弹啊？殷承宗就提出成立创作组，写些乐曲。

他的建议被采纳，便组成了由他和储望华、刘庄、黎英海、杜鸣心、王建中等人参加的写作组，专门创作钢琴独奏曲。他们住进了当时暂不对外开放的北海公园，搬去了钢琴。

殷承宗认为中国音乐的精华在戏曲音乐和古典音乐，他已学过了京剧音乐，现在应再攻古典音乐。于是他们选定了《十面埋伏》、《春江花月夜》这样一些能代表中国古典音乐精华的乐曲，进行再创作。为此，他们拜访了十几位琵琶演奏家，从年轻的到年老的，包括杨阴柳、曹安和这样的大师，录音、记谱、收集资料，用五线谱把每一个音符、滑音、指法重新整理，并请专家们座谈、指教。

就这样，殷承宗埋头钻研了一年国乐，与创作组的同志一道，写出了《十面埋伏》、《春江花月夜》、《平湖秋月》、《三六》、《梅花三弄》、《百鸟朝凤》等钢琴独奏曲。他们又到陕北采风，写了《陕北民歌组曲》。殷承宗又把钢琴伴唱《红灯记》中的两段改写为钢琴独奏曲，杜鸣心把《红色娘子军》写成钢琴组曲。经过了这两年的努力，他们汇集了可演奏一个多小时的作品，便送交文化部审查。没料到，他们完全按照琵琶的传统演奏方法写成的《十面埋伏》，被认为是"太现代派了"而通不过。其他的则被认可了。

1975年殷承宗应邀出访日本，他除了演奏钢琴协奏曲《黄河》以外，还演奏了那些古曲，并由NHK电视台录影在日本播放。

1975—1976年间，殷承宗率领中国艺术团，到南美洲、非洲的一些国家访问演出。

粉碎"四人帮"后，殷承宗被作为"'四人帮'在中央乐团的代理人"、"江青的红人"受到长达4年的审查，其中有10个多月不能回家，更不用说弹琴和演出。他写了足足三麻袋"交代材料"，后来在赴美定居前还给他，他用几个小时将这些材料烧完。啊，人生的起起伏伏，都深深烙上时代的印记！

焕发艺术青春 ▪▪▪

1980 年 7 月 16 日晚上，殷承宗在中央音乐学院礼堂举行钢琴协奏曲音乐会，演奏了拉赫玛尼诺夫的《第二钢琴协奏曲》和李斯特的《第二钢琴协奏曲》，由美国指挥家戴维·吉尔伯指挥，中央乐团交响乐队协奏。这是殷承宗 4 年后首次重返舞台，他内心的激动不言而喻。演奏完毕，全体听众起立，报以长达 10 分钟的热烈掌声。

1982 年 1 月，殷承宗在民族文化宫礼堂，再度与戴维·吉尔伯和中央乐团交响乐队合作，演奏拉赫玛尼诺夫的《第三钢琴协奏曲》，这是一部全世界公认的演奏难度最高的经典名作，只有技巧最精湛的钢琴家才能驾御，而演出非常成功，全场听众为这部世界名作在中国首演成功，为殷承宗又攀登一个钢琴艺术高峰而长时间热烈地鼓掌。美国著名钢琴家评价道："殷承宗的演奏使我耳目一新，他不愧是一位青年钢琴大师。"

1983 年 3 月，殷承宗到美国定居，开始人生的新征程。他凭着自己坚韧的毅力和坚实的技巧，重登世界乐坛。

1983 年 9 月 28 日，殷承宗在卡耐基音乐厅举行到美后的首次钢琴独奏音乐会。10 月 2 日，《纽约时报》发表评论说："他在纽约的首演，展现的不仅是他对乐器的卓越控制，还有他对乐曲的正确理解。在所有的乐曲中，殷承宗表现了对西方古典音乐的敏锐而又自然的领悟，特别是他弹奏的莫扎特，能感觉到音乐中张与弛的对比，并恰到好处地强调了适当的片段。殷承宗在贝多芬和李斯特的乐曲里，展现出超人的力度和速度，证明他可以同其他一流的钢琴家并驾齐驱……"这对初到美国的殷承宗，无疑是一针威力难估的强心剂。

1985 年，殷承宗在华盛顿举行独奏音乐会后接受美国电视台采访时对记者说："我到美国要做三件事：第一，在美国各地演出，在好的音乐厅演出，灌唱片，实现我小时候的梦想；第二，向美国和世界的听众介绍中国的钢琴艺术；第三，把自己的经验传授给年轻的钢琴家。"

为了实现这 3 个目标，他不断学习，扩展曲目 —— 由原来弹古典和浪漫派为主的乐曲，扩展到印象派的作品；扩展演出地点 —— 足迹遍及美国40 个州和俄罗斯、英国、德国、芬兰、加拿大、韩国、新加坡、菲律宾等国，还多次到台湾、香港地区演出。他在世界上许多著名的音乐厅举办过几百场演奏会，其中包括卡耐基音乐厅（5次）、林肯中心（3次）、伦敦维格莫音乐厅、莫斯科音乐学院大厅、圣彼得堡爱乐大厅等。各国、各地好评如潮：

1985年4月15日《华盛顿邮报》："殷承宗的莫扎特是速度保守而严谨的，表现出正宗的古典风格。他的舒伯特表现了高尚的气质……李斯特的《B小调奏鸣曲》的演出，证明了他是个李斯特专家。"

1985年5月27日《芝加哥论坛报》："他能表现超凡的技巧和惊人的速度。……他这种勇于冒险的精神在技巧复杂又艰难的李斯特《B小调奏鸣曲》中表现无遗……殷承宗对此曲的处理加了几许炫丽，使得他的演出成为当前最有力的诠释之一。……殷承宗的舒伯特充满活力，旋律音色洪亮圆润，技巧纯熟。……殷承宗的莫扎特奏鸣曲K .330，透露了一种令人无法抗拒的欣喜气氛。"

1985年10月14日《旧金山记事报》："殷承宗的演出展现了非常浓重的个人风格，他选择的曲目和演奏的风格都是高尚而严肃的。……殷承宗是属于诗人、哲学家型的艺术家。他的演奏丝毫没有为炫耀而炫耀的倾向。他用恰到好处的控制和惊人的技巧来表现乐曲的深度和流畅。他的技巧在乐曲需要时表现得淋漓尽致。"

1987年7月《伦敦音乐杂志》："殷承宗有力的触键和技巧使得史克里亚宾和李斯特B小调的奏鸣曲令人感动，他的戏剧性的演出把气氛带到高潮。"

1990年，他回到他的事业的起跑地——俄罗斯，参加柴可夫斯基150周年纪念活动。此后又多次回到涅瓦河畔演出。

1992年3月11日《圣彼得堡日报》："殷承宗的弹奏风格非常热情，他对德彪西12首前奏曲的诠释再次证明他的大师风范。"

……

为了实现自己的愿望，他录制了大量唱片，包括西方音乐家作品及中国作品；他招收学生，其中一些人在各种国际比赛中获奖。他还担任过克里夫兰音乐学院教授和常任演奏家。

2000年4月，殷承宗艺术生涯50周年世界巡回演出音乐会在波士顿乔丹音乐厅拉开了序幕，一时刮起了一股"殷承宗旋风"。殷承宗特别精选了三套具有代表性的曲目：第一套是到美国后扩展的新曲目，有德彪西的前奏曲和舒伯特晚年的作品；第二套有柴可夫斯基的《第一钢琴协奏曲》和钢琴协奏曲《黄河》；第三套是拉赫玛尼诺夫的第三钢琴协奏曲。演奏这些作品，体现了殷承宗炉火纯青的演奏技巧、跌宕起伏的人生道路和不畏艰险、攀登高峰的奋斗历程。

序幕之后，他又到美国的亚特兰大、底特律、芝加哥，俄罗斯的莫斯科、圣彼得堡，中国的北京、上海、广州、福建、浙江、河南、湖北、湖南、四川、台湾等省市作了多场成功的演出。2001 年 2 月，殷承宗把世界巡回演出的终点放在世界第一都会纽约卡耐基音乐厅，他的长达 1 年的庆祝演出活动，在热烈的掌声中，划上一个完美的句号，完满地展示了他"50 年的追求，半世纪的辉煌"。

中国心　故乡情

殷承宗于 1993 年，定居美国后首次接到祖国邀请，回北京为中央电视台 35 周年台庆演出钢琴协奏曲《黄河》。从此，他几乎每年都要回国两三次。1997 年 7 月 1 日，香港回归祖国，中央电视台特地邀请他在天安门广场演奏钢琴协奏曲《黄河》，在"庆回归"节目中向全世界播放。他激动地说："我先后演奏《黄河》近五百场，唱片ＣＤ录制四五次，可这次演奏，让我格外深刻地感受到中华民族不屈不挠的精神。"

2002 年 10 月 18—31 日，由柴可夫斯基国际音乐比赛明星协会和厦门市人民政府共同主办的第四届柴可夫斯基国际青少年音乐比赛在厦门举行。这场大赛能够在厦门举行，与殷承宗的努力分不开。

柴可夫斯基国际青少年音乐比赛，是国际上四大音乐比赛之一柴可夫斯基国际音乐比赛的组成部分，由"柴可夫斯基国际音乐比赛明星协会"发起创办的，创办者希望通过举办比赛发掘和培养世界各国有音乐天赋的青少年。第一届于 1991 年在俄罗斯莫斯科举行，第二届于 1995 年在日本仙台举行，第三届于 1997 年在俄罗斯圣彼得堡举行，已经成为国际上有影响力和号召力的赛事之一。

1962 年，殷承宗在莫斯科参加柴可夫斯基国际音乐比赛，获得了第二名，从此与柴可夫斯基结缘。1990 年他被选为"柴可夫斯基国际音乐比赛明星协会"会员以后，成为一位国际文化使者。他想，这个比赛要是能在中国举行有多好！这一想法一直隐藏在他心中几十年，并积极地为之努力着。终于，他的理想实现了，并且要在自己的故乡举行，这使他兴奋不已。为此，他先于 2001 年 12 月 25 日，与其他两位柴可夫斯基音乐比赛银奖获得者 —— 小提琴家薛伟、大提琴家秦立巍，在厦门举行筹资义演音乐会，把所得全部捐献给厦门组委会。

殷承宗作为第四届柴可夫斯基国际青少年音乐比赛顾问和评审委员会主席，邀请了一大批重量级评委到厦门来。3个组别27名评委分别来自11个国家，各组评委主席都是中国、俄罗斯各一名。钢琴组的评委主席是莫斯科音乐学院教授、柴可夫斯基国际音乐比赛获奖者和多个著名音乐比赛评委，副主席是我国著名钢琴家、中央音乐学院终身教授周广仁先生。评委有：以色列著名钢琴家阿里·瓦迪教授（李云迪、陈萨的钢琴导师），罗马尼亚钢琴家、多次国际比赛获奖者和评委丹·格里高教授，美国科蒂斯音乐学院院长、郎朗导师格里·格拉夫曼教授，俄罗斯格涅辛音乐学校校长米哈伊尔·霍赫罗夫教授，我国著名音乐教育家但昭义教授、上海音乐学院院长杨立青教授等。

报名参赛者是历届最多的一次，总共有20多个国家的250多名选手报名（厦门站150多人，莫斯科站100多人），评审委员会从中甄选出163名参赛选手，其中钢琴61名，小提琴41名，大提琴51名，朝鲜、蒙古、马来西亚选手都是第一次参赛的。结果是三名中国选手，即12岁的张昊晨，16岁的杨晓宇、田博年分获钢琴、小提琴、大提琴比赛第一名，整个赛事获得很大的成功。

2005年8月7—20日，"中行之星"首届殷承宗钢琴大师班在鼓浪屿举办，采取个别课、公开课、专家课和音乐会相结合的方式办班，几乎每个晚上都有音乐会，有三场协奏曲音乐会，五场沙龙音乐会，演奏者都是国际顶级比赛中获奖的优秀钢琴家。同时，由殷承宗旧居改造装饰而成的殷承宗工作室

1998年，笔者与殷承宗在纽约殷家合影

正式启动，将不定期地举办短期钢琴大师班和钢琴比赛；附楼开设"音乐人生 —— 殷承宗展示馆"，通过收藏品和展示品，将殷承宗半个多世纪的音乐人生展现出来。展品包括：1968 年邮电部发行的钢琴伴唱《红灯记》纪念邮票，殷承宗 9 岁时在鼓浪屿毓德女中礼堂举办一生中第一场个人钢琴独奏音乐会使用过的钢琴，殷承宗在世界各地巡回演出的海报、照片等。

殷承宗强调，目前厦门钢琴赛事的硬件和技术保障已经达到国内一流水平，有了厚实的硬件基础，音乐的发展将更上一层楼。因为一个地区钢琴数量、质量的多少、高低，可以从一个侧面反映这个地区艺术水平的高低。

2005 年 10 月 25 日，殷承宗在纽约卡耐基音乐厅演奏钢琴协奏曲《黄河》。

2006 年 6 月 17 日晚，第四届中国·福建项目成果交易会开幕招待会暨"海峡西岸势如虹"主题晚会在福州举行。殷承宗与郑小瑛和厦门爱乐乐团合作，演奏了钢琴协奏曲《黄河》第二、四乐章，震撼全场，掌声经久不息。

2006 年 7 月 15 日，在第四届世界合唱比赛开幕式上，殷承宗应邀弹奏了《鼓浪屿之波》。

迄今为止，殷盛宗有 20 多个音乐专辑出版，其中 2004 年 5 月，出版了专辑《花月夜》，就收录了《十面埋伏》、《春江花月夜》、《梅花三弄》和京剧《红灯记》组曲等 15 首曲目。他将这些中国古典名曲，以西方乐器钢琴来加以演绎，这是对传统中乐的一次创新。他演奏钢琴协奏曲《黄河》已达五六百场，而此曲在 50 多国家播放过。

年过花甲的殷承宗，继续在艺术的征途上奋斗，一边在世界各地演出，一边致力于教学，培养人才。他已在美国 50 个州中的 45 州演出，在中国 31 个省市中，除了西藏和宁夏，都有他演出的经历。他现在每年安排 30～50 场演出，基本上一半在中国，一半在美国。我们祝福他，成就更辉煌！

2006年10月3日

上下求索的艺术改革家

——著名指挥大师陈佐湟

陈佐湟

做着"中国交响乐"之梦

陈佐湟于 1947 年出生于上海，1950 年，父亲陈汝惠、母亲李荷珍受王亚南校长之聘，到厦门大学任教，他便随父母亲定居于鼓浪屿，在厦门师范学校附属小学（后改名为人民小学）读书。

后来他回忆起自己走上音乐之路的历程说："我走上音乐之路纯属偶然。在鼓浪屿念书时，每天放学路上，被从窗户里飘出来的钢琴声所吸引。我央求妈妈让我学钢琴，妈妈心疼我总是踮着脚尖趴在窗台上听邻居练琴，就花钱从邻居那里租了一台旧钢琴，供我每天练习一个小时。就这样，我走上了音乐之路。"

1966 年，他毕业于中央音乐学院附属中学钢琴专业，随即任全国总工会歌舞团和中国电影乐团指挥。"文化大革命"中，他每天埋头于练习钢琴，又不辞辛苦地登门求教名师，学习指挥艺术的理论和实践。那时我经常到北京出差，都住在他家里，他交代太太王再一张罗我的饭食，自己则骑着自行车满城飞，又是找李德伦，又是找吴祖强，又是找李焕之……我经常看着他骑车从民族文化宫胡同拐出长安大街，匆匆远去，如同一位不倦的探索者，在跋涉，在爬坡，在攀崖……早出晚归，回到家时，身体虽然疲惫，但精神依然奕奕，为"大有斩获"而兴奋不已。

恢复高考，陈佐湟即考上中央音乐学院指挥系，1981 年夏毕业。同年夏天，应著名指挥家小泽征尔之邀，他赴美国坦格伍德音乐中心及密西根大学音乐学院学习，1982 年就获得音乐硕士学位。1985 年，他以优异成绩，获得密西根大学颁发的该校有史以来第一个乐队指挥音乐艺术博士学位，成为我国第一个获得博士学位的指挥家。在美期间，他曾任好几个乐团和歌剧院音乐指导，并任堪萨斯大学指挥学副教授，获得"荣誉教授"、"杰出教育家"及"全国优秀艺术家"称号。

在美国读书时，他就有一个梦想，就是中国应该有一个真正与中国地位相称的交响乐团。他说："当年我去学交响乐指挥，美国人根本就不相信中国有交响乐。这些年来，中国音乐家在古典音乐领域得到了越来越多的承认，充分显示了中国人的聪明和才华。但我也一直在想，所有美国最好的交响乐团都有祖籍中国的演奏家，为什么中国没有自己的、很好的交响乐团？这是我咽不下的一口气。很幸运，历史给了我一个机遇。"

学生时代强烈的求知欲望与刻苦学习，最终造就了他的成功。

回国为了圆梦

1987 年，陈佐湟回国任中央乐团指挥兼中国青年交响乐团指挥。这年秋天，他以首席指挥身份，率领中国中央交响乐团首次访问了美国的 24 座城市，他们的演出受到了热烈的欢迎，引起了很大的轰动。在纽约林肯艺术中心、华盛顿肯尼迪艺术中心的演出，更是盛况空前，好评如潮。《纽约时报》、《华盛顿邮报》、《芝加哥论坛报》以及旧金山的主要报刊，都发表乐评，称赞陈佐湟"具有纯正的音乐修养和天才的音乐感"、"他的指挥朝气蓬勃而含意明晰"、"他将富于律动的节奏和柔和句法结合得完美无缺"、"使乐队的演奏配合默契而富于韵味，令人联想起小泽征尔的风格"、"陈（佐湟）具有领导乐队的才华"、"他无疑拥有站在任何一个乐队前面的权威"、"中国中央交响乐团在世界艺术中心的舞台上是当之无愧的成员……"美国人惊奇地发现了他们的世袭领地——交响王国中出现了新的伙伴。

随后，陈佐湟又率领中国青年交响乐团出访东欧三国，也获得了巨大的成功。几年间，他活跃于世界交响乐指挥台上，频频举行音乐会，录制唱片及担任国际比赛评委，通过繁忙的艺术活动，致力于中外音乐文化的交流。他的足迹遍布北美、南美、东欧、西欧和亚洲的十几个国家,在北京、莫斯科、里斯本、汉堡、莱比锡……等城市的著名音乐厅指挥交响音乐会,引起了国际音乐界的普遍瞩目,被誉为"极有才华的青年指挥家"、"杰出的大师级指挥家"、"来自中国的文化大使"、"中国的小泽征尔"、"可能成为小泽征尔之后最重要的亚裔乐队指挥家"。《人民日报》、《人民音乐》等报刊认为"他是一位极富艺术魅力的指挥家"、"他的指挥艺术具有开阔的幅度"、"富有戏剧性和哲理性"、"洋溢着崇高感和内在热情"、"显示出大家风度"。

1989 年 12 月,中国唱片公司邀请陈佐湟指挥中央交响乐团,石叔城担任钢琴伴奏,重新录制了钢琴协奏曲《黄河》。这张 CD 发行到全国、全世界各地,深受欢迎,成为乐迷的至爱。

1990 年起,陈佐湟担任美国威切塔交响乐团音乐总监和指挥。1992—1996 年,又兼任美国罗德岛爱乐乐团音乐总监和指挥。其间,他多次获得堪萨斯州和罗德岛州州长艺术奖和嘉奖令,深受乐队音乐家和听众们的欣赏和敬重。

受聘中国交响乐团艺术总监

1996 年 2 月,陈佐湟被文化部聘任为中国交响乐团艺术总监,任期四年。陈佐湟早在一年前就开始准备,为此他毅然辞去了在美国担任两个乐团总监之一罗得岛交响乐团音乐总监的职务。这堪称为"临危授命",因为当时乐团面临着内外部的许多矛盾和棘手问题,急需解决。陈佐湟对原中央乐团的体制进行了革新,根据文化部的文件精神,实行了艺术总监负责制,将行政管理变为经营管理,并在原中央乐团的基础上,通过高标准、严要求的考试、招聘,实行全员聘任制,重新建立了中国交响乐团。艺术总监是法人代表,有艺术生产的决策权。他在分配制度上也有重大改变,抛弃了大锅饭,提高工资标准,拉大工资差距。

中国交响乐团于 1996 年 6 月 25 日正式组建完毕,开始了为期一个月的集训。在集训过程中以音乐会的形式向社会汇报集训成果,是陈佐湟为锻炼乐队演奏家并向社会亮出底牌的重要做法,具有很高的透明度,既锻炼了演奏家的舞台演奏能力,也便于听取听众的批评和建议。这在中国交响乐界尚属首次。

为了使集训有效地进行,陈佐湟分别为管乐声部和弦乐声部请来了德国圆号演奏家、指挥家诺依曼和美国小提琴家大卫·佩瑞。诺依曼先生在为管乐训练了三周后，对中国乐手的素质表示满意，在 7 月 10 日和 21 日的汇报演出中，他指挥管乐演奏了多部风格不同的作品，表现了乐手个人技术的高超和声部合作的进步。就管乐而言，比过去有了明显的改善。但人们也看到，要想成为优秀乐团，管乐的磨合还需要较长的一段时间。

7 月 6 日，弦乐队举行了第一场汇报音乐会，乐队演奏员对音乐的投入令观众为之一振。此后的一周，弦乐队在大卫·佩瑞的带领下，又进一步磨合，演出了较高水准的音乐会。弦乐队于 7 月 22 日的音乐会以曲目难而更胜一筹。

在集训汇报的同时，中国交响乐团与世界上最大的唱片集团宝丽金（它拥有菲利浦、戴卡、DG 等唱片公司）签约，在未来三年与该集团合作录制唱片，在全世界发行。这大大鼓舞了演奏员们的热情。8 月 5 日到 8 月 9 日，全体演奏员在陈佐湟的带领下来到 21 世纪剧院，录制该团的第一张、也是十分重要的一张唱片。菲利浦公司从荷兰运来了全部设备，还派了录音师安娜·贝莉女士和两位工程师担任制作，中国录音师沈援之先生协助制作。乐团演奏了勃拉姆斯的《第一交响曲》和两首中国作品《二泉映月》、《咏雪》。演奏家们的认真态度和较为敏捷的音乐反应，令荷兰录音师惊奇。录音师们对这个新成立的中国乐团能如此迅速地在四天时间里顺利地完成任务感到非常满意，他们赞扬道："中国交响乐团可以与欧、美、俄等国一级大乐团相媲美。"与宝丽金的合作，把中国交响乐团推向一个较高的起点，这对中国交响乐界来说，的确是一件不容易的事。

1996 年 9 月 6—7 日，在北京世纪剧院举行 "'96 中国国际交响音乐年 —— 中国交响乐团首演音乐会"，拉开了该团第一个音乐季的序幕，江泽民等国家领导人前来观看演出。首演成功引起了轰动，200 多家媒体竞相报道。该团采取 "音乐季" 演出机制，确保乐团的艺术生产有系统，按计划进行，使乐团稳步有序进入演出市场，这是乐团职业化的一个重要标志。

中国交响乐团以年轻的阵容和充满活力的演出，向世人展示了勃勃生机。演奏家们追求艺术完美境界的热情非常高昂，他们甚至自发组织了十几个重奏组，利用业余时间练重奏，形成一种追求更高目标的艺术氛围。陈佐湟说："说老实话，这些重奏组的存在，是我在国外任何一个乐团都没有见过的。这说明大家在艺术上的追求有一种自觉自发的热情，这确实令我感动。我有时忍不住想拍拍他们的肩膀说声：谢谢！如果没有乐团音乐家这样一种对艺术的追求的话，这个乐团是不会有前途和希望的。"

在乐团内部，艺术民主的风气获得了发扬。艺术家们都有共同的目标——为了音乐上的和谐，在座谈会上，声部对声部，谱台对谱台，指名道姓地说出缺点和不足。在艺术上互相平等地交流与探讨，取长补短，心情舒畅。这种氛围，陈佐湟认为国外的职业乐团都做不到。

中国交响乐团不断地向听众介绍新的作品，以丰富曲目。在推广和扶持中国交响乐作品方面，更是不遗余力，在第一年间，就演出24部中国作曲家的作品；在乐团与菲利浦公司三度合作录制的四张CD中，就有不少中国作曲家的作品。1997年菲利浦公司发行的《音乐会组曲（"红色娘子军"、"白毛女"、"鱼美人"）》专辑，收录了中国历史上最著名的三部芭蕾舞剧改编的，专供大型管弦乐队演奏的音乐会交响组曲。陈佐湟指挥中国交响乐团，进行了激情而富有表现力的演绎，把音色的华丽度和演奏的整齐度提高了许多，使这些作品成为中国民族管弦乐作品曲库中不可多得的瑰宝，为推广和弘扬我国本土交响作品做出了自己的贡献。1998年6月11日，乐团举行了"中国管弦乐作品音乐会"，由陈佐湟执棒，演奏了著名作曲家鲍元恺的《炎黄风情》（中国民歌主题24首管弦乐曲）。作曲家鲍元恺亲自出席音乐会。陈佐湟对鲍元恺说："站在作曲家身旁，指挥演奏他的作品，我感到很荣幸。中国作曲家的作品要介绍到全世界去，这首先需要中国的乐团去演奏。"就是这样，他们以清一色的中国作品作为一个音乐季的压轴。行家评论，整个演出声实、音净、律纯，丰而不盈，满而不溢。这一年11月，宝丽金唱片公司录制了《炎黄风情》中的《走西口》、《猜调》、《太阳出来喜洋洋》、《兰花花》和《看秧歌》等乐曲。1999年4月13日，他们再次推出"中国作品音乐会"，由李心草执棒。一流的乐团，一流的作品，具有特殊的意义和震撼的魅力。

1999年9月，陈佐湟率团访问日本，小泽征尔专程从京都赶到大版观看演出，他深情地称赞道："演出非常好，超水平发挥，高水准。"

1999年底，陈佐湟将三年的职务津贴共21万元人民币，购买一辆大轿车赠送给"国交"。2000年2月，陈佐湟的任期届满，虽然有关部门决定留任，但他考虑到种种因素，未再继续签约，属于常规的"拒聘"，并于7月间正式提出辞呈。他说："我依然觉得这四年可能是我一生当中最有意义的四年。这里面所有的甜酸苦辣，都会在我的记忆里留得很久很久。"

2005年8月1日，中央电视台音乐频道"音乐人生"主持人张越访问了他，谈及2000年他辞职的问题时，他态度平和，只以"不与谎言作争辩"和"在那个环境下，已无法实现艺术理想"这两句淡淡的话表示了自己的态度。

其实，陈佐湟领导"国交"4年，短暂的辉煌并不能平息体制矛盾、人事摩擦和权力干预的危机。当时北京另一个爱乐乐团，将"国交"1/3乐手，将近一半的声部首席，皆以高薪挖走，几乎使"国交"失去元气，散了架子。他独力难支大厦，不得不封金挂印，远走他乡。波涛起伏，命运跌宕，正是这个充满动荡、裂变、骚躁年代的插曲。人们戏称，他在美国有"中国的小泽征尔"之称，而回到祖国，却成了一个"瞎子阿炳"。

然而，无论在人生的哪个时期，他都没有放弃自己的最高理想和对音乐的执著追求。数年间，他担任了二十几个国家和地区音乐团体的指挥，如：

瑞士苏黎士音乐厅管弦乐团

加拿大温哥华交响乐团

墨西哥国家交响乐团

美国坦格乌德音乐节乐队

德国汉堡青年交响乐团

俄罗斯爱乐乐团

斯洛伐克广播交响乐团

以色列海法交响乐团

韩国釜山交响乐团

香港管弦乐团

台北交响乐团

……

他被称为"极富艺术魅力的指挥家"。

陈佐湟定居在美国堪萨斯城，继续着他的音乐事业。"路漫漫其修远兮，吾将上下而求索"，这正是这位艺术改革家心理历程的写照，他尽心尽力地探索了一条道路，付出了艰辛的劳动，也遇到了不少麻烦，让人赞叹，让人惋惜，也留下了让人深思的广阔空间。

他说："我对得起生我养我的这片土地。从这个意义上说，我扪心无愧。"

2002年5月间，厦门市举办鼓浪屿钢琴艺术节，他应邀回到故乡，指挥艺术节开幕音乐会，与厦门爱乐乐团合作，演出徐振民的《我爱鼓浪屿》，由原籍鼓浪屿的英国华人钢琴家卓一龙担任钢琴独奏；巴赫的《四架钢琴协奏曲》，由4位国际著名钢琴家演奏；法国普朗克的《双钢琴协奏》，

2002年5月，陈佐湟在厦门大学嘉庚楼群前留影

2002年5月，陈佐湟在厦门大学他的故居前留影

由著名钢琴家米歇尔和陈萨演奏；钢琴协奏曲《黄河》，由澳大利亚著名钢琴家托萨钢琴独奏。这是一场世界大师级的演出，也是鼓浪屿之子和热爱鼓浪屿的艺术家们对厦门的奉献。

2002年11月，他应邀参加上海国际艺术节系列音乐会。

2002年12月，他应邀到深圳指挥深圳交响乐团。

受聘上海爱乐乐团艺术总监

2004年4月22日，以上海广播交响乐团（前身为成立于1954年的上海电影乐团）组建成立的上海爱乐乐团，聘请陈佐湟出任艺术总监，驻团指挥由世界指挥大师郑名勋弟子韩裔女指挥家李顺咏担任（陈佐湟兼任韩国仁川爱乐乐团艺术总监）。陈佐湟有信心、有决心要把上海爱乐乐团打造成有色彩、有个性的城市代表性乐团。

在陈佐湟看来，高雅艺术的发展，关系到国民素质的提高，而普及音乐又是负责任的艺术家对社会应尽的义务。不能容忍把音乐当作一种急功近利的手段，把音乐文化本身的意义抛开，而将其当作沽名钓誉的工具。所以在国内交响乐事业发展过程中，应警惕"非音乐因素"带来的弊病和遗憾。中国人传统上以独奏为主，先天缺乏合奏的感觉。因此培养中国乐队的合作意识，提高乐队整体的文化修养，应该得到重视。就交响乐的演奏而言，一定不能忽略对作品本身的精雕细刻，否则，我们的交响乐作品很难达到更高的层次。谈到"音乐季"，他认为这是一个职业乐团一年的艺术生产计划，它包括向社会提供高质量的音乐会，乐团中长期艺术发展规划，乐队通过"音乐季"实现进步，乐团达到营销效果，等等。

他这么说，也这么做了。乐团立足上海，服务全国，放眼全球。

组建时，他邀请国际音乐名人组成评审会，向国内外广发"招贤贴"，在巴黎、布拉格等音乐之都设立招聘考场。最终从法国、美国、捷克、哥伦比亚等国挑选了10名"外援"，其中就包括美国休斯顿小提琴家副首席乔治·马克斯曼。

2004年10月8日，上海爱乐乐团在上海音乐厅启动了首个"音乐季"演出，以中西合璧、刚柔并济的风格亮相。陈佐湟指挥演奏了中国作曲家刘湲的作品《火车托卡塔》，那欢快的火车汽笛声，象征着年轻的乐团，踏上了艺术的征程。

陈佐湟率团到南京、扬州、无锡、重庆等市，作六场跨越2004—2005年的演出。他被授予"重庆市荣誉市民"，并于2005年9月5日，出席"重庆文化产业高级人才研修班"开班仪式，作了演讲。2005年11月，他带团到杭州演出。2006年8月，他率团访问台湾，在台北、台中、高雄作了三场演出，会见了老朋友。因为早在1992年，陈佐湟就应台北市交响乐团之邀，首度率团赴台演出。

2006年9月8日、10日，他应邀回中国交响乐团，指挥了两场音乐会。9月8日，在北京大学百年讲堂演出一场"北京大学2006新生音乐会"，陈佐湟指挥并讲解了鲍元恺的民歌管弦乐作品《太阳出来喜洋洋》、《走西口》、《看秧歌》及恰图良的《斯巴达克斯》组曲和贝多芬的《第四交响曲》。9月10日那场，则是"国交"团庆音乐会。陈佐湟指挥了三部很有分量的曲目：贝多芬的《第四交响曲》，萧斯塔科维奇的《金色年华》，雷斯匹基的《罗马的松树》。他秉承一贯严谨、细腻的风格进行指挥，演奏员们深解其意，拿出最佳的精神状态，双方配合得天衣无缝，完美备至，将这三部作品演绎得有声有色，绚丽斑斓。

相隔6年，他再次站在中国交响乐团的指挥台上。学者的风度，优雅的动作，丰沛的激情，集于一身。脚步的移动，如行云的探戈；手势的挥洒，如流水的太极。三场返场曲，未能让听众作罢，他不断地擦着泪水，而舞台上兴奋的演奏员们，有节奏地集体踩脚，向他们所敬爱的指挥家致以最崇高的敬意。《北京晚报》的评论说：

最具光彩的是贝多芬的第四交响曲。这部交响曲听来轻松浪漫，却要求乐队和指挥能像川剧的"变脸"一样，在瞬间转换情绪和演奏的手法。

陈佐湟与笔者合影
（2002年5月）

陈佐湟的指挥手势典雅流畅，紧紧把握了作品所特有的内在恒定动力，带领乐队"移步不换形"，一气呵成。与其他指挥家的处理方式不同，陈佐湟"考据"出贝多芬当年的乐队木管乐器组超强编制的风格，突出了木管乐的音量比重。在第四乐章第一单簧管和第一大管都有一句快速的乐句，"国交"的两位演奏家身手不凡，吹得干净利落。

2006年12月29日，他激情地指挥了重庆市新年音乐会，并建议重庆市应该有自己的交响乐团，以便与直辖市的地位相匹配。

2006年12月31日，成都市举行新年音乐会，由80位普通市民组成合唱团，陈佐湟破天荒第一次主动要求参与合唱团排练。他激情四射，感染了全体团员，经他画龙点睛，合唱团面貌焕然一新。他完全没有一点大师的架子或派头。

陈佐湟在音乐艺术的领域里，上上下下地探索着，他头上的光环也越来越多：新中国第一位音乐博士，中国交响乐团第一位艺术总监，第一个在我国引进了"音乐季"的人，中国交响乐改革第一人……

陈佐湟圆了"中国交响乐"之梦！

2007年2月2日于鹭江天风阁

一世琴缘　毕生乡情

——胡友义与鼓浪屿钢琴博物馆、风琴博物馆

胡友义于 1936 年 11 月 15 日诞生在鼓浪屿，从小受到"音乐之岛"、"钢琴之乡"环境的熏陶，对钢琴、大小提琴尤饶兴趣。20 世纪 50 年代，他曾远征上海，拜著名钢琴教育家李嘉禄教授、大提琴家陈鼎臣教授为师。1965 年，他获奖学金赴比利时布鲁塞尔皇家音乐学院学习，主修管风琴和钢琴。毕业之后，他以钢琴家的身份，在欧洲各国及香港等地教授钢琴。

胡友义

移居澳洲——建造"钢琴山庄" ▮▮▮▮▮▮▮▮▮▮▮▮▮▮▮▮▮▮▮

在欧洲游学、执教期间，胡友义对世界文化艺术发展史有了进一步的了解，产生了探索、研究的浓厚兴趣。他开始搜集具有典型时代特征的中、西文化艺术品，包括中国的古董、古家具、西方名家的绘画及其他艺术品，尤其对钢琴情有独钟。

在他看来，钢琴是乐器之王，是高级的家具，是家庭中最复杂的机器。在一台台钢琴身上，都有不同时代文化艺术、工业技术的烙印，闪烁着设计师和能工巧匠们智慧的火花。悦耳的琴声，可以令人追忆它们为人类创造出的音乐文化的辉煌；纯厚的乐音，把他带回魂牵梦萦的故

乡 —— 鼓浪屿，让他重温孩童年华的美梦，重拾少年时代的乐趣。

他从文献记载得知：拨弦键琴诞生于 1397 年，击弦键琴诞生于 1404 年，已有六七百年的历史。稍后的老式键盘乐器 —— 古钢琴 harpsichord（译音哈普西卡），亦名大键琴，流行于 16—18 世纪的欧洲。意大利人克里斯托弗利于 1700 年始创近、现代钢琴 pianoforte（译音皮亚诺佛特），也有 300 年的历史，而一些百年钢琴现在也习惯被人们叫做"古钢琴"了。意大利传教士利玛窦，于 1580 年，将羽管键琴（一种古钢琴）带到澳门，1601 年又将它带到北京进贡给明神宗。近、现代钢琴进入中国也已经有 100 多年历史了，而管风琴可能于 1878 年左右来到鼓浪屿。近、现代钢琴落户厦门，则是 19 世纪末 20 世纪初的事。啊，悠悠历史，茫茫大地，从何入手？

有一次，他在一家英国博物馆，看到一台产于 18 世纪的立式钢琴，这是英国产业革命时代的产物，它不仅代表了一个国家产业革命所带来的技术成果和艺术成就，而且标志着钢琴本身的革命成果 —— 立式钢琴的诞生。"对，收藏钢琴，用于将来对钢琴史的研究"，他下了决心，一面翻阅历史，一面游历各国。他发现，由于产业革命的完成，欧美主要国家成为钢琴的故乡。但由于两次世界大战炮火的威胁，欧洲一些钢琴厂家停止生产，许多名琴随着主人迁徙到不受战事影响的澳大利亚。于是胡友义和夫人黄玉莲决定到澳大利亚定居，以便收购和珍藏钢琴。

给人安个家，更要给钢琴安个舒适的家，否则那些原本富有的大户人家是不会把他们的"钢琴千金"下嫁的。胡友义夫妇找呀找，好不容易找到墨尔本的一座山，他们动用祖上留下的遗产，把整个山头买了下来。这里有原始森林，有山顶瀑布，有可爱的动物，而气候又较为干燥，正是珍藏钢琴的好地方。胡友义夫妇在这里建起了湖光山色、亭台楼阁俱全的"胡氏山庄"，成为他们的钢琴珍品王国。

广收珍品——"钢琴人"驰名澳洲

1974 年，胡友义从一个拍卖会上，收购到第一台钢琴。这是一台 1887 年产于英国的立式钢琴，与后来购得的钢琴比较，这台钢琴当然略输一筹。但这是零的突破，而且，因此而结识了一批修理钢琴的专家，为他后来收藏钢琴提供了重要的信息和契机。这些老钢琴大都为孤品、绝品，而胡先生还要求是"善品"、"极品"，或在音乐史上有革命性的技术突破，或著名音乐家和精英名流使用过，或具有使用价值和观赏价值，而且要保存完好，宛如新品；造型美观，制作精良；没有瑕疵，音色丰满。这就难之又难了，其天价难估，并非有钱就能买到。

19 世纪中叶美国开始制作的齐克领钢琴，是世界最大、音量最响的四角钢琴（即方形钢琴），它的钢板是一次性铸造的。想当年，美国总统林肯（1809—1865）所使用的钢琴，就是这种品牌。由于体积过大，发音无法再加以改良（四角钢琴琴弦短），不适合家庭使用，唯一的好处是演奏者可以看到听众，而其他的钢琴做不到这一点。这种琴琴盖开向演奏者，而不向着听众，又不适合作表演之用。因此，1880 年之后，这种钢琴就不再生产了。那么仅有的琴就成为稀世珍宝了。恰巧澳大利亚一位有英国贵族血统的富人，拥有一台齐克领钢琴。可惜他去世之后无人继承财产，这台钢琴就被拿到拍卖会拍卖。胡友义先生以相当于一栋 200 平方米的房子外加一座花园的代价，把这台钢琴买了下来。

还有一台科勒德钢琴，是 19 世纪初伦敦制造的英国最古老的品牌。当时已经有了铸铁，所以这台钢琴的琴弦板全部用铸铁制成，工艺精湛，音色独特，造型别致，那镶嵌的图案，纵向的琴弦，圆弧形的黑色琴键，令人爱不释手。钢琴的主人是施密特老太太，这是她的英国音乐家姑奶奶送给她的传家之宝。第二次世界大战期间，她历尽千辛万苦，从英国辗转把钢琴带到澳大利亚。1988 年，施密特老太太 80 多岁了，孤单一人，生活不能自理，要搬到老人公寓居住。公寓里放不下这台钢琴，老太太又不想让钢琴流落别处。修琴专家告诉她，胡友义先生正在收藏名琴。老太太像相亲一般，通过多条渠道了解胡先生其人，又亲自跑到"胡氏山庄"去考察，经过半年的反复考虑，才恋恋不舍地将钢琴卖给了胡先生。她说："或许，胡先生是最有资格收藏这台钢琴的人！"临到要搬走钢琴的那一天，老太太竟抚琴痛哭，看着工人将琴搬上汽车，她一边擦泪，一边不断提醒搬运工人别碰坏钢琴。车子开动了，老太太跟在车后大哭，似乎要随琴而去。看到此情此景，搬运工人流泪了，胡先生也流泪了。"当时我甚至想再把钢琴搬回去还她"，胡先生感慨地说。

从此，胡友义的大名，在澳大利亚传扬开了，他获得了"钢琴人"的雅号。

1990 年，"钢琴人"收藏一台 1820 年生产的雕花镂空钢琴的过程，简直是一场惊心动魄的搏斗。钢琴的主人是一位 30 岁左右的单身女子，住在澳大利亚海滨一座巨大威严的古堡里。"钢琴人"获悉古堡女郎要出让名琴，特地前往造访，万万没有想到，竟吃了闭门羹而归。"钢琴人"一次次与古堡女郎联系，一遍遍地以理导之，以情动之，以价许之，以友劝之，促使古堡女郎同意卖琴给他。可是等到"钢琴人"开好支票送了过去，古堡女郎又变卦不卖了。眼看快要到手的珍品就要失去，"钢琴人"忐忑不安。后来古堡女郎将钢琴拿到拍卖行拍卖，"钢琴人"立即追到现场，以天价将琴买下。看到钢琴那镂空的面板，腰形的键盘，龙爪似的脚掌，独特的造型，他知道这是 19 世纪典型的立式钢琴。宝贝失而复得，"钢琴人"眉开眼笑了。

之后，"钢琴人"还收藏了三角钢琴、桶形钢琴、手摇钢琴、脚踏自动演奏钢琴、八脚踏板羽管键琴，各种名琴，总数在百台以上，它们分别产于英国、法国、德国、美国、意大利、奥地利和澳大利亚等 7 个国家。

胡友义、黄玉莲夫妇没有孩子，这些钢琴，就是他们最宝贝的儿女。他们与钢琴朝夕相处，抚爱有加，把爱心都融进了琴里。墨尔本夏季气候炎热，白天有时气温高达 40℃，可一到夜晚，骤降十五六度，只有 23℃~24℃。急剧变化的温差，有损钢琴的音板。胡友义夫妇就像照顾初生的婴儿一样，细心地为一台台钢琴盖上毛毯保温。冬天，湿气浓重，又要整天开着暖气，以驱散湿气。胡友义夫妇就这样日复一日、年复一年地为钢琴进行保养、除尘、上蜡、调音、试弹……而钢琴们，也似乎都有灵性，昭示它们的风采，突显它们的性格，展现它们傲人的美色。欧美各国也有钢琴博物馆，但因本国有钢琴制造业，其展品收藏大多侧重于本国产

胡友义先生与笔者
合影

品，强调其历史悠久，品质优良，难免有"自家的孩子最漂亮"的偏见。美国是一个移民国家，著名的纽约大都会博物馆收藏了8台古钢琴，6台近、现代钢琴，分别产自意大利、法国、英国、奥地利、德国、美国等6个国家。维也纳艺术史博物馆乐器部收藏了几十台古钢琴和近、现代钢琴，但不少已残缺不全。而"胡氏山庄"的藏品，主要收集地在澳洲，该洲从未未受过战火蹂躏，是一处"世外桃源"，来自世界各地的名琴无形中得到最好的保护，加上胡先生游历了世界各国，能以开阔的胸怀、广博的识见来取舍搜集，自然不同凡响，品位极高。这些钢琴，具有鲜明的特点：有的在音乐史上有革命性的技术突破，有的是著名音乐家或精英名流使用过的，其他的则是具有使用价值和观赏价值。说它们价值连城，一点也不为过。

送琴回乡——叶子对根的怀念

胡先生具有一世琴缘，毕生乡情。对钢琴艺术的痴情和对故乡的爱刻骨铭心，似乎是他此生的两根主弦，两者交织成以艺术回报故乡的情结。遥想当年，他去香港，在同学们的陪伴下，到浅水湾游览，他赞叹这里的美景。有一位同学告诉他，周恩来总理访问日内瓦时，也赞扬那里的风光很美，可是陪同的瑞士官员却说，我到过贵国的鼓浪屿，那里的风光更美。这个故事成为胡先生一生的骄傲，从那时起，胡先生就梦想着把自己最美好的东西带回故乡。

近几年来，胡友义夫妇经常回厦门看看，得知鼓浪屿区政府将音乐文化的开发和建设，作为城市建设、发展旅游业的一项重大措施，他们特别认同，十分高兴："是啊，琴岛必须有让人了解钢琴的地方！"于是胡友义夫妇决定把他们收藏的世界名钢琴送回祖国，运到故乡，建立一座钢琴博物馆。1998年"9·8"期间，胡友义夫妇与鼓浪屿区政府进行了接触，签订了合同。

当时胡先生不无担心："我们这些宝贝很娇贵，保养维修怎么办？"鼓浪屿区的官员们带他去参观厦门三乐钢琴有限公司，也是出生于鼓浪屿的总经理黄三元先生热情接待。胡先生在这里看到：家乡已生产出世界一流的钢琴，音准稳定性已达到A级。黄三元本身是世界级的钢琴技师、国际级钢琴大师的高级调律师，他的专利发明"键盘转动装置"在首届香港中华专利技术博览会上获得了国际发明金奖。三乐公司以选用优质原材料、确保产品质量精良为经营宗旨，从音板、击弦机、防蛀榔头到丝绳、卡纸、螺丝，每一样原材料都经过精挑细选。仅音板的取料，就应用了"径切瓜分"的操作方法，选择年轮木纹斜度达30度左右的原木，采用斯坦威工艺进行处理，进一步美化了声音的传播效果。黄三元发明的"钢琴键盘校准器"、"钢琴转动装置"等多项专利技术，确保钢琴音准稳定性良好，音域宽，使用寿命延长。有这样的技术后盾，胡先生真像吃了一颗定心丸，如释重负地说："好，我们的宝贝们可以从澳洲远嫁到厦门了。"

1999年，钢琴开始装运，胡友义、黄玉莲夫妇也经历了一次次当年施密特老太太的心理旅程，而且有过之而无不及。在钢琴从厦门运到鼓浪屿码头的船上，胡友义夫妇亲自督阵，一直看到这些宝贝平安到新家，才把悬着的心放了下来。

2000年1月8日，中国首家、世界罕有的鼓浪屿钢琴博物馆在风光秀丽的菽庄花园"听涛轩"开幕了。"听涛轩"占地450平方米，依山傍海，居高临下，琴声乐韵伴着海涛潮音，别有一番情趣。瞧，胡友义、黄玉莲夫妇今天打扮得特别漂亮，一个温文尔雅，一个温柔敦厚，他们在为远嫁的宝贝千金举行隆重的婚礼哩！胡友义先生声情并茂地说："不论在世界上任何地方，鼓浪屿都是我永远的故乡。我把我毕生收藏的钢琴放在这里展览，是我将自己最珍爱的东西搬回家。"来自各国、各地的来宾，都看到了他那激动的泪花在阳光下闪烁。

胡先生还特别把自己的好友、世界级的钢琴大师杰弗理·托萨，请到厦门举行专场钢琴演奏会，他特别演奏了胡先生亲点的两首歌曲：《鼓浪屿之波》和《我爱你，中国》。那令人回肠荡气的旋律，叩击着每一位听众的心弦，胡友义和黄三元情不自禁地合着拍子唱了起来："我要把最美的歌儿献给你，我的母亲，我的祖国！"从台北来的钢琴制造商郑伟烽先生，左手扶着钢琴键盘，右手拍着黄三元的肩膀，热泪盈眶，用闽南话一字一顿地说："我们都说着同一种语言，我们都有同一个心愿，中国人要让全世界的人羡慕我们！"

独一无二——鼓浪屿的新地标

人们跟着胡先生缓步走进博物馆大厅，似乎走进了钢琴王国，更走进了胡先生的情感世界。他如数家珍地向人们介绍：

—— 这是克莱门蒂钢琴，是"钢琴之父"克莱门蒂（1752—1832）于

1801 年在伦敦制作的。这台钢琴的发音板和钉弦框全是木制的，体积较小，琴弦很细，相对的音量也比较小；为了扩大音量，它的体积增大了。克莱门蒂 1752 年生于罗马，是个作曲家，认识海顿、莫扎特、贝多芬以及当时的很多音乐家，并对他们有很大的影响。后来他移居英国，并于 1800 年创建音乐出版公司和钢琴制造厂。这台琴原本是我的好友卢本收藏的，后来转手于一位澳大利亚收藏家。为此，卢本后悔了 20 年。去世前，他向我表达了最后的心愿，希望我能有机会珍藏这台琴。经过了多方努力，我终于如愿以偿，也完成了我那长眠于地下的朋友之托！

胡友义在鼓浪屿钢琴博物馆开馆仪式上致词

—— 这是科尔门钢琴，1862 年制作于英国伦敦，是比较早期的三角钢琴，长 8 英尺，直弦，声板镶着镏金花纹。仔细瞧瞧，这花纹还是模仿我国明代著名的铜香炉宣德炉的图案制作的哩，色泽多么美观！瞧，它的两旁有两个烛台，放烛台的木版是可以移动的，移出来点上蜡烛就能照到架上的乐谱，推进去又不占位置。

—— 这是布罗伍德钢琴，1824 年制作于英国伦敦，这是世界上最高的钢琴，其音箱高 6.5 英尺，音板和琴槌都是木制的。由于这种琴作为演奏乐器时，观众看不到演奏者，所以没流传多久便被淘汰了。

—— 这是舒南羽管键琴，1906 年制作于德国慕尼黑。它与一般钢琴不同，是双键盘钢琴，出自钢琴制作大师舒南之手。这种琴里面的发音装置也跟钢琴不同，钢琴都有琴键，用琴锤击弦发音，而这台琴只有一个钩拨，同古筝、竖琴一样，以拨弦发音。它里面有四套琴弦，8 个踏板，二层琴键，而且黑白琴键颠倒，别具一格。此琴诞生 8 年后，第一次世界大战爆发，琴厂被炮火吞噬。这台钢琴，又成了沧桑岁月的见证。

——这是 1864 年制作于纽约的斯坦威钢琴，四只脚，体积大，国际钢琴比赛以及许多著名音乐厅都用这种牌号的钢琴。钢琴制作家斯坦威父子 1855 年对钢琴的首项革新是在方形钢琴里使用了交叉琴弦，这使琴弦的尺度加长，音量加大，音色更美；其次采用了铸铁制造的钢琴框架，又增加了它的牢固性。

——这是 1849 年制作于奥地利维也纳的博森多福钢琴，很有力度，共鸣效果极佳，音乐家李斯特非常推崇这种品牌的钢琴；这是 1906 年制作于德国柏林的贝克斯坦钢琴，音色十分柔和，李斯特、布洛、傅聪等著名音乐家都十分喜爱它。这两个琴厂都在第二次世界大战中毁于炮火，现在市面上流行的琴，都是战后制作的。

——这是 1878 年制作于法国的勃德钢琴，线条简单流畅，造型颇具美感，"S" 形的琴腿尤其特别，荣获过首届巴黎国际博览会金奖。

——这是舒维登钢琴，19 世纪中叶制造于德国柏林，整台钢琴的外壳都是用上等的桃花心木制成，花纹是天然的木纹，琴键用乌木和象牙制成，弹琴的人手上即使流汗也不会滑。面板上有两盏煤油灯，显得庄严大方。

——这是 1899 年制作于英国伦敦的巴士克手摇钢琴，此琴的音箱里有一个大圆筒，还有布钉，一个布钉一个音，摇动圆筒就能发声。这可是街头闹市江湖艺人卖艺、耍猴子用的玩意儿。

——这是名叫爱德尔的自动钢琴，19 世纪初美国纽约制造，是贵族们使用的钢琴，它根据织布机的原理制成，利用气体推动机械，敲击出琴谱上的旋律。虽然经过了将近 200 年，音色依然优美洪亮。

——这是罗尼西钢琴，三只脚，1902 年德国制造，罗尼西是皇室御用钢琴师，他技术高超，制作精细，选用桃花心木作料，琴声清脆。这台琴上面有三个宫廷勋章，这是罗尼西钢琴最重要的标志。

——这是一台自动风琴，叫奥莉安，20 世纪初期制作于美国。这可是一台最复杂的机器，一般钢琴只有一万个零件，而这台风琴有十万多个零件，上面的管则是装饰用的。琴里放了一卷打孔的乐谱，有 22 个栓塞，每一个栓塞代表一个乐器，一拉出来，踩踏板就能发出声音。

……

随着胡先生的讲解，我们似乎走进了时光隧道，在阅读一部世界钢琴发展史，在享受人类文明的硕果。时而他抚琴轻弹，又把我们带进李斯特、贝多芬们的世界里,《鼓浪屿之波》的浪花中 …… 走到那台19世纪初制作于美国纽约的爱德尔自动钢琴前,胡先生手指轻按,悠扬的旋律满室跳跃。时隔一个世纪,这台钢琴仍然音韵犹存。

站在一旁的胡太太说:"这些钢琴放在这里,真是物有所值。鼓浪屿被称为琴岛,又是胡先生的故乡,让这些钢琴落户于此,是我们的心愿。这些钢琴犹如我们的孩子,所以我们会经常飞回来看看她们。"说到这里,胡太太莞尔一笑,开心得像个小姑娘。可是曾几何时,她还害怕回中国哩!她祖籍广东,出生在马来西亚,长期居住在欧洲、澳洲,怕到了中国,生活条件、卫生环境都不能适应。可现在,她在鼓浪屿一住就是两个月,甚至想要住上半年。厦门大学音乐系钢琴专业两位本科毕业生,应聘到博物馆来当讲解员,胡太太亲自为她们培训;旅行社的导游员来了,胡太太亲自为他们上课。她的亲戚惊诧地说:"表嫂真的醉心鼓浪屿了,这里的山,这里的海,这里的钢琴,这里的人们,使她把陌生的地方,变成了第二故乡!"

钢琴博物馆,成为鼓浪屿的新地标,镇岛之宝!

反响巨大——捐建者深受鼓舞

在鼓浪屿钢琴博物馆开放的一年多时间,就接待了50多万名参观者。许多人在惊喜、激动之余,挥毫留下了发自内心的赞语,使留言簿已达厚厚的30多册。

全国政协副主席万国权写道:"世界第一。"

全国侨联副主席唐闻生写道:"琴声传侨声。"

全国文联副主席、著名音乐家吴祖强写道:"钢琴艺术的历史见证。"

有位游客写道:"因为钢琴,因为音乐,鼓浪屿更美、更有灵气了!""鼓浪屿不愧为世界圣地。""即使没有音乐细胞的人,在这里也会陶醉!"

原我国驻奥地利大使馆文化参赞孙书柱写道:"何日更重游?"须知维也纳是世界名城、音乐之都,415平方公里土地,160万人口,却有30多万台钢琴,平均每5人1台,有众多的历史风貌建筑,是音乐家的摇篮。舒伯特、勃拉姆斯诞生于此,贝多芬、海顿、莫扎特、施特劳斯都曾长期在这里生活和创作。孙先生长住维也纳,什么博物馆他没参观过?什么音乐会他没出席过?什么乐器他没看见过?可他对鼓浪屿钢琴博物馆却情有独钟。可见这座博物馆在他心目中的分量、价值和地位。

2001年1月8日，鼓浪屿钢琴博物馆建馆一周年纪念，胡友义夫妇又特地从万里之遥的澳洲飞了回来。他们同时带来三大箱五十几对钢琴烛台和4盏油灯，一下飞机，顾不得住进酒店，就马不停蹄地带着这些稀世珍宝奔到钢琴博物馆。胡友义先生首先试琴，听到一台台钢琴的音色纯正，他这才放下心。接着，他与工作人员一道，把油灯、烛台一一安装到琴台、墙柱，点燃蜡烛、油灯，让钢琴与古灯烛交相辉映，十分典雅，十分浪漫。胡先生说："这些钢琴已是世界罕见，而这么多古烛台、古油灯，则绝对是世界唯有！"这些以红铜、白银制作的烛台、油灯，都有100多年历史，它们是当年钢琴制作者们专为钢琴配制的照明用具，不同品牌有不同样式。如今世界上很难再寻找到它们的踪迹了。19世纪初期伦敦出产的科德勒钢琴原配的一对烛台和19世纪中叶柏林出产的舒维登钢琴原配的一对油灯，更是绝无仅有。它们是胡先生花了二三十年时间收集到的。我细细端详这些宝物，每一件都是精致的艺术品，有各种花纹图案，还有飞龙雕塑，是钢琴附件的绝品、极品。在它们装箱启运之前，胡先生花了几个月时间，亲自把每盏油灯、每支烛台都用布擦得又光又亮，有的烛台一擦就是十几小时。有人建议他用机器刨光，他认为那样会失去真实感，还是自己动手用布擦的好。对钢琴博物馆的事，无论巨细，他都亲力亲为。

这一切都做好了之后，他才坐在地上，伤心地擦起眼泪来。他绝非因为舍不得这些宝贝而流泪，而是他心爱的妈妈前几天去世，再也看不到这一切了。出完殡的第二天，他就动身飞往厦门。想起1999年，他将钢琴运回鼓浪屿时，不敢告知病中的母亲。忙于运琴、布馆，他无法回墨尔本同母亲过圣诞节。他打了个电话，第一次对妈妈撒谎，说他有朋友来了，分不开身，请妈妈原谅。2000年1月8日钢琴博物馆开馆之后，他将太太留在鼓浪屿，自己赶回墨尔本去照顾母亲。圣诞节前夕，母亲病危，他决定对妈妈说出实话。有一天，一位朋友来看她，她微笑着对朋友说："我的孩子做了一件了不起的事情，他把自己的宝贝儿都送给了故乡，我为此感到骄傲！"原来妈妈早已什么都知道了。慈祥的母亲，最理解儿子的心，她的鼓励，使儿子力量倍增——他想起母亲临终时的微笑，"啊，妈妈在天国也会为我骄傲！"

我们看到，在这些古灯烛的背后，凝聚着胡先生想把鼓浪屿钢琴博物馆建成世界一流的愿望。他说，虽然现在馆内已收藏了7个国家的老钢琴，算得上是国别最多的钢琴博物馆了。要收集更多的老钢琴，难度越来越大，只能从各个方面再去充实。胡先生对合作者的表现非常满意，对参观者的支持十分高兴，他兴奋极了，边擦着泪花边说："一定可以建成世界一流的钢琴博物馆，我要为此而不懈努力，再增加钢琴藏品，特别是有特色、有'来头'的钢琴，如瑞典公主用过的梳妆台钢琴，便于海上航行使用的船用钢琴，欧洲酒吧钢琴……最终达到 200 台！"他又在鼓浪屿钢琴博物馆开馆一周年座谈会上说："尽管这些钢琴花去我们很多心血和时间，就像我们的子女一样，要割舍它们可真不容易，让我们用 10 年时间慢慢来割舍它们吧！"情真意切的话语，使听者无不动容。

2001 年 4 月 20 日，胡友义先生与鼓浪屿园林管理所签订了钢琴博物馆二期合同，胡先生再献出 30 台不同年代的世界名琴，包括他自己平时弹奏的 3 米长的吕特纳名琴。菽庄花园把建筑面积 500 平方米的"蛇岭花苑"与原有馆舍"听涛轩"连接起来，使展馆面积扩大到将近 1000 平方米。胡先生亲自动手设计，让它成为中国园林风光与西方皇家气派相结合的展示厅，举办世界钢琴音乐资料展。在这里组建"钢琴俱乐部"、"音乐沙龙"，进行中外钢琴音乐文化交流，与音乐学校合作，让出类拔萃的优秀学生，有经常练习和表演的机会；让有兴趣的参观者有参与、体验和投入的机会，让他们弹奏馆藏品，开风气之先。"这里将成为音乐小天使们的天堂！让游客看得见，听得到，摸得着，有兴趣的可以试弹，分享钢琴和音乐所带来的欢乐。这也是一项世界纪录呀！"说着，胡先生快乐地笑出了声音。

根据游客的要求、胡先生的建议和展览的需要，博物馆制作了鼓浪屿籍著名音乐家周淑安、林俊卿、李嘉禄、殷承宗、卓一龙、陈佐湟、许斐星、许斐平、许兴艾的图像、生平简介和中英文钢琴说明牌，让游人一目了然地了解钢琴艺术概况和鼓浪屿的音乐文化。

再布新馆——钢琴史实物见证

2001 年 11 月间，胡友义先生将家中珍藏的 40 台名贵的钢琴和 4 块钢琴琴弦板（发音板），从澳大利亚运抵鼓浪屿，作为鼓浪屿钢琴博物馆二期新馆的展品。

39 台钢琴，整整装满了两个集装箱（另 1 台空运），10 月 5 日从墨尔本出发，在海上令人牵肠挂肚地飘荡了一个多月。胡先生、胡太太天天在关注着天气预报，生怕海上刮起台风。终于安全抵达厦门港了，两人又担心搬运不慎而磕磕碰碰。当 39 台钢琴平平安安地进入装修一新的"蛇岭花苑"时，胡先生、胡太太都开心地笑了。

另一台最名贵的 2.4 米长艺术钢琴，也从厦门高崎国际机场运到了。这是一台属于目前澳大利亚最流行的古键琴。古键琴曾消失了将近 200 年，到 1997 年才又"复出"。胡先生当即请澳大利亚著名艺匠马歇尔精心设计，花了 8 个多月时间进行仿制，琴的外部用细木镶嵌了澳大利亚的花草虫鸟，风格独特。这台古键琴目前在世界上独一无二，是胡先生的骄傲，也是鼓浪屿钢琴博物馆的镇馆之宝！

胡先生带来一台 1905 年德国制造的"松玛"牌名琴，这台历经百年的钢琴竟完美如新，并且还有当年购买这台钢琴的凭证 —— 一张发票，附一把钥匙。发票上标明当时这台琴的价格是 271 英镑。据说当时人均月薪还不足 2 英镑，可见其名贵，抵得上一个普通人十几年的工资。

而那台 1928 年美国制造的"海那斯"名琴，是当时最昂贵的一台钢琴，是完全自动的钢琴，以电作动力，纯机械制造，却能完全"克隆"出演奏家的演奏技巧和风格。其声音的大小、速度的快慢与演奏家的演奏效果如出一辙，连演奏家对音乐的理解和感受也能充分地表现出来，达到了钢琴制造的最高境界。可以说，1928 年是钢琴发展的顶峰时期。

打那以后，由于世界经济大萧条，钢琴的发展逐渐衰弱，于是就出现了以下的一些钢琴：

"迷你"钢琴 —— 体积较小，价格便宜。但琴弦短，声音小，音色不够美，所以只维持了 30 年的生命力，便不再生产了。

"伦德"钢琴 —— 20 世纪 50 年代生产于爱尔兰，原材料大部分是塑料，生铁代替钢音板，零部件一坏就不能更换，价格虽便宜，质量上不去，还是很快被淘汰了。这可以称为世界上最蹩脚的钢琴了。英国人原本以为可以来个"成本革命"，不料昙花一现，无人问津。

酒吧钢琴 —— 琴盖是斜的，以免酒客将酒杯放在琴上。

街头钢琴 —— 又叫手摇钢琴，只要把硬币零钱放进去，就可以摇动，奏出悦耳动听的音乐。

这些钢琴家族中的"绝品"，都被胡友义先生收入囊中。

当然，也有例外，如长 2.7 米的演奏钢琴"博兰斯勒"，是德国人于 1937 年制造的。

总之，为了使钢琴博物馆藏品更齐全，更权威，胡先生穷其心力和财力，天天关注媒体信息，跑拍卖行，拜托朋友 …… 他要挑选的不仅仅是百年名琴，更要反映钢琴发展史上最具特色的一面，使全世界唯一的、最好的东西都集中到这里来，成为世界上唯一用实物表现钢琴发展史的博物馆。

不仅钢琴，还有与钢琴有关的油画，著名音乐家的照片、肖像画。瞧，这幅法国著名画家雷诺亚的作品《少女与钢琴》，把少女在钢琴前专心致志的神态和纯真的感情用极细腻的手法传神地描绘出来了。而胡先生又花费多年的时间，寻找到一台与油画上款式大致相同的钢琴，就摆在它旁边。名画、名琴，珠联璧合，相得益彰。

20世纪后半叶，由于世界经济的振兴，科学技术的进步，人们对艺术的需要和追求增长，钢琴制造业又发达起来了。可是人们忘不了它的演变和发展的历史。胡友义先生为了向观众介绍钢琴发展的四个阶段，特别将四台19世纪不同时期的钢琴内部最主要部件——琴弦板（发音板）拆卸下来，用于专门展示。

1.1820年左右——琴弦板全用木制，容易松动，声音不大，音色不够优美，琴弦采用直线形。

2.1845年左右——琴弦板1/4为铁铸，3/4为木制。

3.19世纪中后期——琴弦板1/2为铁铸，1/2为木制。

4.20世纪初期——琴弦板全部为铸铁，琴弦采用交叉斜形，可以拉得更长，音色更美。至此，木制琴弦板的钢琴逐步被淘汰了。

2001年12月22日，在厦门经济特区成立20周年的喜庆日子里，鼓浪屿钢琴博物馆二期新馆开幕了。胡先生和胡太太都高兴得不得了，胡先生说："今天，我年轻时代的梦想开始实现了。我要让前来参观的人们都知道，世界上比日内瓦更美的地方就是中国的鼓浪屿！"真的，钢琴博物馆突出了人与自然、音乐与环境的和谐统一，让参观者陶醉于海天一色的迷人风光、世界名琴的艺术魅力和优美旋律的无限遐想之中。

当天，中央电视台"新闻30分"用10分钟时间，现场直播鼓浪屿钢琴博物馆新馆开幕的盛况。这样，中央电视台"新闻联播"、"现在播报"等主要新闻栏目，前后共6次报道鼓浪屿钢琴博物馆，内容有背景资料、名琴介绍、胡友义先生人物特写等。其中还有该台记者赶赴澳大利亚胡友义先生家中拍摄的钢琴搬运情况。这些报道，产生了巨大的哄动效应，引来了大批观众。胡友义先生高兴地打开罗尼西钢琴，弹奏了《茶花女》选曲和电影《爱情的故事》插曲，他的好友、澳大利亚著名的世界级钢琴家杰弗里·托萨弹奏了《鼓浪屿之波》，把人们带进了美妙的琴声意境里去。为了庆祝这座新馆的开幕，托萨还与厦门爱乐乐团合作演奏钢琴协奏曲《黄河》，他成为第一个在中国演奏该曲的西方人，激昂高亢的旋律，让胡友义先生都赞叹不绝:"中国人的抗战情感从他的指间流泻出来了。"托萨则说:"我以我的朋友为荣,他把一份最特殊的礼物献给了中国。"

2003年初,胡友义先生又把家中收藏的100多件造型各异的古钢琴把手运来鼓浪屿钢琴博物馆。这些镶在钢琴侧面、在钢琴搬动时用的铜制把手,做工与钢琴一样考究,有葡萄藤造型、狮子造型、中国龙造型等,每一件都是精美绝伦的艺术品,与古钢琴们珠联璧合,相互辉映。它们分别产自欧美各国,最古老的已有200多年历史。

2003年11月初,受澳大利亚广播电视公司(ABC)的委托,乔娜·帕克女士跨越重洋,到鼓浪屿为胡友义先生拍摄人物记录片。这可是ABC第一次为华人制作记录片的啊!

远地而来的游客们感叹:"世界上竟有如此非凡的收藏,这趟旅游太值了。"来自台湾的音乐人也被吸引了:"天下名琴尽在鼓浪屿,厦门真了不起!"此时,我的耳际似乎又响起了胡太太那细细的声音:"鼓浪屿那久远而熟悉的琴声,永远是我先生挥之不去的思念!"

人们都说,鼓浪屿钢琴博物馆珍藏的钢琴,价值连城,而胡友义先生的爱乡之心,更是无价之宝!一台钢琴一缕情,倾注不完游子对故乡的爱;一盏琴灯一片意,表达不尽赤子对母亲的心!

那悠扬的琴声,从蛇岭花苑,从菽庄花园,从鼓浪屿飞出,飘飘然,悠悠然,像一群白鹭,穿过浩瀚的天宇,飞向祖国的心脏北京!

2004年8月15日,中共中央政治局常委、中纪委书记吴官正一行参观了鼓浪屿钢琴博物馆,在1913年德国制造的"利柏"钢琴前,他们驻足聆听展馆人员演奏的《鼓浪屿之波》。吴官正对胡友义先生倾注心血创办鼓浪屿钢琴博物馆表示赞赏:"你的爱国精神,我非常钦佩,这就是陈嘉庚精神!"在合影留念时,吴官正请胡友义先生站在当中,他和夫人站在胡先生两侧。

2004年8月24日,中央文化部部长孙家正参观了鼓浪屿钢琴博物馆,胡友义先生对部长说:"我们还要在鼓浪屿建一座风琴博物馆,要建就建成一流展馆。"孙家正部长对胡友义先生的义举给予高度赞赏,欣然为博物馆题词:"音乐是从人们心灵深处流出的清泉,也是沟通人们心灵的桥梁!"

2006年4月19日,中国国民党荣誉主席连战和夫人参观了钢琴博物馆,情不自禁地赞叹:"这里的风景很美,琴声也很美!"连战先生特地为钢琴博物馆题词:"花满渚,琴满洲,万顷波中得自由!"

爱琴出巡——各地好评如潮 ||||||||||||||||||||||||||||||||||||||||||||||||||||||||||||||||||||

2004 年 7 月 28 日—8 月 12 日，第二届鼓浪屿钢琴艺术节隆重举行，名家、名曲、名琴会聚于名城、名厅：1 位指挥大师 —— 朱晖执棒；5 位国际钢琴新星 —— 许兴艾（美籍华人）、陈萨、孙梅庭（美籍华人）、邓泰松（越南人）、米歇尔·布敦克（法国人）；2 部首演乐曲 ——20 世纪音乐巨人巴托克创作的《为双钢琴和打击乐的协奏曲》，我国著名作曲家杜鸣心专为鼓浪屿创作的钢琴协奏曲《献给鼓浪屿》；到北京、上海、广州、香港举行"中国之旅巡演音乐会"，鼓浪屿钢琴博物馆提供 4 台名贵的 9 英尺百年古钢琴作为音乐会用琴；在厦门人民会堂、北京保利剧院、上海大剧院、广州星海音乐厅、香港大会堂、鼓浪屿音乐厅演出；由厦门爱乐乐团、中央歌剧院交响乐团、上海交响乐团、深圳交响乐团伴奏。在各地的演出都获得一致好评，但最出风头却是 4 位"老先生"—— 斯坦威、埃拉德、威尔坦、博兰斯勒。

胡友义先生说："这些'老先生'从五大洲、四大洋来到了鼓浪屿，本想让他们安度晚年，颐养天年，可现在要他们披挂上阵，南征北战了！"这个创意是怎么来的呢？原来，钢琴艺术节组委会的同志们曾考虑，为了扩大鼓浪屿和鼓浪屿钢琴博物馆的影响，让古董钢琴们走出深闺大院，到外地展出，经风雨、见世面。再一思考，展出不如演出。起初，胡友义先生对这种想法将信将疑，后来听了详细的计划介绍之后，觉得具有可行性，便欣然同意。但这些古钢琴能否再发出美妙的声音呢？尽管都能发音，但经过检测，只有一台可以上台演奏。组委会又向胡友义先生求援，他一口答应。于是他拿出家中原有的一台，再到澳大利亚购买两台，这样，就有 4 台可供演出的名琴了。胡先生说："能为钢琴节出点力，我义不容辞。"他再邀请著名钢琴调律师黄三元一路同行。

讲到这里，胡友义先生热情地向我们介绍了这 4 位"老先生"的身世。

斯坦威 ——1888 年诞生于美国纽约，是 19 世纪世界钢琴制造业的颠峰之作。20 世纪初，著名钢琴家、曾任波兰总统的帕德列夫斯基在澳大利亚举行演奏会时，使用的就是这台钢琴。它被一位澳大利亚富豪收藏，这位富豪的儿子十分喜欢这台钢琴，把它收藏在一座大庄园里。富豪的儿子去世后，这台钢琴在庄园里沉睡了 17 年。2002 年，胡友义先生的好友、世界著名钢琴家托萨通过越洋电话告知胡友义先生，说这台钢琴正在拍卖。听到这个喜讯，胡友义先生立即动身，火速飞回澳大利亚，以高价购得此琴。说着说着，胡友义先生坐上琴椅，深情地用它弹了一曲《鼓浪屿之波》，他微笑着说："你听，这声音多美啊，它会唱歌呢，是从心灵里唱出的歌！"

埃拉德——1904 年诞生于法国，埃拉德（1752—1831）是世界上最早、最著名的钢琴制造家之一，他所制造的钢琴因为有抒情而独特的音色，以及演奏时的浪漫诗意，成为大音乐家萧邦和法国国王路易十六最喜爱的钢琴品牌，在法国市场上也十分畅销。但欧洲经过两次世界大战，这种琴已遗留不多，在澳大利亚更是独一无二。一次偶然的机会，有一位钢琴家要到胡友义先生家举行演奏会，胡先生急于给他买一台适合的钢琴，经朋友牵线，胡先生得到了这个宝贝。

威尔坦——1917 年诞生于澳大利亚。19 世纪中叶，澳大利亚发现金矿以后，迅速富裕起来，加上澳大利亚土地辽阔，矿产、林产丰富，提供了很好的钢材、木材，他们就想制造世界上最好的钢琴。于是他们重金聘请德国制琴名师，在澳大利亚制造出精美的威尔坦钢琴来。这种钢琴音色清澈，似乎有歌唱性效果，不过产量不大，所以特别珍贵。因为使用了大量木头和钢铁，所以成为"最重量级"钢琴，比普通钢琴重了 1/4 甚至更多。

博兰斯勒——1937 年诞生于德国。它的最大特色是高音部琴弦 4 根，比一般钢琴多了 1 至 2 根，所以声音特别洪亮，具有非凡的震撼力。胡友义先生用母亲的现金遗产买下这台琴，加上博兰斯勒的生日与自己的生日相近，所以这台琴就用来纪念他亲爱的母亲。鼓浪屿钢琴博物馆珍藏博兰斯勒钢琴，并让它出巡、演出，吸引了德国博兰斯勒钢琴公司总裁博思进的目光。他因而决定赞助本届钢琴节，为独奏音乐会和钢琴比赛提供 9 英尺的博兰斯勒钢琴，下一届也要继续赞助，将鼓浪屿作为他们在中国最为重要的合作伙伴。

胡先生说："古钢琴出巡、演出，不仅是向更多的观众展示古钢琴的魅力，更希望让音乐界人士从各具特色的古钢琴中得到音乐的灵感，因为这些钢琴与所演奏的音乐作品都是同时代的产物，'同气相求'吗！"

许兴艾在美国耶鲁大学音乐学院读研究生和在欧洲演出时，弹奏过古钢琴，她认为古钢琴音色变化比较多，而现代钢琴声音比较强壮，可能是为了适应现代音乐厅演出的需要，这两者有比较大的区别。而她，也是首次在正式音乐会上用古钢琴进行演奏的。

孙梅庭兴致勃勃地说："这 4 台钢琴各有特点而且个性鲜明，斯坦威音色最为全面，埃拉德音色最为亮丽，威尔坦音色最为细腻，博兰斯勒音色最为厚重。古钢琴是连接古典作曲家和现代演奏者的一座桥梁，要想揣摩古典音乐大师们的创作灵感，还原钢琴乐曲的演奏效果，弹奏古钢琴是最好的办法。"

钢琴才女陈萨说："上一届钢琴节，我参观了鼓浪屿钢琴博物馆，被允许在古钢琴上弹奏了5分钟。那个夜晚，烛光摇曳，古钢琴的优美声音仿佛让我回到了很久远的年代。"这次在试弹了4台古钢琴以后，这位著名钢琴家对古钢琴给她的艺术感受赞不绝口："在机械制造方面，古钢琴比起现代钢琴来无疑是有差距的，但现代钢琴却往往缺乏内涵丰富、优雅细致的音色，这些古钢琴传达出的音乐色彩和音乐感觉是现代钢琴所无法比拟的，它们能给你很大的共鸣和音乐上的支持，丰富优美的音色可以尽可能多地表达出演奏者想表达的效果。采用古钢琴进行演奏，十分新颖，是一个创意。"

集钢琴家、音乐学院教师和艺术总监于一身的法国钢琴家米歇尔过去弹过古钢琴，但是4台古钢琴同时出现在一个舞台上，用双钢琴、三钢琴、四钢琴等多种形式同时演绎古典与现代不同风格的作品，这在他的演艺生涯中则从未有过。

果然，他们的演奏都成功了！

许兴艾用声音宽厚的博兰斯勒倾情演奏钢琴协奏曲《献给鼓浪屿》，在交响乐团的默契伴奏下，让这部作品更具有动人心弦的魅力，以至于在广州的演出，一连谢幕4次之多。

孙梅庭在北京保利剧院用斯坦威弹奏，一鸣惊人，萧邦12首前奏曲的丰富内涵被演绎得淋漓尽致。3次谢幕的孙梅庭，不得不再次演奏了萧邦的前奏曲第16首。在上海大剧院演出时，他换了埃拉德，同样收到令人惊叹的效果。

陈萨用斯坦威演奏，她如痴如醉，完全沉浸在强壮有力、饱满热烈的抒情意境中，属于技术型的她，把飘逸、华丽的风格充分地展示出来了。

著名音乐评论家、指挥家滕矢初评点道："4台钢琴协奏，就像4位歌唱家，它们的音色不同，各具特色，如此美妙的表现形式，在当今弥足珍贵。"

经常与音乐盛典谋面的北京观众怎么看呢？一位资深古典音乐爱好者说："我主要还是冲着那4台古钢琴来的。北京一年这么多音乐会，什么大师都来过，这不算稀罕，稀罕的是那4台古钢琴。这些古董文物本来都是供在博物馆让人看的，一般情况下，不会让人动吧，而今天，珍贵的藏品要端上台来演奏了，这就好比把国家博物馆收藏的编钟拿来演奏，这是很刺激的事儿啊！"

精明又善于挑剔的上海观众呢？他们认为，这场音乐会"物超所值"，不仅聆听了难得一闻的美妙音乐，而且观赏了百年古钢琴的风采。一位观众说："古钢琴的优雅音色是现代钢琴所不能比拟的，在演绎巴赫、莫扎特这些大师的古典作品中，古钢琴将乐曲细腻惟美的气质表现得淋漓尽致。"他们称4位青年钢琴家的演出是"老结棍"（上海话，"非常厉害"的意思）。

全程陪同的胡友义先生及夫人激动地说："感觉非常好！我们听到了美妙的声音好象回到梦中。今后我们还想带他们出去表演，甚至带到世界各地去！"

锲而不舍——再建风琴博物馆

从2003年起，胡友义先生又着手捐赠、建造鼓浪屿风琴博物馆，既收藏风琴，也收藏管风琴。

他介绍说，风琴是世界上最古老的键盘乐器，它的种类、形式、外观以及无与伦比的音响变化，都堪称真正意义上的乐器之王。管风琴则是世界上有史以来体积和重量最大的乐器，构造极其复杂，音域最为宽广，有雄伟磅礴的气势，肃穆庄严的气氛。其丰富的和声绝不亚于一支管弦乐队，是西方乐器中最宝贵、最深奥的部分，也是最能激发人类对音乐产生敬畏之心的乐器。早在19世纪中叶，西方传教士在鼓浪屿建造教堂时，就把风琴带到鼓浪屿。如果在鼓浪屿建造风琴、管风琴博物馆，与钢琴博物馆互为"姐妹"，堪称琴瑟和鸣。所以他甘愿任劳任怨，排除万难，把鼓浪屿风琴博物馆建造完成。

厦门市人民政府将原厦门市博物馆所在的八卦楼，作为鼓浪屿风琴博物馆馆址。胡友义先生将捐出100台以上的各类风琴、管风琴、簧片风琴、手风琴、口风琴，成为世界上最大的专门展示古风琴的博物馆。

第一台巨型管风琴于2003年10月31日从澳大利亚运抵厦门。这台管风琴于1872年由英国著名的麦肯西里公司制造，组装起来高达10米，有2800根音管，最长的有6米。一台新制的此型管风琴，约需人民币上千万，可见这台古琴的身价了。为了让游人们聆听它美妙的声音，工程师们为它添加了价值百万的电脑控制自动定时演奏装置。

第二台管风琴则是1890年澳大利亚制造的。

第三台管风琴于 1909 年由著名的英国诺曼比尔管风琴公司制造。由于该公司于 1914 年被兼并，因此这个品牌的管风琴如今存世不多。运到鼓浪屿的这台诺曼比尔管风琴，重约 3 吨，3 层键盘，拥有 1250 根音管，最大长 5 米，最小仅 3 厘米。音管和零部件由松木、橡木、锌、铅锡合金等制成。新造一台这样的管风琴，至少需要人民币 500 万。而这台琴，至今从未进行过任何改装和更换零部件，说明其质地优秀，弥足珍贵，而且是现存不多的既可使用电力鼓风也可使用手工鼓风的管风琴。虽然它年近百岁，却依然有着让人惊叹的完美音响，声音宏大，音色抒情柔美，富有诗意。

这台管风琴被胡友义先生安放在八卦楼最中心的位置，以便于进行演奏，并让游人全方位观赏其精美的内部结构。

2005 年 1 月，3 场管风琴试奏、贺岁、新春音乐会在八卦楼举行，澳大利亚著名管风琴演奏家瑞思·博克和他的妻子把听众们带进了无比庄严圣洁的意境中。

2005 年 7 月 22 日，鼓浪屿风琴博物馆又迎来一批新成员 ——7 台簧片风琴和 70 多支口风琴，其中一台"亚历山大"簧片风琴被胡友义先生称为"镇馆之宝"。这台风琴于 1882 年在法国巴黎制造，是法国著名簧片风琴制造商亚历山大的杰作。它的外形酷似梳妆台，上部镶嵌着镜子，下部是两开门的柜子。打开柜门，风琴的键盘、音栓和踏板就呈现在眼前。琴身两旁立着两条龙，其余部分有狮子、竹子、菊花等雕刻，具有"中国味"，但龙的眼睛具有欧洲人的特征和神韵。

口风琴也创造了纪录 —— 世界上最小的口风琴。3 支微型口风琴，长度不及 5 厘米，宽度不到 2 厘米，是德国著名口风琴制造商"霍纳"20 世纪初的作品。这种口风琴音色较高，在风琴合奏中担任高音部分的任务。

2006 年 7 月 30 日，中共福建省委常委、厦门市委书记何立峰会见了胡友义先生及其夫人。何立峰书记对胡友义先生说："您为厦门做了一件大好事。您捐建的鼓浪屿钢琴博物馆，进一步夯实了鼓浪屿乃至厦门厚重的文化底蕴。"何立峰说，胡先生的义举十分感人，他捐献的每一台钢琴都有一段历史，都是一件精美绝伦的艺术品，它们的价值难以用金钱来衡量，影响难以估量；胡先生独具匠心，为此倾注了极大的热情，付出了大量的心血。鼓浪屿钢琴博物馆的创立，使音乐的魅力和琴岛的风光巧妙地结合在一起，让人们的精神在艺术的熏陶中得到进一步升华。今后我们将会把鼓浪屿这座音乐之岛建设得更加美好。胡友义先生衷心感谢厦门给了他回报故乡的机会，表示今后还要为琴岛的建设继续做出贡献。

中共福建省委常委、
厦门市委书记何立峰
会见胡友义先生

　　为了继续做出贡献，胡友义先生把在澳大利亚拥有的一块700英亩（约合2.8平方公里）土地，卖给澳大利亚一家酒店公司，附加条件是必须在酒店中建造一座中国园林。

　　于是他在美国花了上千万美元，购买一架堪称"稀世珍宝"的名贵管风琴。这架管风琴是1917年加拿大卡斯门管风琴公司制作的（这家公司在当时是世界上第二大管风琴制作公司，第一大公司在德国），共有7400根音管，由左右两排11米高、12米宽的大音管、中间一个巨型演奏台组成，两排音管一排法国式，一排英国式；巨型演奏台具有非常复杂的机械功能，单是键盘就有4排。演奏时，两边的音管同时发声，极其特别。它是北美洲最大、最出名的艺术精品，由20世纪著名的管风琴设计师设计，著名雕刻家完成雕刻。除了音管，其他部分全部由上等橡木制成，每一根立柱都有镂空雕刻的精美图案，其中一整根木头雕成的人像尤其具有艺术震撼力，音管红白相间，美丽夺目。这台巨型管风琴拆卸下来，用47个集装箱装运。

　　为此，厦门市人民政府专门在鼓浪屿三丘田码头至黄家渡一带，建造管风琴博物馆公园，用地面积4万平方米，里面新建一座1000平方米的管风琴博物馆，立面全用玻璃，让游人透过玻璃尽览管风琴风采。2004年9月3日，江泽民主席参观鼓浪屿钢琴博物馆时，欣然为"鼓浪屿风琴博物馆"题写了馆名。

胡友义先生对我说："我已经 70 岁了，本可以颐养天年，但我在鼓浪屿漫步时，行人都对我表示敬意，我感到我做对了，得到人民的拥护，政府的支持，所以我要继续做下去。过去西方人把中国文物运回去，现在我要把西方文物买回来。"

　　啊，祝愿胡友义先生的愿望早日全部实现，祝鼓浪屿钢琴博物馆、鼓浪屿风琴博物馆双璧齐辉！

2006年12月1日于鹭江天风阁

天下黄河十八湾

——著名男低音歌唱家吴天球

少年放牛娃

吴天球

1934 年 6 月 12 日，吴天球诞生在福建省同安县石浔村。这是一个濒临东明港的海滨大村落，可是地少人多，大多数农民收入低微，许多人不得不跑到厦门的码头当"苦力"。吴天球一岁多的时候，父亲便因病去世了，连跑码头的份儿也赶不上，一家人几乎陷入了绝境。勤劳的母亲拖着三个孩子——吴天球和比他大 9 岁的哥哥，大 5 岁的姐姐，硬是把他们拉扯大。她毅然解开裹脚布，赤着脚上山下田……

"家无老父哥当爹"，母亲、哥哥和姐姐看到天球天资聪颖，想无论如何也不能让他当"睁眼瞎"，再苦再累也要送他上学校。吴天球在村里念完小学，考进县里唯一的一所初级中学。为了求学，他离家借住在亲戚家里，每星期回家一次，挑着柴米油盐，走十几里的田间小路才到学校。暴雨时节，小溪涨水，哥哥让弟弟骑在自己的肩膀上，趟过溪水，放下弟弟，再返回对岸，将柴米油盐顶在头上，趟了过来。小天球十分珍惜这来之不易的学习机会，它饱含着母亲和兄长的汗水与心血啊！他总是以最佳的成绩作回报，寒暑假全力在家里干农活，犁田、耕地、播种、插秧、锄草和收割，农村主要劳动力的活样样都会。

1949年9月19日，同安解放了，天球迎来了一个全新的天地。他热情地参加了学校组织的宣传队，唱歌、跳舞、打腰鼓、扭秧歌，初步培养了对文艺的兴趣。

初中毕业，天球考上集美中学，由于家庭经济困难，无法升上高中，便在家里务农，成了地地道道的"放牛娃"。这时候，石浔村为了配合土改运动，组织剧团，排演了歌剧《白毛女》、《赤叶河》片段，到邻村、区县演出。具有"初中毕业生"头衔的秀才吴天球，自然是数得上的角色。这些活动，不但锻炼和培养了他的社会活动能力，而且使他那洪亮优美的声音，初露锋芒。

1951年秋，天球考进了厦门师范学校。这是一所食宿全包的中等专业学校，对家境贫寒的学生，无疑是一个福音，况且寒暑假还能回家干农活。学校设在风景如画的鼓浪屿田尾海滨，这使天球的学习干劲倍增，他虽打着赤脚念书，可功课成绩优良，尤其是数理化特别突出。他平时话语不多，因为一张口，声音便"嗡嗡嗡"直响，同学们都笑他像个"大酒瓮"。敬业而又细心的音乐老师江吼先生，立即发现他是一棵男低音的好苗子。吴天球参加了学生合唱团，江老师就有意识地让他独唱、领唱，教他更多的音乐知识，培养歌唱能力。

1954年夏天，吴天球从厦师毕业，照例应该分配到小学任教。学校考虑到他的成绩优异，又有特长，便推荐他报考高等师范院校，以便进一步深造。他自己报考了物理系，并胸有成竹，稳操胜券。江吼老师得知，大吃一惊，连忙找到吴天球："你数理化成绩很好，在班上和学校里都很突出，但在全国范围内，数理化学得好的学生，何止千万！而有你这种声音素质的，绝对是凤毛麟角，屈指可数。为了国家，为了你的发展前景，你应该报考音乐专业！"吴天球一下子愣住了，他根本没有报考音乐专业的思想准备。他想：报考音乐专业，需要有音乐知识和技能，光会唱唱歌是不行的，况且平时自己的爱好在数理化，对音乐知之甚少，贸然报考，有把握吗？

吴天球去请教学校教导主任漆竟余老师，说出自己的苦衷和想法。没想到，漆老师斩钉截铁地说："我完全赞成江吼老师的意见。我们推荐你报考大学，也是希望你发挥特长，培养成高水平的歌唱家，为祖国做出更大的贡献。"漆老师望着吴天球那双光脚丫，笑着说："啊，天球，你瞧，你说话的声音就好听极了，像这样的料子，不要说百里挑一、千里挑一，就

青年吴天球

是一万个、十万个人当中也很难挑得出一个来啊。也许将来你就是中国的罗伯逊！"漆老师的话，如同沙漠中的甘露，点点滴滴注入吴天球的心田，他信服了，毅然报考了音乐专业。漆竟余老师又以学校名义，专门给福建师范学院招生委员会写了一封信："吴天球同学数理化成绩优异，考上数理化系科相信没有问题。鉴于该生嗓音条件很好，所以我们动员他报考音乐专业。如因其音乐基础知识较差未能考上，请准予按数理化专业的标准录取。"厦师老师和领导考虑周到，无微不至，这对年轻的学子是多大的鼓舞和激励呀！

江吼老师选了《天下黄河十八湾》、《伏尔加船夫曲》这两首歌，对他进行考前辅导，并鼓励他说："努力吧，中国需要罗伯逊！"

赤脚男低音

高校艺术类考场设在省城福州，吴天球有备而往，顺利通过了专业科目的初试、复试，正准备参加文化科目的考试。

一天中午，吴天球在考生宿舍席地而坐，复习功课。忽然有一位老师模样的人来问："有一位吴天球同学吗？"

"我就是！"吴天球一下子从地上弹了起来，答道。

"我是华东艺专招生组的，我们想找你谈谈。"

"对不起，老师，我是中师毕业生，只能报考高师，我不能报考贵校。"吴天球老实巴交地答道。

来人和颜悦色地说："这些情况我们都知道，我们找你谈谈，好吗？"

"那好吧！"吴天球抬起光脚丫，跟着这位老师到了华东艺专招生组办公室。只见一位声音低沉的老师忙着为吴天球倒水让座，亲切地询问他的基本情况。

"专业考试时唱什么歌呢？"老师问。

《天下黄河十八湾》。"

"你再唱一遍给我们听好吗？唱什么调？"

"这我可不知道！听替我伴奏的同学说，好像是什么 c 调 ……"吴天球真的摸不着头脑。

"那好，你就唱吧！"老师坐在钢琴前为他伴奏。一边弹伴奏，一边提要求，一边作示范，吴天球一一照做。

"很好，很好！天球同学，如果让你到我们华东艺专来学习，愿意吗？"老师突然提出问题。

"这 …… 我是中师毕业生，只能报考高师，这是规定 ……"

"这些我们清楚，只要你愿意，我们可以到中央文化部去争取。"

"这当然好，愿意！"吴天球一面答道，一面天真地想着：考上高师音乐系，将来要当中学音乐教师，什么都得会，而"艺专"是专门学唱歌的，比较简单，不是省操些心吗？

就这样，吴天球被华东艺专录取了。此时他还不明白，有谁会欣赏连母亲也说是"大憨声"（闽南话，即"瓮声瓮气"）的放牛娃呢？

原来，在专业科目初试、复试阶段，福建师范学院音乐系著名的女高音歌唱家片冰心老师听了吴天球的歌唱，发现他的自然嗓音条件很好，如果能进入非师范类的专门学校攻读，会有更大的造就。她与系主任曾雨音教授商量，两人一拍即合。恰巧那年，华东艺专到福建招生，曾、片二师就特别向他们推荐。吴天球被华东艺专录取后，有人指责曾、片二师"把条件好、天分高的学生拱手让人"，曾、片二师认为：正因为条件好，天分高，才更需要人尽其才，才尽其用，得其所哉！是"千里马"，就应当让它在广阔的疆场上驰骋，不能搞本位主义啊！

1954 年 8 月底，吴天球到无锡华东艺专报到。晚上 8 时，火车到达无锡站，旧生前来欢迎新生，那股热情劲儿就甭提了，因为吴天球未到，声名已播："我们的柯筦和老师招到了一名'赤脚男低音'！"

同学们带吴天球到食堂吃饭，他脱了球鞋光着脚丫就往外跑，老同学们一看就乐了，不便指责，便婉言相劝："这里大家都穿鞋，路上常有玻璃、铁钉什么的，光着脚丫容易被扎伤！"吴天球只好把鞋子又穿上："哎呀，这回真是害苦了我，我的脚丫子已经自由了20年，这下子要被套住了。"他只能苦笑。

在这里学习，费用全免，还发给甲等助学金，额外有被褥、帐子。有什么困难，老师、同学马上伸出友谊之手。这真出乎吴天球意外。招考时为他弹伴奏的就是主科老师柯筇和先生，他更是如兄长一般，对吴天球精心培养，成为他的第一位声乐专业老师。他知道吴天球家境困难，经常给一些零花钱，请自己的得意门生看电影，将自己手抄的五线谱送他……一个放牛娃，经历过失学的痛苦，此时更从内心感到这深情的暖意，他暗暗刻苦自励，进步很快。1956年1月，他光荣加入中国共产党。

1956年秋，柯筇和老师到中央音乐学院进修，华东艺专也正在酝酿院校合并。为了吴天球有更理想的学习环境，学校支持，柯老师出面联系，让吴天球于1957年2月转到中央音乐学院学习，师从杨比德老师。

杨比德老师像对待家人一样地对待吴天球，面对面讲解，手把手示范。夏天的天津，热不可耐，小平房里更像个大蒸笼，师生俩竟然都赤膊上阵，还是大汗淋漓，但却琴声悠扬，歌声嘹亮，笑语喧天……

获奖维也纳

1959年4月，吴天球以品学兼优的资格，被中央文化部选送到保加利亚留学。中央文化部还决定，派遣吴天球作为中国青年代表团成员，参加1959年7月在奥地利首都维也纳举行的第7届世界青年联欢节声乐比赛。这在当时是一项重大的国际赛事。

吴天球于4月底到达索菲亚，7月份要参赛，时间非常紧迫。他在保加利亚著名声乐家契尔金教授教导下，6月初完成曲目的准备，便加入保加利亚参赛团的集训，同优秀的歌唱家们一道，夜以继日地练习，又获得保加利亚著名教授勃伦巴诺夫等的悉心指导，进步很快。参加集训的保加利亚籍著名男低音歌唱家尼古拉·加乌诺夫，听了吴天球的演唱，大为赞赏，认为吴是一位嗓音条件极好、富于感情、唱歌动人、非常难得的男低音，只要好好努力，得奖绝非问题。

夏季的维也纳，繁花似锦，各国青年云集，一片节日景象。许多著名歌唱家都纷纷到此献艺，他们视"音乐之都"维也纳为声价十倍的"龙门"，以一履其地为夙愿。所以整座维也纳城，似乎任何事物、任何活动、

著名男低音歌唱家吴天球

任何角落都充满了旋律，带上了音符。

吴天球的心情十分激动，为能代表中国参加世界性盛会而感到荣幸和自豪，这是他人生旅途中的重要里程碑。但由于劳累过度，不适应当地气候，他因此患了感冒，发高烧，咳嗽不已。关键时刻，另一名选手又宣布弃权，中国声乐选手就只剩下吴天球一名，责任更加重大。面对如林强手，他把国家的荣誉放在首位，不气馁，不退缩，主动配合医生，吃药针灸，积极治疗，在病未痊愈的情况下，准备冲刺！

每位选手要唱五六首歌，其中要有一首中国歌曲，其余为西方古典歌曲。吴天球演唱的中国歌曲，就是在厦师读书时，江吼老师启蒙他唱的《天下黄河十八湾》：

> 天下黄河十八湾，
>
> 阻挡不了英雄汉。
>
> 不怕风来不怕浪，
>
> 齐心合力把船扳……

江老师用这种排除万难、去争取胜利的精神，引导他走上音乐之路。现在吴天球又用这种精神，去攀登音乐艺术的高峰。他一边练唱，一边鼓励自己：有这种精神，什么疾病、困难和压力，全不在话下！

他终于拿下了"古典声乐艺术作品演唱比赛"三等奖。赛后，他的导师契尔金教授向他祝贺，拍着他的肩膀说："小伙子，好样的！初次参赛就有这样的成绩，了不起。如果没有生病的话，你一定会更棒！在舞台上，你那魁梧的身材，浑厚的歌喉，感人的表演，是人中之狮啊！"

赛事结束之后，中国青年代表团邀请著名黑人歌唱家罗伯逊到驻地做客，吴天球出席作陪。两位男低音歌唱家在热烈的气氛中会面，紧紧握手。

人们祝贺他的成就，他冷静地说："这些成绩，离开了国家的培养，老师的教导，亲友的鼓励，就完全是零！当然，机遇十分重要，而我幸运碰上了。如果其他年轻人也有这样的机遇，说不定会取得更好的成绩！"

留学索菲亚

回到索菲亚，吴天球便投入研究生课程的紧张学习中。他十分珍惜这人生难得的机遇。

保加利亚以盛产玫瑰而闻名于世，坐落在伊斯克尔河畔的索菲亚，更是风光秀丽，古迹众多。这个花园般的国度，有丰富的民间歌舞，声乐水平很高，诞生了多位世界级的歌唱家。一个 11 万平方公里土地、800 万人口的国家，拥有 4 座大型的歌剧院和大量的歌舞团，歌唱演员更是众多。如此高的声乐水平，必定有高水准的音乐院校。索菲亚国立音乐学院就是最为拔尖的一所，它的学系齐全，声乐系就有不少著名的教授，如 20 世纪 50 年代的勃伦巴诺夫、契尔金等，他们既是名牌教师，又是歌剧院的著名演员，常在歌剧的演出中担任主要角色。当年我国派往国外的声乐留学生，除了前苏联之外，多数派往保加利亚。

吴天球如饥似渴地吸取知识，还观摩了许多演出，特别是西欧的著名经典歌剧。他也参加演出实践，曾应保方之邀，在索菲亚歌剧院参加意大利作曲家威尔第的三幕歌剧《弄臣》的演出，扮演刺客斯帕拉夫齐尔。这出戏，剧情跌宕起伏，引人入胜，能参加演出，自然是极好的锻炼。吴天球从中扩大了艺术眼界，提高了鉴赏能力，为日后向精专发展打下坚实的基础。学院师生对这位"东方男低音"关爱有加，热情备至。

1961 年秋，吴天球以优异的成绩，毕业回国。他和其他几位留保学生归国，立即受到当时中国声乐界的瞩目，掀起了探讨研究意大利学派美声唱法的高潮；他们的演唱，保留了保加利亚的声乐特色，传送着玫瑰花的芬芳。

任教于母校

吴天球回到母校中央音乐学院任教，一直到担任教授、声乐系副主任。

声乐教学，除了传授知识外，更要对学生训练技能和培养习惯。因此，吴天球尽量挖掘学生的潜力，发挥学生的特长，逐步补齐学生的不足；教学语言简明扼要，通俗易懂，深入浅出，感性具体；打破声乐"看不见，摸不着"的神秘感，让声乐成为"看得见，摸得着，听得到"的直观形象，使学生听课时进入状态和情感意境；口传心授，针对性强，让学生听课时目标明确，感受具体，牢固掌握技巧方法，强化演唱能力；强调尊师爱生，建立平等关系，促进教学相长，有时要"互换师生位置"，设身处地为学生着想，不向学生"摆谱"，自己不足的地方，敢于坦陈，避免学生学习的盲目性；让学生自然放松，消除疑虑，不拘泥于太多的"方法"而弄得无所适从，以发挥学习的主动性、积极性和钻研精神。正如著名音乐家时乐蒙先生所说："吴天球教授对学生细致、深入、全方位教学的最终目的，则是为了感情内容的表达和深化。"

吴天球与母亲和孩
子合影

　　声乐作为一门感染力很强的音响艺术，吴天球的教学格言是："特定的状态，特定的情感，发出特定的声音，只有兴奋的状态，真挚的感情，才能唱出美妙动人的歌声！"他认为，人与人之间的交谈，是在谈"情"，谈"心"，何况唱歌哩！唱歌，就是歌唱者把对歌曲的理解与感受迸发出来，以震撼听众的心灵。

　　吴天球不断总结自己在教学中的经验教训，并吸取其他老师的长处和优点，也经常向喻宜萱、张权、蒋英、沈湘、罗乾贵等老前辈请益；外国专家来华讲学，他一定争取去听。这使他的艺术之树常青，散发出无穷的魅力。

　　为了使理论更好地联系实际，自 1978 年以来，吴天球举办过 30 多场个人独唱音乐会。在准备曲目时，他从声音技巧上，也从乐曲内涵的理解和表达上，字、句、段反复推敲，精益求精。通过录音、录像，征求同事意见，来发现演唱中的不足，不断改进、充实自己。1978 年夏季，他在群众音乐基础良好的哈尔滨举行首次个人独唱音乐会，4 场的入门券一天内全部被抢购一空。一般个人的多场独唱音乐会，是隔天举行一场，而吴天球的独唱音乐会，后两场连续举行，而且一场更比一场强，令听众叹服不已。4 场唱下来，吴天球的嗓音没有疲劳感。紧接着，他又在北京举行 3 场独唱音乐会，后两场又是连着开。演出受到北京声乐界人士的高度评价，著名女高音歌唱家张权兴奋地对他说："天球，你进步很多！一般的独唱会我很难听进去，今天你的演唱我全听进去了。你的声音很好，唱得也很好，吐字清楚，歌曲处理得细致自然，感情真挚动人，达到了顶峰！"

1979 年初，吴天球回到福建，在福州举行了两场独唱音乐会，全部爆满。在厦门原定两场，应听众要求，一再增加，结果共举行了五场，突破厦门举行个人独唱音乐会的历史纪录。他用歌声向故乡的父老乡亲汇报，向母校的师生同学汇报。他用闽南话演唱了《我爱我的台湾》，改动了其中的歌词：

> 我爱我的台湾啊，
>
> 台湾是我家乡，
>
> 骨肉同胞情意深，
>
> 分开不应该！
>
> 统一祖国的共同愿望，
>
> 时机已经到来，
>
> 兄弟啊，姐妹啊，
>
> 不要再等待！

吴天球的嗓音深沉、浑厚、洪亮、醇美，独具整体共鸣的特质，富于感人的魅力；他的歌唱语言清晰、灵活、口语化，字正腔圆，如同向听众倾诉情怀；他的舞台风度和蔼亲切，淳朴大方，精神饱满，气息充沛，每唱必动之以情；他的歌唱技巧精湛娴熟，高低声区运用自如，具有 3 个 8 度的宽广音域，特别是丰富的低音区，非常罕见，无论说、唱、动作和面部表情，都深深吸引着听众。

1982 年录制的个人专辑唱片中，演唱《伏尔加船夫曲》竟唱出最低音的 B，这是世界上的男低音歌唱家中还没有唱过的低音，因而被誉为"国宝"。著名音乐家喻宜萱教授为这专辑写文评价道："他善于表达歌曲的内在感情，唱得细致、纯朴、诚挚感人。他演唱的俄罗斯歌曲《跳蚤之歌》，在诙谐中表现出对沙皇的辛辣讽刺，他用不同的笑声刻画出各种不同的人物性格及情感，贴切生动，恰如其分。在演唱《杨白劳》时，他真实地塑造了一位深受压榨和欺凌的贫苦农民呼天恸地、悲愤欲绝的形象，感人至深。吴天球的嗓音优美浑厚，音域宽广，声区统一，运用自如，在吐词咬字上颇见功力，听来非常清晰，这对男低音歌者，尤为难能可贵。"难怪这唱片被送到香港、莫斯科、巴黎等地展销，短时间内便告售罄。

1992 年，他根据自己近 40 年歌唱生涯的经验教训，写成《让你的歌声更美妙 —— 歌唱的具体方法与训练》一书，由人民音乐出版社出版，很受读者欢迎，两个月内，书全售罄，出版社破例在一年内第二次重印。著名音乐家时乐蒙先生以《声乐入门的金钥匙》为题，发表评论，指出本书的五大优点：

1. 以敏锐的洞察力抓住了美声教学中长期存在的诸多疑难和当前大家极为关注的"三种唱法"的问题（即美声唱法、民族唱法、通俗唱法）；

2. 有明确的主导思想，但并无门户偏见；

3. 命题、论证逻辑性强，细腻而不杂乱；

4. 文风质朴，深入浅出，不落陈规，雅俗共赏；

5. 语言生动，比喻贴切，具有幽默妙趣，可读性强。

时乐蒙先生总括本书的艺术品质是："吴天球教授在这本著作里，除了用科学的理论、方法指导基本训练外，还以极大的篇幅来阐述语言、吐字、歌唱心态和艺术处理对歌唱的重要性，就正是力求内容与形式，感情与技术，歌唱艺术与社会责任感的更完美的统一，以塑造出更加完美、动人的音乐形象。"

著名音乐家喻宜萱教授撰文称赞这本书："书中内容的实用性、具体性与科学性、合理性紧密相连，贯穿始终，既有理论又有实例，让人既能学到知识，又能抓到实物。""全书的论述丰富多彩，论点排列有序，条理分明，分析细致而简练，文字明快流畅，朴实无华，令人读来兴趣盎然。"她总结性地指出："《让你的歌声更美妙》一书，是吴天球教授长期从事声乐教学和演唱的经验总结，对于广大声乐爱好者的学习和声乐教师的教学研究，定将起到十分有益的作用。"

40 年间，吴天球培养了一批又一批优秀的声乐人才，有的已经成为教授、副教授，有的成为一级演员，有的成为歌剧院、歌舞团的台柱。他的第一位学生李小护现在是中央歌剧院的主要演员，曾获文化部青年演员一等奖；张庆朗是山东艺术学院教授，又培养出许多学生。

1994 年 1 月，吴天球被国家人事部批准享受国务院颁发的政府特殊津贴，文化部部长刘忠德特致信祝贺。吴天球却说："只有不断否定自己，才能不断提高。"他用歌声和演讲不知征服了多少国内外听众，而他却说："我只是把 40 多年来歌唱的心得与大家交流，不一定适合每一个人的要求。其他老师各有他们的一套好方法、好经验，千万不要片面地说这位老师的方法是对的，那位老师的方法是错的，应该说'各有千秋'。"

歌如其人，文如其人，语如其人，吴天球永远保持着纯朴、诚挚的本色！

长歌四大洲 ||||||||||||||||||||||||||||||||||||||||||||||||||||||||||||||||||||||||||||||||||||

吴天球的歌声响遍大江南北、中华大地，受到听众的热烈欢迎。在他的声乐艺术日臻成熟的中年，他有幸迎来了改革开放的年代，中国与世界加强了接触与交流，也使他的艺术舞台从中国拓展到世界。他经常作为中国人民的友好使者，把优美的歌声带给亚、欧、美、澳四大洲十几个国家的人民。

1994年6月，新加坡同安会馆举办世界同安联谊会成立大典暨第3届国际学术研讨会，吴天球和夫人黄湄莹应邀举行了两场独唱音乐会，还为李金泉先生作词的世界同安联谊会会歌《同安颂》谱曲并演唱。

1994年12月17日—1995年1月11日，吴天球夫妇应邀访问台湾，在台北音乐厅举行独唱音乐会，与台湾音乐界学者探讨音乐教学及两岸音乐交流问题，还在台湾声乐家协会举行专题演讲和示范。华航董事长蒋洪彝先生赞许说："这样优秀的男低音，为我平生所仅见。"

1995年7—10月，吴天球夫妇应邀访问新、马、泰。他们应马来西亚《光华日报》之聘，担任"旧曲重温华语歌曲比赛"总评判并举行讲座。

在马来西亚，吴天球应邀到南洋商报社接受采访，他当场低吟作曲家谭盾为历史巨片《南京大屠杀》所写的主题歌《不要哭吧，南京！》："不要哭吧，南京！不要哭吧，宝贝……"他饱含泪水地唱着，他为这场浩劫流泪，他为中华民族哭泣。那发自内心的歌声低回荡漾，象征着不屈民族的国魂。在场的编辑、记者，无不为之动容。

1995年8月13日和20日，他们应泰国曼谷知音歌友会之邀，在曼谷比里研究院礼堂，举行了两场泰华历史上绝无仅有的男低音独唱音乐会，并进行了为期3个月的学术交流活动。最妙的是发生了一件吴天球"歌唱生涯四十载，观众点歌第一回"的韵事。

8月20日，恰逢泰皇蒲密蓬陛下登基50周年，泰华朋友建议他演唱泰皇陛下御作《雨丝》，并很快找来有中、泰、英文译词的合唱谱、独唱谱、五线谱以至简谱。经试唱之后，吴天球感到原译稿中文语词与旋律配合不太通顺，不易演唱，便在绝对忠于原译文意思的前提下，亲自修改译词，力图使之更具有艺术性和歌唱性，更符合汉语的表达意境。有一位王绍麟先生则对吴天球说："你能不能唱一首《今天是你的生日，我的中国》？这里的华人都很喜欢唱这首歌，我希望你能演唱给大家听。"吴天球夫妇听了惊叹不已，万万没想到，这首颂扬中国繁荣昌盛的歌曲，在泰国会这么流行。可见泰国华人身在异国他乡，却无时不在关注着祖邦的情况。

于是吴天球在 8 月 20 日的独唱音乐会上，带着非常崇敬的心情，首先演唱了《雨丝》这首泰国人民最为喜爱的歌曲，表达全体泰国华人的心声。音乐会最后，他邀请王绍麟先生上台，一起演唱《今天是你的生日，我的中国》。顿时，台上台下，声浪澎湃，人们含着热泪，从内心深处发出对中国的祝福。泰国华人，既是忠实的泰国公民，又是赤诚的炎黄子孙。听众们看到吴天球的风度、风格和风趣，听到他的歌声、话声和笑声，感到他"真不知把岁月隐藏到哪里去？""美妙的歌声充实了我们的生活"。

音乐会在世界名曲《友谊地久天长》的歌声中结束，歌唱家指挥全场大合唱，将晚会推向高潮，歌声、笑声、琴声、掌声交织成不朽的友谊乐章。吴天球激动不已，连夜执笔写了《中泰友谊长，献歌表深情》一文，在泰国报刊上发表，记下这毕生难忘的场面。

1997 年，在瑞典的"水节"上，吴天球用中文演唱了莫索尔斯基的《跳蚤之歌》，赢得了满场喝彩。一位瑞典歌唱家向他竖起大拇指说："你是世界级的男低音！感谢你精妙地诠释了莫索尔斯基的作品。"

同年，吴天球应邀在我国驻维也纳多边大使官邸演唱。1998 年 2 月，在澳大利亚墨尔本音乐学院、艺术学院演唱；1998 年 10 月，在美国旧金山南海艺术中心举行讲座和独唱音乐会；1999 年 5 月，应香港管弦乐团之邀，在香港文化中心演唱谭盾的作品……

吴天球、黄湄莹两位教授，伉俪情深，夫唱妇随，女弹男歌，珠联璧合，就是在异国他乡，也传为美谈。真的，夫人是吴天球的第一位听众，第一个伴奏，第一个"挑剔者"，用吴天球的话是"第一个艺术指导"。

在国内，吴天球经常参加国家重大庆典晚会的演出，如 1997 年香港回归文艺晚会，1999 年 9 月 28 日建国 50 周年大型文艺晚会，1999 年 10 月 5 日在北京音乐厅举行的"我的祖国——50 年精选歌曲音乐会"等，江泽民等党和国家领导人多次观看并接见。

中央电视台历年举办的"全国青年歌手电视大奖赛"，吴天球都是评委，都以严谨、公正的作风深受好评。1998 年 8 月举行的第 8 届，他在点评发言中，由于讲得具体、深刻，既有深度，又有高度，句句讲到选手心上，获得全场热烈的掌声。颁奖晚会直播现场，主持人刘璐径直走到吴天球面前问道："吴老师，您敢不敢代表评委为现场和电视机前的观众演唱一首《跳蚤之歌》？"吴天球先是一愣，紧接着风趣地答道："老年人与青年人交流嘛，没什么敢不敢的，那我就'跳'一下吧！"那一晚，全国各地所有观看晚会直播的观众，都有幸欣赏到他精彩的演唱，给年轻的歌手们起了示范、指导作用。

铭记恩师情

2001年元宵节，吴天球再次回到故乡厦门，参加"新世纪迎新春中外著名歌曲独唱音乐会"。终场时，著名女指挥家郑小瑛教授跑上舞台，握着他的手说："天球，你真是宝刀不老啊！"

2001年2月9日，吴天球到菽庄花园参观"鼓浪屿钢琴博物馆"，他为家乡有这么一座高雅的博物馆而高兴，挥笔题写"永远感念鼓浪屿故乡培养我走上音乐之路"。他路经田尾路，指着一幢幢楼房，回忆50年前在厦门师范学校读书的情景，哪一座是教学楼，哪一座是宿舍楼，他打着赤脚在海滨沙滩散步，漆竟余老师对他的激励，江吼老师一板一眼地教唱《天下黄河十八湾》……

5年间，他从放牛娃变成国际音乐比赛获奖者。江吼老师、漆竟余老师以伯乐的眼光，相中了这匹"千里马"；片冰心、曾雨音老师以哲人的智慧，让"千里马"到更广阔的疆场驰骋；柯笳和老师以壮士的胆略，破例录取了这位赤脚男低音，并推荐到中国最高音乐学府培养；中央文化部做出明智的决策，选送他到保加利亚深造，又大胆派遣，逼他上"山"——参加国际比赛；保加利亚教授的无私教诲，使他终身受益……在他的人生路

笔者与吴天球在北京合影（2005年12月）

上转折处，站着一个个良师益友，但又贯串着一条红线 —— 他的天分和勤奋。

他每次回到故乡，都要去探望当年的老师，向他们汇报，与他们合影，请他们听他的演唱。

1986 年，在他的音乐启蒙老师江吼先生 70 寿辰之际，吴天球写信祝贺："您用音乐陶冶了一个农村青年的心灵，使我从一个音盲变成一个强烈的音乐爱好者。您的音乐课堂，就是我走进这神圣殿堂的第一道阶梯。35 年来，我在学业上每前进一步，都融合着您的心血……"

江吼老师

1999 年 5 月，"片冰心学生音乐会"在福州举行。吴天球闻讯，特地从北京赶来参与其盛。片老师说："天球，我没教过你呀，你怎么能列为我的学生呢？"吴天球说："1954 年艺术类高考时，你是主考老师，我是考生，你是我的恩师，我是你的老学生！"

吴天球走上舞台，对着坐在前排的片冰心老师深深鞠躬，情真意切地说："今天，我唱一首阿根廷的奥拉西约·古阿拉尼作词作曲的《小小礼品献给母亲》，敬献给恩师片冰心教授。不过我把'母亲'改成'老师'，把'生日'改成'节日'。"

> 今天是你的节日，亲爱的老师，
> 我献给你洁白而美丽的鲜花。
> 这鲜花开放在高高的山上，
> 我今天早晨刚刚把它摘下。
> 今天是你的节日，亲爱的老师；
> 今天是你的节日，我为你歌唱。
> 这歌声发自我心灵的深处，
> 我怀着无限尊敬、爱戴和希望……
>
> 老师，我怀念你！
> 今天我来自远方，
> 带来了小小的礼品，

那是：亲吻、花朵和歌声。

亲吻你神圣的前额，

花朵装饰你的头发。

啊！我衷心地歌唱——

为了要使你欢畅！

年迈的片冰心老师满面泪花，幸福地微笑着，目不转睛地注视着这位"老学生"的神态表情，她在庆幸自己，也在告慰她的夫君——曾雨音教授的在天之灵：45 年前，他们确实看对了，也做对了……

2001 年 7 月 16 日，厦门师范学校欢度 60 周年校庆，吴天球又特地从北京赶到厦门，对母校、对恩师表示衷心的祝福。他在会上唱了两首歌，除了《小小礼品献给母亲》之外，还有一首施光南作词作曲的《忘不了你那一片深情》：

忘不了校园的清晨，

忘不了课堂的铃声，

忘不了亲爱的老师，

忘不了种树的人。

没有那不倦的播种耕耘，

哪有这果实盈盈？

没有那辛勤的汗水浇灌，

哪有这今天的林木青青？

忘不了亲爱的老师，

你可听到我的歌声？

愿它飞到你的身边，

伴随着你那慈爱的心灵。

你那两鬓如雪的白发，

又增添了几根？

你望着成材的孩子们，

疲倦的面容又露出欢欣……

歌声一落，74 岁的漆竟余老师上前与他热烈拥抱，两人的泪花在阳光下晶莹闪烁……

如今吴天球的声乐艺术，可谓炉火纯青，虽已年过古稀，但壮心未与人俱老。他还要经常演唱、演讲，举办"让你的歌声更美妙"声乐艺术讲座，由他亲自讲课、示范、歌唱，制作录象带、vcd，把50年来积累的经验和学识，变成声像，奉献社会，留给后人。这是对恩师最好的答谢，对人民最佳的回报。

此时此刻，《天下黄河十八湾》——他的启蒙歌、成名曲的旋律，又在他的脑际回响，从他的肺腑涌出："天下黄河十八湾，阻挡不了英雄汉……"

2006年12月22日

鼓浪屿的钢琴女儿

——著名钢琴家卓一龙

卓一龙

卓一龙 1940 年生于上海，属龙，所以父母亲将她取名"一龙"。她出生后不久，就回到故乡鼓浪屿。父辈都是基督教徒，左邻右舍都有钢琴声，卓一龙从小就生活在浓郁的音乐氛围之中。1946 年她 6 岁那年，随家人迁居香港，但经常回鼓浪屿度假。一到香港，她就开始学习钢琴，启蒙老师是一位葡萄牙和德国的混血小姐。1948 年，她 8 岁时，就获得了香港音乐竞赛头等奖，显露了她的音乐天赋。1952 年，她 12 岁，到英国就读一所寄宿学校，这所学校的校长正是她母亲过去的老师。13 岁时，她就通过了英国"联合委员会"钢琴 8 级考试；16 岁时，获得英国皇家音乐学院奖学金，进入该院学习，师从哈罗德·格拉克斯顿教授。在学习期间，她表现优异，多次获得大奖，如皇家音乐学院俱乐部奖、钢琴独奏会金奖、皇家海外同盟奖（专为器乐演奏家颁发）等。

在英国皇家音乐学院毕业后，她又进入巴黎音乐学院，师从伊凡尼·勒菲布教授深造。在此期间，她有幸让著名钢琴家阿尔弗雷德·克托听她的演奏，克托大加赞赏。克托是她老师的老师，卓一龙便获得机会在克托大师班上演奏浪漫派音乐家的作品，如萧邦、舒曼、李斯特等。于是她获得了巴黎音乐学院钢琴演奏头等奖。

学业有成，卓一龙回到英国，开始其演奏家生涯。他在英国各地举办钢琴演奏会，所到之处，都受到热烈欢迎。接着，她到法国、德国、西班牙、意大利、丹麦、瑞典、新加坡、香港等地演出。她特别要到欧洲那些富有钢琴艺术传统、优秀钢琴家云集的城市演出，借以接受更多磨炼，学习他人之长，提高自己的演奏水平，同时提高知名度。1969 年，她到美国波士顿，师从奥伯·泽科再次深造，并同老师一道在美国工作了两年，演奏了大量室内乐作品。

1975 年，"门槛"极高的英国皇家音乐学院聘请她到校任课，英国另一所特殊音乐学校 —— 普尔切曼音乐学校也同时聘请她任课。也是这一年，她在罗马尼亚钢琴家拉度·罗普家中，认识了著名钢琴家傅聪，不久结为莲理，并生了儿子傅凌云。谈及她与傅聪的结合，她笑笑地说："我们之间并没有特别浪漫，我们都是弹钢琴的，音乐让我们走到一起了。"她在繁忙的工作和家务中，仍然坚持为社会演奏，在香港、新加坡、马来西亚、波兰等地开设钢琴大师班课程，并举办钢琴演奏会。目前，她是英国皇家音乐学院钢琴教授。

2001 年 4 月，卓一龙应厦门大学艺术教育学院音乐系之邀，回到了她数十年来梦寐萦回的故乡，参加厦门大学 80 周年校庆学术活动。4 月 21 日，她在厦门大学音乐系音乐厅举行钢琴独奏音乐会。她演奏了舒伯特的 F 小调《奏鸣曲》（D 625）、贝多芬的 F 小调《奏鸣曲》（OP.57）以及萧邦 4 首 G 小调、降 A 大调《叙事曲》。那细腻而富有诗意的弹奏风格，博得全场的热烈掌声。她还开设讲

少年时代的卓一龙

1982年傅聪、卓一龙夫妇及其儿子与友人参观北京古迹时合影

座，为师生们介绍了欧洲钢琴的演奏风格。在众多古典主义音乐家的作品中，卓一龙最喜爱萧邦的乐曲，对其作品有深入的研究和深刻的理解。所以通过她精湛的演奏技巧，诠释出来的意境，往往令人心旷神怡，浮想联翩。她在英国录制出版的萧邦音乐作品ＣＤ，包括24首前奏曲、《华尔兹》及《船歌》。这套ＣＤ是欣赏和理解萧邦作品的经典之作。

2002年5月，她再次回到故乡，参加第二届中国音乐《金钟奖》暨鼓浪屿（国际）钢琴艺术节。她与陈佐湟和厦门爱乐乐团合作演出徐振民创作的钢琴协奏曲《我爱鼓浪屿》。在宽广、明亮的引子之后，《鼓浪屿之波》的旋律从卓一龙手下的黑白琴键中轻轻流淌而出。慢慢地，钢琴以上下翻滚的波浪式音型衬托着，旋律一层层地向前推进，越来越宽广，迸发出对美丽的故乡无比热爱和衷心赞美之情。

音乐会之后，她在亲戚朋友们的陪同下，在鼓浪屿的小巷里徜徉着，将留在脑海里的儿时往事，淘出来与面前的景象比对、思考。她说着洋腔闽南话，发音缓慢，柔软清晰，态度和蔼可亲，善良宽容，绝无"大腕"的架子，却有一颗炽热的中国心。她说，鼓浪屿举办这样的艺术节很有必要，很有意义，能够给年轻人提供展示才华的平台。希望年轻人要沉得住气，别急于获奖赚钱，而要下苦功夫学习。她也建议其他地方多多举办这种艺术节，为年轻人提供更多的机会。

2005年12月间，卓一龙应邀到上海师范大学音乐学院开设钢琴大师班，讲学并指导学生更好地掌握钢琴技巧。在5名钢琴专业的学生演奏了勃拉姆斯《间奏曲作品118》等5首钢琴曲目后，卓一龙教授对学生们的钢琴演奏技巧和情绪处理一一进行了指导，并亲自进行示范演奏。她充分肯定和赞扬学生的钢琴演奏水平和学院的钢琴教学成果，也提出了建设性的意见。

2006年10月2日

天风海涛　琴声乐韵

——著名钢琴家许斐星

音乐世家

许斐星

许斐星于 1946 年 6 月 28 日诞生在鼓浪屿一个音乐世家里，祖母、父母和六个兄弟姐妹都喜欢弹琴唱歌，他从小就受到良好的音乐熏陶和教育。

他的外祖母林淑恬，从小没有念过书，却有一副好嗓子。由于家境贫寒，她靠打工为生。有一次，外祖母在给人家洗衣服时边洗边唱，被路过的一位牧师听到了，还以为哪一位富有素养的歌手在练唱呢！当牧师知道她是洗衣工人时，大为吃惊，于是就想办法请她到教会唱诗班参加活动。她的音乐天才被发现了！外祖母把"音乐基因"传给了母亲，母亲又传给了儿女们。

许斐星的父亲许序钟是一位牧师，为人正直谦逊，早年在马来西亚谋生，出于爱国，响应陈嘉庚先生的号召，回国到集美中学就读。他喜欢音乐，年轻时学吹笛子，稍后学弹钢琴。母亲张秀峦是毓德女子中学的高才生，喜欢弹钢琴，做梦都想着将来能有一台钢琴。由于没钱，一直没有机会学琴。直到中学的最后一年，才向十分疼爱她的班主任女老师倾诉自己的渴望和追求。这位老师深受感动，答应免费教她钢琴。张秀峦如同久旱的禾苗获得了甘霖，迅速成长，很快就学会了大部分圣诗，成为教会的司琴手。她成了儿女们钢琴和音乐的启蒙老师。

按照许家的惯例，每周六晚上，由父亲许序钟主持家庭音乐会：母亲弹琴，祖母领唱，全家合唱。后来变成斐平弹琴，斐星伴奏，斐尼拉小提琴，并在三一堂演出，其音悠扬，其乐融融……啊，最美妙的音乐来自天风，最动人的韵律来自海涛！

许家培养出三位著名的钢琴家、小提琴家 —— 许斐星、许斐平和许斐尼，被称为"鼓浪屿许家三兄弟"。到了第四代，许斐星的女儿许兴艾又成了著名的钢琴家。

勤学苦练

1957 年夏天，中央音乐学院的老师们到厦门招生，许家三兄弟 —— 斐尼、斐星、斐平观看了面试现场。老师们听说鼓浪屿人民小学学生许斐平有过人的音乐天赋，特地要听他的钢琴弹奏。7 岁的许斐平面面腆腆，不肯在陌生人面前弹琴，却拉着站在旁边观看的笔山小学学生许斐星说："我哥哥也会弹。"6 岁开始学琴的许斐星，就这样被"逼上梁山"，临时上阵应试。没想到，他弹奏的乐曲《少女的祈祷》却迷住了主考老师，丰富的乐感，出色的表现力和那双纤长的手，令人惊叹。于是许斐星被录取了。他在惊喜之际，一直感念母亲和另一位钢琴启蒙老师杨心斐女士。而在场的殷承宗（当时已在中央音乐学院学习），鼓励他到北京努力学习，勇敢进取。

半个月后，10 岁的许斐星登上了北上的列车，整整在中央音乐学院的中学部和大学部学习了 11 个年头。盛夏，他在又闷又热的琴房里，顶着酷热练琴，身上、椅上、地上都是他的汗水；严冬，他冒着酷冷，用口气呵着冻僵了的手指，用蹦跳来暖和暖和身子，拼命练琴。白天，他专心致志地听课、活动；夜晚，他抓紧时间练琴。学校规定晚上 10 点关灯休息，他则买了一包白蜡，秉烛练琴。夜深了，老师只好把他强行"押"回宿舍。十只指尖，都练出了一层厚茧，有两只手指还裹着纱布，他还是咬着牙，练，练！1961 年暑假，他回到了故乡，"许家三兄弟"在鼓浪屿"三一堂"举行了一场音乐会，竟轰动了全厦门。

1963 年，许斐星进入大学部学习，师从著名的同乡钢琴家殷承宗，钢琴技巧突飞猛进，他能熟练地弹奏贝多芬、李斯特、萧邦、斯克里亚宾等人的乐曲及许多中国作品。1964 年，他获得中央音乐学院钢琴系举办的中国钢琴作品演奏比赛二等奖，成为中央音乐学院的优秀生之一。殷承宗对他评价道："许斐星的演奏既热情奔放又富有诗意，他是一位有才能、有潜力的钢琴家。"许斐星则说："殷承宗是我的老师，他使我在音乐领域的广度和深度方面都得到很大的提高。"

1968 年，许斐星以优异的成绩毕业了，他被分配到国家的最高乐团 —— 中央乐团，成为国宝级的钢琴伴奏。"文化大革命"的"横扫一切"还在发酵，他被指控为"白专"典型，被剥夺了练琴的机会。这无异于判处了他艺术生命的"死刑"。他千方百计，想方设法，终于在北京郊外的一位朋友家里，找到了一台灰尘厚封的破旧钢琴。这对于他来说，是一个天大的喜讯。他坚持每天往返几十里地去练琴，一弹就是十几个小时，有时练至深夜。风雨无阻，寒暑不停。他还抓紧时间，编了一册《手风琴独奏曲集》，虽然广泛流传，但在"文革"中，无法出版。

后来情况有了好转，他被允许公开演奏和为中央乐团的合唱、独唱、器乐伴奏。1973 年美国费城交响乐团访华，中央乐团著名指挥家严良堃（后任中央乐团团长）请许斐星与他合作，为费城交响乐团演出。中央乐团表演了合唱《美丽的阿美利加》，中国歌曲《阳关三叠》等，由严良堃指挥、许斐星钢琴伴奏，演出十分成功。从此，凡是严良堃指挥的演出，都要求由许斐星作钢琴伴奏。1978 年，中国唱片公司出版《中华人民共和国国歌》，由中央乐团、中国人民解放军歌舞团、中国歌剧团、中央广播文工团合唱团、中央民族歌舞团联合演出，严良堃指挥，中央广播文工团管弦乐团伴奏，许斐星钢琴伴奏。严良堃对许斐星说："同你合作，十分愉快！"

出国演出

许斐星开始经常随中国艺术代表团出访世界各地，为各国来访的首脑级人物如美国总统尼克松、新加坡总理李光耀、菲律宾总统马科斯等演出，并经常举行独奏音乐会。著名钢琴家刘诗昆听了他的演奏后评价道："许斐星的演奏，充满了年轻人的朝气和真挚的感情。"

1973 年，中央成立中国艺术团，从全国各地挑选艺术家组成，许斐星也在其中。这个艺术团访问了南美洲三个国家：特立尼达和多巴哥、圭也纳、委内瑞拉。三个国家的总统都亲自出席观看并接见全体艺术团成员。

1975 年 5 月，朝鲜领导人金日成访华，中国艺术团为他举行专场演出，整场演出十分成功。歌唱家吴雁泽演唱了一首朝鲜歌曲《万景台的叉路口》，由许斐星钢琴伴奏。演唱刚完，金日成和我国领导人邓小平等一起起立，热烈鼓掌，金日成笑着说："你们中国有这么好的歌舞团，我邀请你们到朝鲜演出。"这年 9 月，中国艺术团到了朝鲜，在朝鲜国庆节那天，金日成亲自宴请了全体团员；第二天，为金日成作了专场演出。本来原定在朝鲜演出 24 天，由于反响热烈，金日成决定延长一个星期。为了表现对中国艺术家的关心、尊重和爱护，金日成专门指定他的儿子金正日陪同，安排食宿，并在朝鲜各地参观游览。

1980 年，许斐星为指挥大师、日本的小泽征尔伴奏，排练贝多芬的第九合唱部分，受到小泽征尔的夸奖，称赞他是"一个准确、细腻而又富有音乐魅力的钢琴家"。

结缘《黄河》

1979 年 1 月，中央乐团合唱队代表我国，参加在马尼拉举行的"第一届国际合唱节"。这是一次强手如林的国际比赛，是一次为国争光的重要演出。马尼拉"亚洲文化中心"里的音乐厅灯火辉煌，座无虚席，中国中央乐团合唱队正在演唱《黄河大合唱》，受到马尼拉市民和国际音乐裁判们的热烈喝彩。许斐星为《怒吼吧，黄河！》作合唱的前奏，他用一个左手的突强音（sf）表现中华民族的觉醒，用一连串急速上行的音阶，象征着进军的号角。他那刚劲的力度，纯熟的技巧，富于激情的伴奏，深深激动着合唱队队员和听众的心弦。在合唱节的最后一天晚上，许斐星满怀中华民族的自豪感弹了前奏之后，合唱队员们以高昂的情绪唱出了战斗最强音，轰动了合唱节。合唱结束以后，在热情的观众们一再要求下，许斐星即兴演奏了一支菲律宾民间乐曲，他的双手刚刚离开琴键，全场立刻爆发出经久不息的掌声。特别是那些侨胞们，含着热泪，纷纷上前来祝贺演出的巨大成功。菲律宾报刊写道："在最后一场所有参加国的演出中，中国队获得最长时间的鼓掌和欢呼……钢琴伴奏也同样得到人们的喝彩。"菲律宾权威音乐评论家罗萨林在马尼拉《每日快报》上写道："钢琴家许斐星是一个强有力的小个子，他的演奏才华横溢，感情充沛，受到了人们的热烈欢呼。"许多外宾及华侨找到许斐星，要他签名留念。一位老华侨拉着他的手说："你弹奏出雄伟磅礴的气势，使我感到祖国的坚强伟大，你仿佛把我带回亲爱的祖国！"

许斐星说："一听到'黄河'这两个字，我的心就会蹦蹦直跳，我和黄河是很有缘分的。"原来，1969年他有机会参加了钢琴协奏曲《黄河》的创作。当时中央乐团派出由殷承宗、储望华、盛礼洪、许斐星等人组成的创作组（后来又增加了石叔诚和刘庄），到黄河沿岸体验生活，看激流婉转，听涛声依旧，追沧桑岁月，抚历史伤痕。在壶口，他们感受大瀑布的磅礴气势，目睹"十里冒烟，旱地行船"奇景，使他们领悟到：面对着万丈波澜，迎着刺骨的寒风，必须有决一死战的英雄气概，你不能战胜它，它就必然制服你。他们沿着黄河上延安，一路上，与船夫们一起拉纤，喊号子，一起与惊涛骇浪搏斗，渡过急流险滩。他们与老乡们一起生活、劳动，听到了许多抗日战争的动人故事，使他们深受教育。黄河，真正表现了中华民族的精神，伟大而且坚强！从那时起，许斐星就深深地爱上了黄河，爱上了《黄河大合唱》。

1982年，许斐星赴美国定居，即使在万里之遥，他也始终不忘黄河。1997年9月，美国新泽西州、德拉瓦州十个华人合唱团，近200名团员，和一批著名的华人音乐家，怀着对中华民族的挚情和对艺术的热爱，引吭高歌《黄河大合唱》。他们邀请许斐星为大合唱担任钢琴伴奏，他欣然接受，并用"如鱼得水，欣喜若狂"来形容自己的心情，他说："一提起黄河，我就像回到了故乡，重见到亲人一样，我真想立刻跳进黄河水中，把自己洗刷一次，让黄河的精神重新激励自己。我一辈子离不开黄河，黄色的河水，黄色的皮肤，命运已经注定了，我是炎黄子孙。再过10年，我还会弹黄河，唱黄河，只不过那时，我们已经冲过了急流险滩，登上了彼岸。那时的《黄河大合唱》，将是一首胜利的凯歌！"啊，许斐星用黄河的精神来弹黄河，唱黄河！怪不得迸发出恢弘的气势，撼人心魄！

许斐星说："贝多芬说：'音乐要在人们的心灵中打出火花。'我们的演出，能不能也在异国他乡的人民心灵中打出火花？演出前几分钟，我的脑际又闪现出1976年'四五'运动时的镜头：那时我偷偷地跑到天安门广场，看到了花圈、诗歌、音乐的海洋，看到了我的同龄人的风貌，这是中华民族的灵魂、气魄和未来，我坚信中国一定有希望，一定有光明的前景。我就带着这种激情走上舞台，走近钢琴……"诚然，谁的艺术生命扎根于祖国、人民，谁的艺术成就必然永垂于世界文化之林。

"宝剑锋从磨砺出，梅花香自苦寒来"，这是许斐星艺术上的座右铭。在中央乐团时，他已蜚声国际乐坛，但是依然一丝不苟，勤学苦练，常常

许斐星、刘锦媛夫妇与女儿许兴艾

许斐星、刘锦媛夫妇在纽约林肯中心许兴艾音乐会海报前

为了一首乐曲，苦练几百个小时。我在北京，住在他的寓所，经常看到他埋头苦练，有时一天竟达七八个小时；或与著名歌唱家、演奏家一起磋商，反复配合，务求演出臻于完美。他说："一天不练，自己知道；两天不练，同行知道；三天不练，听众知道。这真是一点不假！"《人参舞》乐曲中有几个四五指装饰音，短短六个音，要慢练，合手练，加座音练，百遍千遍地练，手皮结茧，指甲破裂，他贴上胶布继续练。我看到他经常翻阅大量国内外资料，听广播，听录音，并从绘画、照片、诗歌、散文和大自然中吸取养分。许斐星对我说："莎士比亚有句名言：'知识是迈向天上的翅膀。'中国有句谚语说：'学海无涯苦作舟。'学习是一种艰苦的劳动，但是为了真、善、美，为了人类美好的一切，我愿意一辈子坐在这条苦舟上，决不后悔。"

一位过去中央乐团的同事，在一篇文章中这样评论许斐星："许斐星是一个有坚强韧性的人，只要目标定下来，他就会不折不挠去奋斗，从不退缩，不达目标，决不罢休，始终保持着向上冲的劲头。这在参与钢琴协奏曲《黄河》的创作过程中，表现得特别清楚：他不分昼夜地苦干，对工作兢兢业业，一丝不苟。他被公认为中国（大陆）最好、最顶尖的钢琴伴奏。他对朋友也像演奏那么热情，对家庭全力负责，对女儿疼爱有加。"这是许斐星真实、淳朴的写照。

情系故乡

1981 年三四月间，许斐星随中央乐团著名音乐家独唱独奏组（由盛中国、刘秉义、许斐星等组成），重返福建演出。他们的演出，场场爆满。许斐星那灵巧的双手，在钢琴黑白的琴键上来回弹奏，时而万马奔腾，时而情语绵绵，时而山泉呜咽，时而浮云游荡 …… 在弹奏《水草舞》乐曲时，他给听众创造了奇妙般的幻景：叮咚的琴声潮水般地向人们涌来，大厅里似乎骤然冒出千万朵浪花，簇拥着，喧嚣着，荡开一圈圈涟漪，人们仿佛置身于万顷碧波之中，流水在身旁冲激回旋，水草在眼前翩然起舞。人们似乎看到它那柔软的身段，轻盈的舞姿 …… 啊，许斐星就像魔术大师一样，具有神奇的魅力！

许斐星不仅对父母，而且对老师十分尊敬。他在笔山小学的班主任林世岩老师回忆道：在北京，许斐星写家信，总不忘要家人代他向林老师问好；回乡演出，许斐星总不忘给林老师送票。演出结束后，他极其谦恭地请林老师走上舞台，当着小提琴大师盛中国的面介绍道："这是我小学时代的恩师！"其后，许斐星在酒楼设宴与师友会聚，夫人刘锦嫒和年仅四岁的许兴艾出席作陪。席间，许斐星夫妇频频举杯向老师祝福。20 年后，许兴艾回乡演出，许斐星从美国打越洋电话，交代女儿一定要给林老师送票，而且要选好座位。一想到这些，林老师就会心潮翻涌，久久不能平静。

许斐星回到了故乡，踏着鼓浪屿的蜿蜒小路登上了笔架山，来到了旧居楼顶，望着闽海的波涛，他的眼睛湿润了。他饱含激情，亲自作词作曲写了一支歌《鼓浪屿，我亲爱的故乡》，用以抒发他对家乡的缱绻爱恋之情：

> 无论我在何方，
> 闽海的波涛总是展现在眼前；
> 无论我在何方，
> 雄风的呼啸总是回响在耳旁。
> 啊，鼓浪屿，
> 我为你纵情歌唱，
> 你是祖国秀丽的宝岛，
> 你是我亲爱的故乡！

这首歌分别由中央乐团著名男中音歌唱家刘秉义和厦门著名女高音歌唱家陈玲演唱，许斐星钢琴伴奏，受到了家乡人民的狂热欢呼。

2001年5月21日，笔者与许斐星在耶鲁大学校园，参加耶鲁大学300周年校庆及许兴艾硕士毕业典礼后合影

在鼓浪屿，许斐星亲切地为学钢琴的孩子们进行示范表演。在紧张的演出间隙，他抽出时间，到艺术学校观看钢琴专业学生的弹奏，热情为他们讲解技法，指点迷津。他说："我们福建的音乐传统源远流长，孩子们很有音乐才能，但还需要加强专门训练，开阔音乐视野，这样才能培养出第一流的钢琴家。"

难忘今宵

1981 年 6 月 30 日，在庆祝中国共产党成立 60 周年的文艺演出会上，500 人组成的八路军、新四军及国统区老战士合唱团，在著名音乐家李焕之、章枚、方坤指挥下，演唱了《没有共产党就没有新中国》、《毛委员和我们在一起》、《太行山上》、《游击队歌》、《跟着共产党走》、《团结就是力量》等六首歌曲。演出是那样的成功，气势磅礴，充满激情，容纳 10000 多人的人民大会堂，台上台下，共鸣强烈，暴风雨般的掌声，汇成沸腾的海洋。歌声把人们带回峥嵘岁月，歌声使人们看到祖国光辉的前景。参加演唱的文化部代部长周巍峙，演出后紧紧握着为大合唱担任钢琴伴奏的许斐星的手说："谢谢你的帮忙！"面对这样壮丽的情景，许斐星激动地说："我感到一种对党、对祖国、对人民热爱之情，洋溢在每个人的心间；我对中华民族的兴起，充满必胜的信心！难忘今宵，难忘今宵！"

至今，许斐星还珍藏着当年演出的那张照片，他坐在舞台当中，用那台世界最大、中国唯一的星海牌 15 英尺超大型三角钢琴为 500 人的《黄河大合唱》伴奏。这台钢琴是北京钢琴厂为庆祝中华人民共和国成立 10 周年，为新落成的人民大会堂量身定做的，至今仍举世无双。现在，经过重新修复，音色、音质均达到当今国际一流标准，作为国家的重要文物，重新摆放在人民大会堂。许斐星为此而感到自豪与骄傲。

再创辉煌

20 世纪 70 年代就已扬名国内外的许斐星，在到美国定居后，又开创了一番新事业。

他经常被大型演出请去担任钢琴伴奏，获得高度的赞扬。上述伴奏《黄河大合唱》，就获得"著名钢琴家许斐星'黄河大合唱音乐会'演奏纪念"金牌。他也经常为大教堂演奏圣诗。

他在钢琴教育方面获得了巨大的成就。他和夫人、钢琴家、竖琴家刘锦媛，培养出无数的学生。1996 年 4 月间举行的"许斐星、刘锦媛夫妇学生钢琴演奏会"，共有 30 名学生登台演奏，吸引了众多听众，获得了很大成功。其中不少学生获得比赛优胜。许斐星连续 7 年被美国钢琴教师协会评为"优秀钢琴教育家"。2001 年 5 月间，美国教师协会授予许斐星"卡耐基教育家奖"，此奖包含"优秀钢琴教师奖"、"室内乐优秀教学奖"、"国家教育证书奖"三项内容，这对于华人来说，更是一种难得的殊荣。

当然，许斐星、刘锦媛最大的成就和骄傲，是培养了女儿许兴艾 ——一位年轻的钢琴大师！

高山流水奏华章

——著名钢琴家许兴艾

许兴艾

在祖国　承家教萌志"高山流水"

　　许兴艾于 1976 年 11 月 22 日生于北京，祖籍鼓浪屿。其父亲许斐星是著名的钢琴家，原在中央乐团工作；母亲刘锦媛是钢琴家、竖琴家，原在中央歌剧院工作。20 世纪七八十年代，我常到北京，就住在许斐星或陈佐湟家。那时，兴艾才三四岁，我把她抱上琴椅，她竟弹奏了意大利歌曲《啊，朋友！》，那优美的旋律着实让我吃惊。演奏完了，她还朗诵唐诗、唱歌、跳舞，最后撩开裙子，鞠躬谢幕，让在场的人都笑开了怀。她说："长大了，我也要像爸爸、妈妈那样弹琴。"

　　就这样，兴艾在琴声中成长，在琴键上攀登。

　　兴艾的爸爸、妈妈早就对她进行"胎教"，并各取自己名字的末字谐音，为其命名为"兴艾"，希望这爱情的结晶未来的音乐事业方兴未艾。他俩言传身教，还请中央音乐学院著名钢琴家周广仁、鲍蕙乔、李淇芳诸教授指导。兴艾 3 岁学琴，4 岁随父亲公开演出，6 岁在中央电视台亮相。

　　从 6~8 岁，父母亲领着兴艾到中国音乐学院，向著名的乐理学家许敬行教授（福建龙海人，厦门大同中学校友）学习视唱练耳。许敬行教授于 1998 年 7 月间，在《北京音乐周报》发表了题为《我所了解的许兴艾》一文，回忆了当年兴艾学习的情况：

学习视唱练耳的起点是能够听辨大、小三和弦。初期，兴艾参加集体上课，是班上的"尖子"。后来许教授给她"开小灶"——单独上课，每周一次 90 分钟。短短两年，她的和声听觉程度已达到音乐学院作曲系的高级水平，从质量上说，更是罕有的敏锐与准确，进步之神速，令许教授吃惊。

许教授将兴艾的学习过程都录了像，在全国视唱练耳教学经验交流会上，让专家教授们观摩。兴艾能在听音二三遍后，辨别并一音不漏地唱出 10 个以上和弦（开放排列）的连接，判明整乐段的音乐作品中的和声进行，这使大家发出惊叹："惊人的准确性，神奇的记忆力，超凡的理解力！"

一位经验丰富的专家评论道："许兴艾的听觉反映如此敏锐，确实出乎我的意料，简直是奇迹！儿童能够迅速听辨复杂的单个和弦是有的，而要掌握难度这么大的四声部和声连接，需要感性与理性的密切结合，反应这样迅速，听到的音如打字似的在脑中出现，马上又成为理论上的东西（和弦功能名称），竖的与横的线条是怎么结合起来的？真是不可思议！记忆力又好得出奇，居然能把这么长的连接背下来，我第一次遇到这样高水平的听力。"

兴艾确实有极好的绝对听觉，不需要给任何比较音，她就能随口唱出指定的音高，或分辨任何一个乐音的高度。她的调性、调式感敏锐，听完音乐作品即能判明其调式与调性。她的理解力很强，许教授结合视唱练耳的进度，循序渐进地教她一些乐理与和声知识，到后一阶段，她就能从感性到理性地掌握了四声部和声（包括附属和弦及近关系转调）的连接规律。

兴艾非常勤奋，听课十分专心。90 分钟对一个六七岁的孩子而言，确实太长了，但她总是全神贯注，从不分心，构唱、听辨、弹奏、背唱、移调、节奏练习、视谱、分析、记谱等，她都一一迅速反应。每周所要求的作业，她完成得非常好，有些比较枯燥的基本练习，她知道是有用的，就不厌其烦地练习。如在各个调式练习各级和弦，她都弹奏、构唱得非常熟练，单个和弦的听辨更是百发百中，这就为她以后听背和弦打下扎实的基础。

兴艾有一种很难得的毅力，遇到困难，总想冲过去。她开始学习四声部的背唱时，许敬行教授对她的要求很高，即在听了老师的弹奏以后，先唱低声部，再说出和声功能，最后逐个地由低到高背唱出四声部。和弦由 5 个扩展到 7 个时，她一下子被难住了。但两周以后，她已越过障碍，顺利地向前发展，一次次课，由9个、10个……一直到13个和弦。许敬行教授暗地里赞叹："多么坚强的孩子！多么好的记忆力！教她的课，简直是莫大的享受！"

许敬行教授将记录这一过程的录影带，作为教学参考资料经常播放给学院师生观摩。他欣喜地说："在我几十年的教学生涯中，学生无数，但还没有一个能比得上兴艾。我敢预言：她将来必定是乐坛上的大人物，我们将因她而骄傲！"

许敬行教授果真言中。

到美国　与音乐订立"永生之约"

8岁时，兴艾随父母到美国定居，并不断地练琴。11岁时，兴艾首次与交响乐团合作，开始用自己的心声与广大的人群交流。12岁时，她就在纽约林肯中心由乐队配合演奏了圣·桑钢琴协奏曲，这使她坚定了走音乐之路的决心。她就读于新泽西州哥德威尔中学，6年间，成绩一直领先于全班。

1993年，兴艾16岁，父母亲将进一步提高钢琴技艺的重任，交给了她的叔叔许斐平。她每周六，从新泽西州驱车两三个小时，赶到纽约，在叔叔家里学琴。许斐平惊异于侄女的音乐天赋，耳朵特灵，辨音力强，特别可贵的是，小小年纪，却有很强的自制力和刻苦精神。须知练琴是很艰苦的事，每天长时间的课余练琴，而且要持之以恒，这对于一个十几岁的孩子来说，无异于"软禁"。加上美国有各种吸引力极强、令人眼花缭乱的活动在诱惑着，活动场上孩子们的笑闹声不时随风入耳……而兴艾，竟丝毫不受干扰，专心致志地沉浸在琴键上、旋律中。

许斐平说，兴艾还有一个特点，就是兴趣广泛。演奏钢琴，绝不是只讲技巧，更要讲修养，讲境界，各种艺术都是相通的，她很小就懂得这个道理，所以她广泛涉猎各门艺术，开拓视野。她学习过指挥、作曲、唱歌，学会了弹竖琴、管风琴，拉小提琴、中提琴、大提琴，爱好绘画、舞蹈和表演戏剧，绘画作品还参加过画展。这都归功于父母的传授和督促，得益于叔叔的启迪和感染。即使上了茱丽娅音乐学院，她还到哥伦比亚大学选修《比较文学史》课程，在研究中，她把张恨水改写的《梁山伯与祝英台》与莎士比亚的《罗密欧与朱丽叶》加以对比分析，并广泛阅读文学作品。文学艺术极大地拓宽了她的心灵空间，既深化了她对音乐内容的领悟，也扩展了她对曲目表现方法的把握。

许斐平看到侄女与自己有许多"同类项",潜力强劲,便高起点地指导她,让她练习许多高难度的作品,不仅教她技巧,更引导她发掘感觉,捕捉灵感。兴艾很有上进心,确定做什么,就刻苦学习,一定做到,从不打折扣。这时她已能弹奏几首最难的协奏曲。看到兴艾的进步,许斐平便给她准备了几套音乐会演奏的曲目,她都一一掌握。

兴艾在一篇文章中,表明自己与音乐的"永生之约",并认同自己是"少数中的少数"。她说:"音乐是一种强大的精神武器,我的目标是用音乐传播真、善、美,传播高尚的道德情操,从而激励人们更热爱生活,更坚强地去生活!"

初成人 克林顿总统亲颁金奖

高中即将毕业那年,1995 年初,美国国家艺术基金会从全美几百万高中毕业生中,挑选了 7000 名在艺术上有杰出表现的人,集中到美国东南部风景胜地佛罗里达海滨,举办夏令营,进行为期一个月的集训。由 10 人组成的评委会,从营员中选出 50 名优异者,他们必须是全面发展的学生,除了学习成绩拔尖以外,在音乐、舞蹈、美术、戏剧领域中也要有突出成就,在社区活动中有出众的领导能力并做出重大贡献。经过 4 个月的筛选,最后确定 20 名作为"美国总统奖"获奖人,钢琴领域,只有许兴艾一人。

克林顿总统亲自为
许兴艾颁奖

1995 年 6 月间，克林顿总统发出请柬，邀请这 20 名获奖人到白宫做客。6 月 21 日，克林顿总统亲自颁发金牌，授予许兴艾"总统青年艺术学者"称号，他与获奖者欢宴，合影留念，总统还在照片上签名。获奖者在华盛顿被招待住最好的酒店，以贵宾身份参观白宫、国会大厦、华盛顿纪念碑、林肯纪念堂等名胜。

克林顿总统在 1995 年 4 月 21 日就写信给许兴艾：

亲爱的许兴艾：

我非常高兴地祝贺您被提名为1995年度总统学者奖获得者。您的成就是对您自己、您的家人和所有曾经支持过您的朋友的骄傲。

通过表彰和嘉奖您极其出色的工作，我们重视毕生的教育和社会服务的价值，鼓励青年人和所有的美国人为自己树立远大目标。我高度赞扬您孜孜不倦追求完美的精神。

你们这代人，对我们国家进入21世纪有巨大的帮助。从您所展现出来的活力、创造力和毅力，我相信我们所期待的一个充满机会和希望的大时代即将来临。

祝愿您拥有美好的一年和成功的未来。

诚挚地祝福您！

克林顿

这确实给许兴艾很大的鼓舞。

当年 10 月 1 日，中国驻纽约总领事馆举行庆祝中华人民共和国成立 46 周年国庆招待会，张建平总领事高兴地宣布："许兴艾是钢琴演奏领域中第一位获得美国总统奖金牌的华人。而她的钢琴导师许斐平，今天也荣幸地出席了这个盛大的招待会。"全场报以热烈的掌声，表示衷心的祝贺。

近年来　国际钢琴节折桂加冕 ||||||||||||||||||||||||||||||||||

从 1989 年起，12 岁的许兴艾就已在国际比赛中崭露头角，一举获得"国际青年键盘乐比赛"的独奏奖和协奏曲奖。1990 年，在举世闻名的纽约林肯中心登台献艺。从 1993 年到 1995 年，她连续 3 年在新泽西州行政区比赛中获奖，在斯特拉文斯基国际钢琴比赛中获奖，并与巴尔的摩交响乐团、新泽西州交响乐团、大教堂交响乐团、纽约学生交响乐团合作演出，多次在卡耐基音乐厅、肯尼迪中心举行钢琴独奏会。

1996 年 1 月，许兴艾作为美国茱丽娅音乐学院一年级新生，参加了在马里兰州举行的威廉·卡培尔国际钢琴大赛。这个被称为"钢琴奥运会"的比赛，高难度（需要两小时的独奏节目加上 3 支协奏曲），高奖金（3 万美元），吸引了包括美国、中国、俄罗斯、德国、英国、法国和意大利在内的 38 个国家的 187 名高手赴赛，年龄从 18 岁到 33 岁，其中大部分人已是各种大赛的获奖人，可谓强手如林，雄关如铁。许兴艾凭着平时刻苦的磨炼，演奏李斯特的《鬼火》和舒曼的《交响练习曲》，如惊雷闪电，为比赛带来了一次又一次高潮。在决赛中，她和巴尔的摩交响乐团合作，演奏了长达 50 分钟的布拉姆斯的第一钢琴协奏曲，全场 2800 多名听众起立鼓掌，经久不息。裁判评她为第二名。次日，《华盛顿邮报》评论道："许兴艾的演奏最长，最受欢迎。任何一个钢琴家，如果能像她那样充满权威、力量和自信，都会令人感动，更何况她只有 19 岁！"

新泽西州一位钢琴家听了她的演奏，深受感动，特地找到她的父母，出资让兴艾到奥地利莫扎特的故乡萨尔茨堡参观访问，以增加见闻，提高素养。许兴艾真的成了众目之星。

著名钢琴家刘诗昆到美国度假，听兴艾弹奏了三支曲子，评论道："兴艾具备了钢琴大师的要素：音色感、放松感和准确感。"他一连 3 个小时，悉心指导兴艾弹奏，这在刘诗昆的授琴史上绝无仅有。

1997 年初，实力雄厚的吉尔莫斯奖金评委会，根据 100 多名世界权威钢琴家的推荐，在被提名者完全不知道的情况下，秘密地搜集资料，聆听现场演奏，最后选出两名美国最有前途的青年钢琴家，每人奖给 15000 美元，并组织音乐会，以促进他们的事业发展。许兴艾是其中之一。5 月 1 日，美国华盛顿电台 NPR 震惊于许兴艾的魅力，特别通过 200 多个广播站，向全国作了许兴艾演出实况转播，并誉其为"最有前途的青年钢琴家"，主持人是曾介绍过马友友等世界著名音乐家的马丁·高德史密斯。

1998 年 5 月，在密西根举行的吉尔莫斯国际钢琴节上，各国钢琴名手云集。5 月 1 日晚 10 时，许兴艾演奏被称为"世界上最难演奏好的钢琴协奏曲"—— 拉赫马尼诺夫第三钢琴协奏曲，当最后一串自上而下的暴风雨般的音流从许兴艾手指下倾泻而出，在地动山摇的气势中结束时，全场沸腾。听众纷纷涌向后台，排队要求这位令他们无比激动的"青年钢琴家奖"得主签名留念。评选委员会对她的评语是："她已展示出钢琴大师的光彩。"美国《明星纪事报》赞誉她的演奏"犹如呼风唤雨的魔术师一样，令听众着迷入狂"。

1998 年 12 月，许兴艾成为世界上最著名的音乐学府 —— 美国茱丽娅音乐学院最高荣誉奖 —— 帕次切克奖得主。原来，茱丽娅音乐学院每年都要举行各种比赛，颁发各种奖项，然而唯独帕次切克奖难度最大：只颁给一位在其专业领域中有突出成就的人士，最具权威性，不论是博士、硕士或学士，不管是毕业生或在校生，只要被主科老师看中，就有资格被推荐；所有的候选人，要接受学校的严格审查，还要通过美国音乐界著名权威人士的最后鉴定 —— 即从高手中挑高手，从冠军中拔冠军。这一奖项，标志着茱丽娅音乐学院的最高水准，也表示对一个成熟职业钢琴家的肯定和认可。

　　档案资料显示：当今国际乐坛耀眼的明星钢琴家约翰·凯莫拉·帕克尔和阿克拉·伊奎茨，都是这一奖项的得主，以前的得主，多数是博士、硕士，甚至是大学毕业后，在乐坛上驰骋多年的高手，而许兴艾才22岁，是即将毕业的本科生！

　　许兴艾的获奖，使许家圣诞节、新年的气氛更为浓烈和温馨。在许兴艾往年获奖奖品斯坦威钢琴上，散发着蓬勃的喜气，其中有来自白宫，由克林顿夫妇亲笔签名的贺卡。自从1995年许兴艾荣获美国总统学者奖以来，每年圣诞节，她都会接到总统夫妇的问候。

　　茱丽娅音乐学院的著名教授斯特森先生特别激动，一连三次打来电话祝贺，他说："根据我的记忆，许兴艾是这个大奖项设立以来最年轻的获奖者，学院为她组织的独奏音乐会，将在纽约林肯中心举行。"斯特森教授在茱丽娅音乐学院任教几十年，欧亚美非学生，黄红黑白人种，都在他的门下就读，什么样的音乐天才他没见过？可这一次他特别欣喜，因为许兴艾特别年轻，成就特别突出。

　　1999年1月8日出版的美国大型华文杂志《现代周刊》，以整整两版的篇幅，刊登了这一消息和专访，并让许兴艾成为该期的封面人物。在专访中，许兴艾透露了她近期的活动安排："最近几个月，在康奈狄克州、纽约、南卡罗莱纳州、佛罗里达州和费城，几乎每个周末都有我的音乐演奏会。我希望演奏得越多越好 —— 不光是给懂音乐的人弹，而且也要重视普及音乐教育；在台下要与听众交流，向大家解释什么是真正杰出的艺术作品，一首优秀曲目优秀在哪里。"

游子意　回故国慰问父老乡亲 ▪▪

　　1998 年六七月间，美国总统克林顿访华，这是中美两国之间的大事。作为配套活动，许兴艾（请注意：这时她还只是茉丽娅音乐学院三年级学生）应中国方面的邀请，于 7 月 3 日，在北京音乐厅举行钢琴独奏音乐会。北京各大媒体对此作了热情详细的介绍与评论，中央电视台通过卫星的专题报道，赞誉她是最有前途的"青年钢琴家"。《时尚周刊》说她给北京"带来了琳琅满目的音乐瑰宝"。舆论认为许兴艾演奏的最大特点是高雅而又亲切，自然中充满激情。从整个晚会来看，她既能掌握巴赫的含蓄稳重，结构严谨，又能表现萧邦的诗意盎然，浪漫多姿；既能用钢琴描绘出德彪西的色彩和意境，又能演奏出现代作品的绝技和狂想。评论最后说："许兴艾为北京留下了美好的回忆，也留下了思考：她的品学俱佳、多才多艺是否让我们重新审视一下自己的艺术'专科'教育乃至更深层的教育思想？"

　　《钢琴艺术》主编、著名钢琴家周广仁教授撰文高度赞扬许兴艾演奏的细腻和音乐上的敏感，认为她"对音乐的感受极为敏感，对作品的解释有自己的见解，有时甚至相当大胆。她是青年的好榜样，是我们中国人的光荣！"

　　2000 年 5 月间，她回到故乡，5 月 8 日在鼓浪屿音乐厅，举行钢琴独奏音乐会，这是她成名后第一次回故乡演出。她除了演奏巴赫、德彪西、萧邦的作品外，还演奏了美国当代著名青年作曲家卡洛格的新作《动力》。卡洛格在美国最具权威的音乐杂志《BBC》榜上有名，1997 年获得美国文学艺术协会大奖。《动力》是他特别为许兴艾创作的作品，他悉心研究了许兴艾这位钢琴家的独特气质，运用了从巴赫的复调手法到现代无调性作曲技巧，谱成这首像野马一样的高难度技巧乐曲。许兴艾好似高明的驾驭手，将生命力充沛、节奏性极强的乐曲，演绎得虎虎生风。人们闭起眼睛欣赏，仿佛感到一股不息的动力在推动着你，把你带到变幻无穷的太空中……

　　许兴艾还在音乐会上演奏了她父亲许斐星创作的《鼓浪屿，我亲爱的故乡》，把这场演出推向最高潮。

　　她曾应《中央音乐学院学报》编辑部之邀，写了一篇文章，谈自己的体会："我认为成功并不是在台上手捧鲜花、台下掌声如雷的那一刹那，而是一个人向着他认定的目标，长久的磨练，长久的积累，为着一个高尚而有价值的理想努力奋斗的过程。"

　　是的，许兴艾用钢琴语言与故乡的父老乡亲作一次心灵和艺术的交流。

与此同时，由美国高登国际艺术有限公司和中国太平洋影音公司联合制作的 CD《一个中国女孩的神话 —— 许兴艾钢琴独奏音乐会》也已出版，其说明书说："许兴艾勤学苦练又博采众长，既能掌握古今中外不同时期的演奏风格，又具有自己独到的艺术见解。而通达心灵的意境和鲜明炽烈的活力则是她感人至深的秘诀所在。""许兴艾是跨世纪的钢琴巨星。"

攀高峰　站到更高处眺望人生

1999 年，许兴艾从茱丽娅音乐学院毕业，马上获得 6 万美元的美国索罗斯研究生奖学金大奖，被录取进耶鲁大学音乐学院攻读音乐学硕士班；2001 年夏毕业，获硕士学位。我应邀参加她的毕业仪式和耶鲁大学建校 300 周年庆典，美国总统布什和副总统切尼均亲自出席，布什还发表了热情洋溢的讲话。许兴艾在毕业音乐会上作了成功的演奏。

2000 年，许兴艾因为几年间的努力和成就，获得 "2000 年美国杰出人才奖"。9 月 20 日，耶鲁大学校长理查德·雷文博士和夫人亲自为她颁奖。

2001 年 5 月间，许兴艾应邀到日本举行演奏会；6 月，赴莫斯科，与俄罗斯爱乐管弦乐团合作录制美国当代作曲家沙莫尔·巴伯的钢琴协奏曲。

可以说，许兴艾的音乐活动频繁，足迹遍布全球，得到的奖牌不计其数，荣誉无远弗届。但是她认为这远非是人生的全部，钢琴、音乐都是通往人生真谛的途径，而真谛远远超过一个生命个体在尘世的岁月。

正是有了这样的颖悟，她的身上就有一种大家风度 —— 就像钢琴被人们称为"乐器之王"一样，她也有一种"王者风范"。她不会去斤斤计较一时一地的得失输赢，更不会用怨恨和嫉妒啃啮自己的心灵。即使是在威廉·卡培尔钢琴大赛中，她的演奏那么成功，人们都以为她获得冠军笃定无疑，而裁判却评她为第二名，音乐评论家在媒体上撰文为她打抱不平，《巴尔的摩太阳报》说："许兴艾远远超过其他两名选手，她应该获得第一名。"一位来自加尼福尼亚州的乐迷说："许兴艾不但是这次比赛中最好的一位，也是当今世界年轻钢琴家中最好的一位。"尽管如此，她还是泰然自若地微笑着，上去与评委们一一握手道谢。人们说："她心里早有了最美最美的桂冠。"

她的尊师美德也传为佳话。考上茱丽娅音乐学院后，她马上给恩师许敬行教授写信："今年是我第一年上大学，在茱丽娅音乐学院，9 月份分级考试后，那儿的老师说我四级视唱练耳都不用学了（四级是最高级），我很高兴。我能说：许老师，您没白在我身上花那么多心血。"她回北京时，也不忘登门拜访许敬行教授和夫人黄秀贞教授，并合影留念。见面时，他们都激动得热泪盈眶，一个无限感激，一个无比欣慰。对于一位老师来说，这是最高的奖赏，最大的荣誉！

有一件事，也让我久久不能忘怀。1997年9月间，许兴艾给相关的友人发出一封用中文写的短信：

诸位叔伯阿姨：

明年9月，是我父母许斐星、刘锦嫒结婚25周年。为了庆祝他们的银婚纪念日，我诚恳希望您和其他的好朋友能写一点回忆随笔散文，回想25年前交往的情景和花絮，如果有照片更好。

因我不想给我父母先知道这件事，请把写好的回忆文章寄到我学校去，并预先感谢您的贡献。

许兴艾

一封充满孝心、情真意切的信！接到这样的信，谁能不为之动容并积极回应呢？许兴艾秘密筹划了一年，收到了从全世界各地寄来的几十封信，包括父母的亲友们的回忆录、纪念品和照片。她利用课余时间，整理、分类、装

诸位叔伯阿姨：

　　明年九月是我父母许斐星和刘锦嫒结婚25周年。为了庆祝他们的银婚纪念日，我诚恳希望您和其他们开朋友们能写一点回忆随笔短文。回想25年前交往的情景和花絮。如果有照片更好。

　　因我不想让我父母先知道这件事。请把写好的回忆文章寄到我学校来。并预先感谢您们的贡献。

许兴艾为父母编辑银婚纪念文集所发的信

订、装饰。须知她赴美时年幼，用中文读写并非易事，但她的爱心、智慧和毅力，帮助她完成了一本含情量极深，孝心量极大的纪念册。在父母亲银婚纪念日那天，兴艾出其不意地将这本精致的纪念册捧了出来，他们看到这份厚礼，惊喜交集，泪如泉涌！

兴艾的父母亲回忆道："兴艾的爱心与日俱增。她在中学时代，就主动到老人院去义演，给他们送去'此曲只应天上有'的美妙天籁，并与他们倾心交谈，使老人们感动得热泪盈眶。"

富有孝心、爱心的兴艾，也非常虚心。她深情地说："是父母亲为我架起一座人梯，将我高高托起；是斐平叔叔，从顶上用力拉我上圣殿；是多少前辈、师长、父老乡亲的呵护，给了我无穷的力量。我还为我的祖籍在鼓浪屿而骄傲！……学无止境，潜能无限，只有长久的磨炼，长久的积累，才有可能达到光辉的顶点！"

啊！一位我目睹的在优美的琴声中长大、在黑白琴键的阶梯上奋勇攀登的姑娘，她已站在更高处眺望人生，审视世界，她的事业，方兴未艾！

继叔志　鼓浪屿女儿倾情献艺 ▕▏▏▏▏▏▏▏▏▏▏▏▏▏▏▏▏▏▏▏▏▏▏▏▏▏▏▏▏▏▏▏▏▏▏

2001 年 11 月 27 日，许兴艾的叔叔、恩师、著名钢琴家许斐平在黑龙江演出期间遭遇车祸不幸亡故，许兴艾及其家人悲痛万分。

在 2001 年 12 月 15 日纽约举行的许斐平追思会上，许兴艾负责序乐、献琴、终曲和唱诗的演奏和伴奏。她在美国《朱丽娅音乐学院月刊》（2002 年 2 月号）上发表悼念文章，情真意切地回忆叔叔对自己的教诲，认为叔叔"实实正正地在世间烙下了一道无比绚丽的光彩"，表示要学习叔叔德艺双馨、热爱家乡的精神品格。

2002 年 11 月 23 日，她特地回到故乡，参加我所主编的《许斐平纪念文集》首发式，并与厦门爱乐乐团合作，举办纪念叔叔逝世 1 周年的"永远的怀念 —— 许兴艾钢琴独奏音乐会"。许兴艾除了演奏叔叔生前喜爱的巴赫、勃拉姆斯、萧邦的作品外，还专门演奏了旅居加拿大的著名作曲家黄安伦创作的《C 小调第二钢琴协奏曲》。这首协奏曲创作于 1999 年，作者题"献给挚友许斐平"。乐曲按传统的"快 — 慢 — 快"布局分为三个乐章：第一乐章很快的快板，许斐平在 11 岁稚龄时，曾以一曲完美的萧邦三度练习曲震惊乐坛，所以在这一章里有一段技巧相当高深的华彩乐段是特为许斐平"度身定做"的；第二章行板，赞美诗般的乐思平缓、绵延，经过宽广的发展之后，渐渐升华，飘向九天之外；第三章很快的快板，豪迈有力和舒展宽阔的主题交替出现，把全曲推向无比辉煌的高潮。这部作品于 1999 年 6 月首演于上海，指挥乃作曲家本人。2001 年 3 月，许斐平生前曾在鼓浪屿音乐厅首演了这部作品修改后的第二版，此次许兴艾作修改后第三版的首演。

2004 年 7—8 月间，厦门市举办第二届鼓浪屿钢琴节，许兴艾应邀回乡参演。这届钢琴节，开幕式音乐会在厦门人民会堂举行，然后在北京保利剧院、上海大剧院、广州星海音乐厅、香港大会堂举行四场"中国之旅巡演音乐会"，最后在鼓浪屿音乐厅举行闭幕式音乐会，均由世界著名指挥家朱晖执棒，厦门爱乐乐团、北京中央歌剧院交响乐团、上海交响乐团、深圳交响乐团伴奏，由世界著名钢琴演奏家许兴艾、邓泰松、孙梅庭、陈萨、米歇尔·布敦克倾情演出，鼓浪屿钢琴博物馆提供 4 台世界著名品牌的百年古董钢琴进行演奏。演奏形式有钢琴协奏、双钢琴与打击乐、三钢琴、四钢琴中国首演等。

许兴艾除了参加双钢琴与打击乐、三钢琴、四钢琴协奏外，还独担演奏钢琴协奏曲《献给鼓浪屿》。这部作品是我国著名作曲家杜鸣心专门为本届钢琴节而创作的，这是国内第一部以鼓浪屿为主题的钢琴协奏曲，朱晖先生称赞它"旋律优美动人，情感真挚热烈"，许兴艾这位鼓浪屿女儿无疑是这首钢琴协奏曲的最佳阐释者。

许兴艾在厦门环岛路上留影（2000年5月）

笔者与许兴艾在耶鲁大学音乐学院合影（2001年5月21日）

须知她是为了赶回鼓浪屿参加钢琴节，在美国刚刚举办一场音乐会后来不及回到纽约北部的家，就背着琴谱踏上回乡之路。越洋飞机临时出了故障，使十几小时的航程翻了一番，一到北京，立刻转机厦门。一踏上故乡的土地，她就一头扎进厦门爱乐乐团排练大厅参加排练。此时她已经因长途劳顿感冒发烧而无法发声，但一直坚持着排练，记者问她回乡的感想，她只能用笔写下"很亲！"两个字来回答。她反复演奏《献给鼓浪屿》这部作品，深入体会和揣摩，童年的回忆，成年的感受，阔别的怀念，再见的喜悦，父老的期望……一起涌上心头，化作艺术灵感，流淌到她的指尖，回旋在黑白的琴键上。她说："许斐平叔叔不怕苦、爱人民的精神，给了我演奏好这首曲目的动力！"

这首气势磅礴而又婉转深情的钢琴协奏曲，经由许兴艾演奏，更具感染力，深深打动了所有的听众，鼓浪屿的鸟语花香、天风海涛、琴声悠扬、渔歌互答……引起了听众的共鸣。每次演毕，掌声如雷，许兴艾都要一再谢幕，在广州星海音乐厅演出时，谢幕竟达4次。许多听众说，听了许兴艾演奏的钢琴协奏曲《献给鼓浪屿》，对这座小岛独特的文化和美丽的风光更加神往。这首有浓郁鼓浪屿风味的钢琴协奏曲，必将日久弥珍，成为人们喜爱的保留节目，成为鼓浪屿、厦门市一张馨香的名片！

2006年10月3日

著名音乐学家杨民望

杨民望（1922—1986），原籍同安，1922年1月13日出生于厦门市，在双十中学念过书。

杨民望

1943年，经同乡李嘉禄先生（时任国立福建音专副教授）介绍，他考取了福建音专。因为他没有念过高中，又没有音乐知识底子，只得埋头苦干，经过努力，最后竟以总平均成绩全班第一而获得教育部的奖金。1947年夏，他从福建音专毕业，受聘于省立福州中学任音乐教师，因教唱进步歌曲被校方解聘。1948年回到厦门，在母校双十中学任音乐教员，并经常在《江声报》上发表宣传新音乐的文章。

厦门一解放，他就是厦门文联筹委会委员。1951年1月，杨民望到上海市文化局艺术处音乐室任编审工作。他利用业余时间从英文翻译出版了《贝多芬九大交响曲解说》、《练耳和视唱》、《键盘和声学》等书。

1954年初，杨民望被调到上海交响乐团工作。从1955年起，他从俄文翻译出版了《唱歌和音乐》、《小学音乐教育法》（以上两书与其岳父丰子恺合译，由人民教育出版社出版）、《音乐欣赏教程》（第二辑）、《什么是奏鸣曲》，阿萨菲也夫的舞剧《巴赫契萨拉伊的喷泉》（以上三书由音乐出版社出版）、《贝多芬》（与杨民怀合译，上海文艺出版社出版）、《艺术与社会生活》（与夫人丰陈宝

杨民望（前右一）、丰陈宝（后右）夫妇离开厦门双十中学教职赴上海前与同事合影

合译，人民文学出版社出版）、《管弦乐队讲话》（人民音乐出版社出版）。

粉碎"四人帮"以后，他制订了一个庞大的写作计划：出版一套《世界名曲欣赏》丛书，系统地介绍外国的交响乐。1984年9月，《世界名曲欣赏》第一辑37万字（德、奥部分）出版。1986年6月（他病逝后），第二辑38万字（俄罗斯部分）出版。1985年3月完成了第三辑（法国、东欧部分）。第四辑（美国、北欧、西欧部分），杨民望写了一部分，尚余10多万字由其夫人丰陈宝及儿子杨子耘完成。上海《新民晚报》誉之为"音坛杨家将"。

1986年5月12日杨民望病逝。根据他生前遗愿，家属将其遗体捐献给上海第一医科大学，作为他对社会的最后贡献。其夫人丰陈宝仅留下杨民望的一绺白发，撒入故乡厦门的大海。

2000年9月，上海译文出版社出版了杨民望的遗著《交响乐欣赏入门》，全书近40万字，为广大音乐爱好者开启步入交响乐圣殿之门。这本书以几百年来交响乐发展的脉络为经，以精选的69首经常上演的交响乐经典作品为纬，分为6个部分：怎样欣赏交响音乐，巴罗克风格，古典乐派，浪漫乐派，民族乐派，印象派及其他。他力图使读者由浅入深地了解交响乐的流派及其主要作曲家的代表作，弄懂作品的曲式，熟悉作品中各个主题及其变化，以助于对交响乐的接受、消化和欣赏。论者认为，杨民望做了一件了不起的工作，让交响乐从"曲高和寡"逐步变为"曲高和众"，这对提高人们的欣赏水平和文化素质，起着潜移默化的作用。

南乐大师纪经亩

　　纪经亩（1899—1986），生于同安后麝村，13 岁拜师步入南乐艺门，16 岁到厦门市，经常参加集安堂曲馆的活动。他就师于许启章，并深入研究林祥玉的《南音指谱》和林霁秋的《泉南指谱重编》，尽得所长，熟谙南音"指"、"谱"、"曲"的精华，吹拉弹唱无所不精，尤以琵琶弹奏技艺精湛。

　　20 世纪 30 年代，纪经亩先后与同仁为"兴登堡"、"胜利"、"百代"等唱片公司灌录南乐唱片，组织了"鹭江南乐研究社"。20 世纪 40 年代，他执教于新加坡、马来亚、印尼和闽南、台湾等地，培养众多南乐人才，被誉为"南乐泰斗"、"琵琶国手"。

纪经亩

　　新中国成立后，纪经亩除了在厦门市培养南乐新秀外，还应聘于福建艺术学院讲授南乐课程，并三度应邀赴香港讲学，为南乐在海内外传播和接代做出很大贡献。他不但在南乐传统艺术方面有深厚功底，精于谱曲，而且能与时俱进，不断学习新的音乐知识，融会贯通，推陈出新，既有继承，又有发展。1951 年，他主持成立厦门南乐研究会。1954 年，以他为主创办厦门市金风南乐团（现厦门市南乐团），并经常带领厦门市南乐代表队参加华东和全国的音乐会演。

　　纪经亩是南乐改革的旗手。他将南乐十三大谱译成简谱，既不失传统韵味，又意境清新，流传于海内外。他一生创作新曲 500 多首，对传统曲目修正补遗，去芜存精，整理、改编、创作、出版套曲《朱弁》、《吕蒙正》、《胭脂记》、《荔镜缘》、《梁山伯与祝英台》等。说唱方面，校正旧作《开箱教女》，创作《泪花曲》、《小红花》。他创作的新曲《迎龙小唱》、《红军过草地》等，脍炙人口。他是全国第一个为毛泽东诗词谱曲的音乐家，他写的南曲《沁园春·雪》于 1957 年参加全国音乐舞蹈会演，博得好评，并进中南海为中央领导人演出。他写的南曲《七律·长征》，气势磅礴，是上乘之作。江吼先生在谈及纪经亩创作的南曲《长征》时说："他对传统曲调并不生搬硬套，能根据歌词内容的需要来灵活地运用南曲音乐语言，写出既有南曲独特风格，又能表达时代情怀的新南曲。这正是他的作品获得成功的重要原因。"

　　1959 年春，他和白厚、江吼、陈福例创作了《闽海渔歌》，由《晨潮扬帆》、《海色鳞光》、《满载归航》三个乐节组成，作为对建国 10 周年的献礼演出，非常成功，获得文艺界的高度评价，多次在全省、全国荣获创作奖。中国唱片公司录制成唱片，发行到东南亚各国，深受侨胞欢迎，乃至供不应求。由于这是近百年来继传统的十三套大谱之后的又一新作，而且成为海内外南音界经常演奏的曲目，故被同行们誉为第十四大谱。此外，他还创作了南乐合奏曲《鹭岛风光》，并为周恩来总理青年时代在日本的诗作《雨中二次游岚山》谱曲。

　　纪经亩不愧为南乐一代宗师，生前曾任福建省政协委员、福建省文史馆馆员、福建省南曲研究会会长、厦门市南乐研究会会长、厦门市南乐团团长。

神驰于优美的旋律中

——著名钢琴调律师、制作家黄三元

黄三元，1955 年 12 月 21 日出生于鼓浪屿，蜚声国际的钢琴调律师、制作家。

无所不学　无所不会 ████████████████████████████████

黄三元心灵手巧，从小就显示了他的好学天赋，制作奇才：

6 岁，他把婴儿车的两个车轮拆卸下来，装到一个木架子上，成为一辆手推车。

7 岁，他敢于掌勺煮菜，做得有板有眼，令南洋归来的大厨师舅舅都惊叹不已；学做裁缝，连科班出身的姐姐都干脆让他操刀画线。

此外，理发、推拿、木工、电工、五金、油漆、武术、体育 …… 什么行当他都插一手，学一把，而且居然装生像生，唱旦是旦。结婚后，他买菜、做饭、裁衣、洗衣、做家具 …… 样样包揽，事事能干，连著名钢琴大师殷承宗都笑着调侃他说："黄三元你这个家伙，除了还没有从自己的肚子里生出孩子来以外，什么你不会？"

姐姐弹曼陀林，那优美的旋律，应和着海韵、天籁，启迪了黄三元对音乐的迷恋。于是他学会了弹奏曼陀林，

黄三元

接着又学会弹奏小提琴、大提琴、钢琴等多种乐器。在他掌握了各种乐器的发音原理之后，他就成天琢磨着，如何运用自己的双手，制作出音质最佳的乐器，永远神驰于优美的旋律中。

于是他去学做木工，这可是制作乐器的基础。他很快掌握了这门手艺，17 岁就已经是六级木模技师了。他开始仿做提琴，把一架架提琴"五马分尸"、"开腔破腹"，寻找声源，再依样画葫芦地组装回来；根据乐器制作原理进行比较，运用所学木工手艺，采用最好的材料、最合理的结构和最美观的造型，制作了第一架小提琴，接着是第二架、第三架……直至音准、音色难度较大的大提琴都制作出来。此外，他还学会制作和维修二胡、琵琶等民族乐器。他亲手制作的乐器，发出悦耳动听的声音，令他兴奋不已，由此走上音乐之路。

1978 年，23 岁的黄三元背着自制的大提琴，考进福建省歌舞团，离开了月薪 75 元的技工岗位，成为一名月薪仅 23 元的大提琴演奏员。但他开始进入了正规的音乐艺术生涯，才智获得了发挥，在各种乐器的制作、调律、维修方面创造了一个又一个奇迹。歌舞团（后来的歌舞剧院）里几乎所有的乐器，他都能调试、维修。不过他深深知道，演奏乐器，音准至关重要。1980 年，他以优异的成绩考上北京全国钢琴调律专科学校。此后四五年间，他先后在中央乐团（现中国交响乐团）乐器维修制造室、中央音乐学院音乐研究所、北京乐器研究所、北京星海钢琴厂、北京提琴厂、北京管乐厂王府井乐器维修部、营口钢琴厂等单位学习，师从著名高级调律师马桂林，钢琴制造技师潘仲华、金先彬，提琴制造大师戴洪祥等，还跟随著名钢琴大师殷承宗在全国巡回演出，担任专职钢琴调律及维修。他的耳朵灵，乐感好，手艺巧，调律基本功扎实，手法独特，善于左右开弓，调律速度极快。许多乐坛前辈夸奖他的调律水平："调音稳定，音质优美。"

1987 年，当他得知第二届全国高级提琴制作大赛即将在北京举行的消息时，他立即报名，强手如林，时间紧迫，他却一口气申报了一组弦乐四重奏提琴 ——4 架大小提琴参加比赛。他师从戴洪祥先生时，由于虚心好学，勤奋上进，戴先生把提琴制作工艺的重点、难点悉数传授给他，多次称赞说："黄三元把我的制琴绝招一锅端了。"但是一遇赛事，竞争必定激烈，上海、北京、广州等地许多专业厂家，牌子老，历史久，人才多，实力雄厚，独占鳌头理所当然。提琴这家伙，又特别娇气，任何部分的比例没有估算好，调整好，音质、音色、音量指数就不理想。这时的黄三元，一门心思："豁出去了！"

他把妻儿请回娘家，不会客，不应酬，独自一个人关在屋里，夜以继日地锯、凿、刨、磨、雕，早上5点多起床，煮一大锅稀饭管三餐。一个多月以后，黄三元的体重从76公斤掉到63公斤，红润的脸庞变成一张白纸，还差点牺牲了两个手指头和一个好胃口。

苍天不负有心人！50天过去，4架提琴送到评委们手中，全部获奖，其中大提琴获得声学品质第二名，小提琴第六名。大赛评委、上海音乐学院副院长谭抒真教授称赞说："你是一位具有很高造诣和修养的提琴手，你的提琴摆脱了匠气，而有了更多的艺术灵气。"这一年，他获得国务院轻工业部颁发的"高级提琴制作技师"职称。于是连丹麦王子也通过文化部官员，指名要黄三元亲手制作的小提琴。1995年，他成为中央文化部科技指导委员会委员。几年来，他所制作的百来架提琴，都被国外交响乐团、中央乐团、上海交响乐团以及音乐院校采用，又培养了一批钢琴调律、维修和乐器制作人才。

这使我想起了同是鼓浪屿人的林俊卿，他一生勤学好问，学什么，会什么，像什么。他是医学博士，科学、技术、音乐、绘画都涉猎，木工、烹饪、下棋、养鸽，样样来得，博学多才，见多识广，成就了一番大事业，成为一位大学者、大专家。这令人深深体会到：科学与艺术是一个硬币的两面，广博的知识，是成功的金字塔的坚实底盘。

调律高手　维修专家

1992年2月6日，中国青少年钢琴比赛在福州举行。开幕式上，来自全国各地的钢琴家用60台立式钢琴、1台卧式钢琴与福建省联合交响乐团表演大联奏。

这些钢琴全是新的，音调、音质、音色的统一和音准的稳定是一个大难题。为保证钢琴演奏音律的和谐、纯正、统一，全部钢琴必须以一个人的音乐感觉来调音。国际著名钢琴家、比赛评委周广仁教授力荐由黄三元一人独任。61台钢琴，每台88个琴键，221根琴弦，要在短短的时间内全部调成一致，这对人的神经系统、体能体力是一个大考验。

说时迟，那时快，只见黄三元集中意念，调匀呼吸，双腿拉开马步，肩膀放松，双手并用，左手调高音区，右手调低音区，准确的听力与熟练的技法结合，使每个琴键一锤定音。三四个小时，完成了全部任务，其速度之快、音质之美令专家们啧啧称奇。于是福建省文化厅授予他"乐器奇

黄三元与著名钢琴大师傅聪摄于伦敦

才，乐坛楷模"的荣誉称号。

就在这一年，黄三元被文化部批准为"高级调律师"职称，成为我国最年轻的高级调律师！此后，他又成为美国ＰＴＣ钢琴技师国际会员，国际ＩＡＰＢＴ钢琴技师、调律师协会会员。同时，他兼任傅聪、殷承宗、许斐平、许忠、李坚等著名钢琴演奏家的调律师。

2002年3月，国际著名钢琴家傅聪、卓一龙夫妇，专程邀请黄三元到伦敦，为他们调琴。傅聪最喜爱的一台贝斯坦钢琴，多年来请了世界各国著名调律大师调琴，仍然解决不了其高音区容易断弦的问题。黄三元仔细检查，反复调整，先拆掉高音弦，在弦枕处加工，再换上一套原装高音弦，并调整击弦机系统。这样，顽症治好了，钢琴音色美极了。卓一龙专用的7尺斯坦威，生产于1937年，音色变化层次很好，可惜有点失去昔日的光彩了。经黄三元调试，卓一龙试奏，马上高兴地说："瞧，这台钢琴就像老姑娘变成妙龄少女了，充满了青春活力！"

担任过国际萧邦钢琴比赛评委会主任的著名比利时钢琴家阿格里奇，听了傅聪说起此事，当即邀请黄三元专程赶往比利时为她调琴。

2002年5月10—20日，中国音乐金钟奖暨鼓浪屿国际钢琴艺术节在鼓浪屿举行，选手人数之多，演奏水平之高，多年来少有。黄三元应邀为开幕式、闭幕式及钢琴大师卓一龙、柳巴蒂·莫菲叶娃、米歇尔·布敦克、杰弗里·托萨、殷承宗、奥索里奥、陈萨以及钢琴博物馆音乐沙龙共10场音乐会和金钟奖钢琴比赛、全国青少年钢琴比赛所用钢琴调律。此次共用9台三角钢琴，34台立式钢琴。

因为鼓浪屿是一个海岛，钢琴需要用船运输。运钢琴的时间要经过测试，选在海水涨潮的时候，以减少钢琴的斜度，让它们平稳登岸。这些名贵的钢琴，既娇且骄，不可受潮，不能碰撞，不许划痕。黄三元特别安排人员，把它们安全地运到目的地。接着，黄三元投入紧张的调琴工作。因为每一台琴都离标准音很低，与乐队合作，必须达到国际标准音 442ＨＺ。黄三元先把它调到 444ＨＺ，让它返回到 443ＨＺ，再调到 442ＨＺ，使之稳定、结实，最后调平。钢琴先弹后调，调了再弹，反复数次。4 台斯坦威钢琴因不同地方温度和湿度不同，木材和呢毡都会有微小的变化，所以都必须调整。生产年代不同，音色也不一样，都需要在调律中加以解决。调律师还要了解演奏家弹奏的曲目，对音乐有所理解；掌握调音手法，将 4 台琴的频率共振调在一起，12 平均律调成一个感觉。国际大师们演奏不同作品，其要求、手感、音色都不同，在他们演奏之前，都必须了如指掌，以便因人而异，有的放矢，满足每一个人的不同口味。演出结束，大师们都非常满意，技术得到了正常的发挥。

  2004 年 7 月，黄三元再次承担一项高难度的调律任务，负责"第二届鼓浪屿钢琴节 —— 中国之旅巡演音乐会"的调律工作，为参加巡回演出的 4 台百年古钢琴"保驾护航"。这 4 台古钢琴是：斯坦威、威尔坦、埃拉德和布鲁斯纳。这 4 位"久未舒展筋骨的老人"，年龄最大的 116 岁，最小的也有 67 岁。

  从厦门出发，到北京、上海、广州、香港，再回到厦门，4 台钢琴必须先后拆装 10 次，加上南北温差，湿度不一，要把这 4 台生产国家不同、年代不同、风格不同、工艺不同、结构不同的钢琴，调到一个音律上，难度和挑战都是前所

黄三元与许斐平合影

未有的。由于钢琴均为高龄，琴弦都已到了使用寿命的极限，而且多年没有弹奏，所以调律方法与新钢琴完全不同，不能一次到位，必须用高难度的"微调"，反复多次调试，从低到高，直至调到标准音高。每到一个表演城市，黄三元在午夜12时把钢琴运到表演剧场，连夜工作，把它们调到统一的标准音高。

为了确保这些钢琴的运输安全，黄三元特地为它们定制了抗震性极强，又便于运输的包装箱。"单单各式各样的外衣，我就给它们穿了7层呢"！原来，他用皮革、毛毡、回力胶及特殊包装箱，给古琴们穿上7件"外套"，在巡演的14天里，黄三元几乎没有一天能好好睡觉。他的认真负责的工作态度和出色的调律技术，保证了古钢琴良好的演出状态。

黄三元还以乐器维修著称于世。鼓浪屿历史上曾经是"万国公地"，有18个国家在那儿建立领事馆，居住过大量华侨、侨眷和外国人，因而保留着不少名贵乐器。由于岁月的流逝，时代的变迁，海风的侵袭，人为的破坏，一些乐器已如风中残烛，奄奄待毙。黄三元从中抢救了许多。厦门大学一位老教授，家中一台祖传德国立式钢琴，年过百岁，琴键高低不平，琴弦松弛无力，铸铁锈迹斑斑，木版蛀洞累累。黄三元精心修复，使之枯木逢春，返老还童，"百岁老人"变成"青春少年"。美国著名指挥家庞丘斯看到他修理好的乐器，赞誉道："妙手回春！"

旅居澳大利亚的胡友义先生，就是因为黄三元的乐器维修、调律技术及其创办的钢琴厂，最后才下定决心，将百台珍贵的名古钢琴，运回鼓浪屿，建立钢琴博物馆，进而建立风琴博物馆。2000年1月8日，鼓浪屿钢琴博物馆开幕，专程从澳大利亚赶来祝贺并演奏的国际著名钢琴家杰弗利·托萨，亲笔给黄三元写了信："感谢你把我心爱的法杰欧利三角钢琴恢复到最佳状态，能在我手下流淌出最美的声音！"

1999年，黄三元应邀出席在日本滨松市举行的第十一届国际钢琴技师、调律师大会，名家云集，盛况空前。国际钢琴技师、调律师协会主席、英国皇家音乐顾问JeanLong先生走到亚洲代表团席位，大声问道："黄三元先生在哪？我想给大家介绍一下这位来自中国的，犹如神奇马的年轻人！"在惊异的目光和热烈的掌声中，黄三元站了起来。

几年来，他培养了数十名调律师、工程师、技师，大家都念念不忘黄三元的恩情。一位跟随他多年的来自上海的高级技师说："黄三元先生不仅是技术上的行家，管理上的能手，而且关心人，理解人，尊重人，这样的人真难得！"

黄三元被音乐界人士称为乐器的"救急医生"，钢琴调律的"消防队员"。2006 年 7 月，第四届世界合唱比赛在厦门举行，分赛场演出时，钢琴的国际音高经常出问题，使得一些外国评委急成一团。黄三元匆匆赶来，"手到病除"，保证了大赛的顺利进行。

创造发明　　创新开拓 ▮▮▮▮▮▮▮▮▮▮▮▮▮▮▮▮▮▮▮▮▮▮▮▮▮▮▮▮▮

　　1987 年，黄三元参与创办首家中外合资福州和声钢琴厂，出任董事副总经理、总工程师。这期间，他抓紧机会参观、学习，足迹遍布德国、法国、英国、意大利、日本、韩国的先进钢琴企业，接受狄特里克·都锡、保罗·斐芝欧尼、高顿·斯坦威、劳瑟·切尔等国际著名钢琴制作大师的亲手指导。他研究出一系列适合中国的专利技术和先进材料，如黄氏波纹铸件、黄氏共鸣板、琴盖转向器等。他发明的"钢琴装饰彩纹拼花油漆工艺"专利荣获 1996 年文化部科技成果进步奖，由他负责指导生产的钢琴创造了全国最畅销商品"金桥奖"四连冠佳绩。原中央音乐学院钢琴系主任、国际钢琴比赛评委周广仁教授多次弹过黄三元制作的钢琴，她写道："他将前途无量并成为世界上最优秀的钢琴制造大师之一，我高度地评价他的技艺与才干。"1994 年 3 月 7 日，福建省文化厅做出了《关于黄三元同志为我省我国音乐事业做出杰出贡献给予特别嘉奖的决定》，其中说："黄三元同志刻苦耐劳，对艺术工作锲而不舍，认真钻研的精神以及他在钢琴制作技术上的造诣及突出表现，得到世界著名钢琴制造大师狄特里克·都锡、劳瑟·切尔，著名钢琴家周广仁、殷承宗、石叔诚、李其芳、鲍蕙荞、杨峻等以及福州和声钢琴厂董事长黄伟岱先生的肯定与高度赞赏。钢琴制造大师狄特里克·都锡赞誉黄三元同志对钢琴制造的专注、投入及技艺是他所见的钢琴制造者中少有的。…… 黄三元同志为我省我国音乐事业做出卓越贡献，是我省我国音乐界与乐器制造业难得的技术人才与模范。"

　　黄三元于 1993 年定居澳门，1996 年回家乡创办厦门三乐钢琴有限公司，使"音乐之岛"、"钢琴之乡"有了自己的钢琴厂。他的经营策略定位是：国际名牌，消费市场上的中高档商品。

　　黄三元不仅是这个厂的董事长、总经理，还是总工程师、总设计师、调律师和教师。管理、技术、原料、品牌、培训、营销 …… 样样都得自己操劳，事事都要从零起步，他提出自己的管理理念和质量体系："每一台'三乐'钢琴都是用户称心如意的艺术品。"把产品质量视为企业的生命，落实到每道工序中。他亲手制定了一整套质量管理制度：实行质量跟踪卡制度，坚持产品质量检查评审不过夜制度，员工工作日记制度化，从原材料进厂到产品出厂，层层把关，严格筛选，切实做到不合格的原材料不进厂，不投产。不合格的零部件不装配，把不合格的制品消灭在本工序的生产过程中，以质量创名牌，保品牌。

1997年，他设计制造的SL—125厦门产钢琴达到国际声学品质稳定性A级（最高水准），从而填补了我国钢琴制造史上的空白。在2000年第四季度钢琴质量国家监督抽查中，经国家轻工业总局乐器质量检测中心检测，厦门三乐钢琴有限公司产品的各项指标均达到较高水平。该厂选用优质原材料生产，从音板、击弦机、防蛀槲头到丝绳、卡纸、螺丝，每一样原材料都经过精挑细选，仅音板的取料，就采用了"径切瓜分"的操作方法，选择年轮木纹斜度达30度左右的原木，应用斯坦威工艺进行处理，进一步美化了声音的传播效果。

如今在国内外钢琴市场销售的"三乐"或"SHAMROCK"（在加拿大注册）产品，均以音质取胜。这除了选用优质原材料外，还因为黄三元亲自设计的专利产品的运用，而且他不断吸收高新技术，古为今用，洋为中用，他为我用，物尽其用，使"三乐"钢琴一鸣惊人。

钢琴是比较娇贵的，环境更换，气候变化，运输搬迁，都会造成琴键凹凸不平，甚至塌陷和螺丝松动，部件受潮、受热会造成呢毡、垫片膨胀，空气过于干燥会使木条收缩，诱发一系列技术问题……这些都令钢琴界头痛不已。黄三元决心发明一种工具，使艰难复杂的调整技术简单化，让高深莫测的内部机器掌握于方寸之间，以减轻调律师、技师的工作强度。他冥思苦想，反复试验，终于发明了被国际乐坛誉为"东方魔尺"的万能型"钢琴键盘校准器"。美国斯坦威钢琴厂总技师使用了这种钢琴键盘校准器，惊讶地说："简直不可思议，太奇了！"美国克利富兰大学音乐学院院长保罗·斯查利教授称赞黄三元是了不起的同行，这个"简单而又神奇的工具"的发明者，是我们的典范，华人的骄傲！

2001年初，黄三元又与北京乐器研究所合作研发数据驱动无人演奏自动钢琴。数据驱动钢琴自动演奏系统需要传统工艺与高新技术的完美结合，综合指数相当尖端，资金、人才、技术、管理，缺一不可。在其他厂家半途而废或功亏一篑的情况下，黄三元和北京乐器研究所的工作人员经过无数个不眠之夜，终于生产出我国第一台数据驱动自动演奏钢琴。它的水平超过了国外同类产品，而成本只有国外产品的一半。它能自动弹琴，能连续播放、跳进，还能倒退、暂停，可以制作电脑下载的乐曲，可以"把钢琴连同大师一起搬回家"。

从1996年至2002年，他有5项发明和设计，获得国家知识产权局颁发的"专利证书"。"键盖转动装置"经总部设在美国纽约的世界发明家国际协会专家评审团评定，获得2000年国际发明金奖，又在香港国际新产品、新技术博览会获得金奖。2002年，他的论文《名牌是"管"出来的》，被香港世界经济研究中心收入《世界经济战略研究文库》并获得"研究员"证书，他的"管理意识现代化，管理人员专业化，管理方式规范化，管理方法民主化，管理组织高效化"的理念，"员工队伍建设是创名牌、发展名牌的重要基础；制度是把好质量关，创名牌、发展名牌的关键；实施成本目标，完善财务管理，是创名牌、发展名牌的前提；重视科技创新，是创名牌、发展名牌的保证；完善售后服务，是创名牌、发展名牌的依托"的策略，得到了学术界、企业界的广泛认同。2003年，他研究设计的"三角钢琴铸铁板"荣获亚洲国际新技术新产品博览会金奖。2004年，在"首届中国市场产品质量用户满意度调查"大型公益活动中，"仙诺克"钢琴被用户推选为"中国市场产品质量用户满意十佳品牌"，并授予荣誉证书……人们评价说："三乐"钢琴设计科学，选材上乘，工艺精湛，音色纯净，触感敏锐，造型美观。公司真的做到了博采众长，熔于一炉，引进了德国的设计、工艺技术和加拿大等国的设备，

黄三元制作的获奖提琴

键盖转动装置
键盖转动装置系黄三元先生所发明
（专利号99202406.4）

黄三允发明的键盖转动装置及"国际发明金奖"奖状

英国、日本等国的零部件和意大利的油漆工艺。波纹铸铁板和共鸣板等，则是黄三元先生吸取世界名牌钢琴的精华，集几十年调律和钢琴及其他乐器制作的丰富经验而研制的精品。所以"三乐牌"钢琴的音色、音量、音准稳定均可与世界同类产品媲美。

黄三元还成立了"三乐钢琴艺术中心"，集培训、维修、演奏、调律、销售为一体，以优美的环境，一流的师资，高档的设施吸引了众多的学生、同行和朋友。

2006 年，香港皇家社会科学院授予黄三元"皇家乐坛院士"称号。随即又被授予爵位，成为厦门第一个享有这项荣誉的人。

2007 年初，黄三元设计并着手制作一台破世界记录的 16 英尺大型多功能实用三角钢琴（此前世界上使用的最大个钢琴为 11 英尺），以"鼓浪屿"为品牌名称。一台世界上最大的钢琴就要在厦门诞生了，这将开创钢琴制作史上的新奇迹！

黄三元还把目光放得更远，让道路越走越宽，一个投资近 2 亿，占地 200 多亩，年产钢琴 2 万台的全国独有的钢琴生产线观光走廊合作企业，正在紧锣密鼓地实施之中。黄三元为打造中国"斯坦威"钢琴而竭尽才智和精力！

2007年1月22日

歌仔戏大师邵江海

邵江海（1914—1980），祖籍同安，生于厦门。他从小好唱爱跳，20 世纪 20 年代，唱"七字调"的台湾歌仔戏传到厦门，深受民众喜爱，民间自发组织了"歌仔阵"，这深深吸引了邵江海，他入迷似地去学唱戏，并拜台湾艺人温红涂和"月中娥"、"鸡鼻仙"为师。

邵江海天资聪颖，又勤奋好学，16 岁就到同安一带教授歌馆，并到泉州、惠安、龙溪等地教戏兼唱戏，成为闽南戏曲艺术界名人。

抗战初期，国民政府以"歌仔戏是亡国调"为由，屡次下令禁演，使剧种和艺人濒临绝境。以邵江海为代表的民间艺人，对歌仔戏进行改良，在其原有的基础上，吸取锦歌、南词等民间曲艺的精华，创造出一套新的曲牌唱腔——"杂碎调"，将"歌仔戏"改名为"改良戏"，令人耳目一新，受到了热烈欢迎。因此，改良戏戏班如雨后春笋，在闽南大地到处开花结果。邵江海的改良，使歌仔戏起死回生。

邵江海

1939 年，邵江海创作了他的第一个歌仔戏文学剧本《六月雪》，主要场次全部唱"杂碎调"，曲调变化，丰富多彩，许多戏班传唱学习，轰动闽南。接着，他连续编写了《陈三五娘》、《水蛙记》、《双梦仙》、《此恨绵绵》、

厦门都马剧团五十年代在台湾演出的剧照

《安安寻母》、《雪梅》、《白扇记》、《庄子试妻》、《白蛇传》、《李三娘》等二三十个剧本,不少成为闽南各地歌仔戏团的传统保留剧目。这是邵江海对歌仔戏的另一个巨大贡献。

1948年农历十月二十四日,"厦门都马剧团"到台湾演出,因战争关系,从此留在台湾。由于"杂碎调"优美动听,都马剧团演技甚佳,台湾观众很快就对"改良戏"产生兴趣。都马剧团又从其他剧种学习一些剧目,大大丰富了自己。都马剧团成为唯一将大陆"改良戏"艺术养分注入台湾歌仔戏界的剧团,影响十分深远。邵江海等歌仔戏艺术家创造的"杂碎调"及其他改良调传播到台湾,使"杂碎调"与"七字调"并驾齐驱,成为台湾歌仔戏中不可或缺的曲调,被称为"都马调",推动了台湾歌仔戏在20世纪50年代以后的发展。

新中国成立后,人民政府医治了邵江海多年的疾病,他也抱病创作、移植了《葡萄丰收》、《顽固谱》、《种柑记》等十几个剧本,又编写了歌仔戏教材。1960年,他应福建艺术学院之邀,到该院任客座教席,教授闽南音韵课和歌仔戏曲调,并出席了全国第三次文代会。1978年,为厦门歌仔戏剧团翻编了《刘三姐》。

1980年6月26日，歌仔戏一代宗师邵江海与世长辞。

2002年，厦门歌仔戏剧团创作、排演了以邵江海艺术生涯为题材的歌仔戏《邵江海》（曾学文编剧），参加中央文化部举办的首届"全国地方戏剧优秀剧目评比展演"，荣获一等奖，同时获"文华新剧目奖"。2005年12月，该剧获中国第九届戏剧节"优秀剧目奖"；2006年6月，获"中国戏剧奖·曹禺剧本奖"，并成功入围"2006—2007年度国家舞台艺术精品工程"。2006年9月，该剧赴台湾演出，轰动了宝岛。

歌仔戏《邵江海》充分发挥了歌仔戏独特的表演风格，体现了中国戏曲美学的特征，唱腔音乐韵味浓郁，演员表演细腻传神，成功地塑造了歌仔戏一代宗师邵江海的艺术形象。

闽南沃土育英才

——著名音乐家杨扬

杨扬

　　杨炳维（1926— ），笔名杨扬，国家一级作曲，常年从事指挥、编导和音乐教育等工作。他 1926 年 11 月出生于漳州，10 岁左右就在教堂里唱《弥撒》圣歌，并参加学校组织的抗日文艺宣传活动。他于 1944 年考入国立福建音乐专科学校，主科师从曼哲克教授学习大提琴，副科师从李嘉禄教授和唐学咏校长学习钢琴，并于 1948 年 2 月参加中共地下党组织。接着，他与厦门大学地下党员郑克成合编《国风歌选》于厦门新绿书店出版，以推广当时在全国学生运动中广为流传的歌曲和反映民间疾苦的闽南语歌曲。同年暑假，他与郑克成在漳州组织大专院校回乡度假学生和当地青年学生，排练演出"民歌演唱会"，使《国风歌选》从漳州流传开去。

　　尽管抗战胜利后，福建音专已从永安搬到福州，但杨炳维于 1947、1948、1949 年三年间，还是经常到厦门，参加厦门大学的学生运动和党的地下工作，如 1949 年初的"反饥饿歌舞晚会"，他负责编导小歌剧《茶馆小调》、舞蹈《农作舞》，指挥合唱《垦春泥》、《锄头歌》、《古怪歌》，担任独唱《嘉陵江上》、《老天爷》。由于格调清新，热情饱满，整个演出在厦门造成了轰动，卖票所得全部用于救助饥寒交迫的师生。这一年，杨炳维还创作了

《四·一二组歌》(吴一苇词),由厦门大学海音合唱团、啄木鸟歌咏队联合演出,因为唱出了反饥饿、反压迫、争民主、争自由的心声和激情,受到了师生们的热烈欢迎。1949年夏,杨炳维被调到中共闽西南地下党武工团,带领一支文工队在惠安、泉州、南安巡回演出。新中国成立后,以此为基础组成泉州文工队。

新中国成立后,杨炳维先后在共青团厦门市委、厦门第一中学和厦门市音协负责青年文艺辅导工作,组织了"业余管弦乐队"、"星海合唱团"、"示范歌咏队"等,由他指挥演出了《祖国大合唱》(马思聪作曲)、《工人大合唱》(马可作曲)及管弦乐《森吉德马》、《陕北组曲》、《瑶族舞曲》和舞剧《天鹅湖》(柴可夫斯基作曲)选曲等。1951年,杨炳维与林镜泉合作,为歌剧《鸭绿江上》作曲、配器,创作了舞剧《1951颂》,举行了抗美援朝义演,一连5天,场场爆满,所得票款全部捐献给人民志愿军购买飞机大炮。这是厦门第一次大规模的文艺演出,它的成功,大大鼓舞了厦门文艺界,为以后厦门的文艺创作、演出和文艺力量的整合,奠定了良好的基础。1953年,杨炳维调到厦门市文化局工作,他根据台湾艺人赛月金的传唱,记录、改编了台湾小调《我爱我的台湾》,流行全国,被选入《优秀独唱歌曲集》。

1951年到1953年,杨炳维领导着厦门市中学生合唱团,钢琴伴奏是十来岁的殷承宗。作为厦门市音协主席的杨炳维老师,十分欣赏他的才华,竭力鼓励殷承宗报考上海音乐学院附中,亲自写信给他的老师李嘉禄教授(时任上海音乐学院钢琴系副主任)进行推荐,并代表音协赞助25元作为旅费,让殷承宗迈出人生旅途的决定性一步——1954年夏天,到上海考入音乐学院附中。对此,殷承宗念念不忘。

1956年,全国首届音乐周在北京举行,杨炳维创作的合唱曲《海防战士守家乡》(蔡其矫词)和男女声二重唱《毛主席恩情日日深》入选,并首次在北京由他指挥演出。1957年全国民间音乐舞蹈会演,杨炳维与江文合作改编闽南民歌《龙船歌》,民间舞蹈《九莲灯》、《畲族婚礼舞》参加演出,获得好评。《龙船歌》由《歌曲》副刊登载,《九莲灯》由文娱出版社出版单行本,《畲族婚礼舞》由中央新闻纪录电影制片厂摄制为舞台艺术片。1958年全国首届曲艺会演,他为闽南锦歌《破监记》(林鹏祥词)编曲,入选参加会演,被评为优秀曲目,发表于《曲艺》月刊。同年,他调到厦门市艺术学校,参与创办和负责舞蹈科和戏曲科工作,创作、排演了中型舞剧《祖国在召唤》(唐明等编剧),舞蹈《英雄小八路》(戴爱莲编舞）、《血债》、《高山族舞》（与史淳合作），小歌剧《军民团结水》（王尚政编剧）及大型器乐合奏《台湾组曲》（与张强合作）。上述作品于1959年、1960年在福建省、厦门市文艺会演中，均获得一等奖或优秀奖。

1961年，厦门市歌舞团成立，杨炳维担任业务副团长。其间，他创作了大型舞剧《白鹭》，1963年在广州秋季交易会上连续演出多场，受到国内外嘉宾和中央领导的热烈欢迎和高度评价。1962年，为纪念郑成功收复台湾300周年，他创作、排演了《郑成功大合唱——还我河山》（王尚政作词），总政歌舞团的艺术家们看了以后评价说："（这部作品）音乐很有特色，词曲结合较好，集中体现了郑成功收复台湾的光辉业绩和爱国主义精神。"后来厦门市歌舞剧团又先后公演了歌剧《江姐》，方言话剧《七十二家房客》、《龙江颂》。"文革"后，他为舞蹈《半屏山》、《流水欢歌》作曲，入选参加全国舞蹈会演，被评为优秀节目。

1980年，杨炳维担任厦门市歌舞团团长，组织创作了大型歌舞剧《双连杯》（朱佩国、陈元麟、杨炳维、陈照寰编剧，袁荣昌作曲，杨炳维导演），荣获1982年福建省歌剧舞剧调演剧本、导演等7个奖项，1985年又获得中央民族事务委员会、文化部等单位颁发的剧本创作奖。

1983年起，杨炳维担任厦门市文联副主席兼秘书长，被选为福建省音乐家协会副主席、厦门市音乐家协会主席、福建省政协委员，并在星海合唱团担任指挥，与音乐界同仁共同创作大型组歌《飞翔吧，白鹭！》1985年与吴火荣合作组歌《陈嘉庚颂》（刘以光词），被中国国际广播电台选为长

第四届世界合唱比赛入场式（前左为杨扬）

杨扬指挥厦门老战士合唱团参加第四届世界合唱比赛

期保留节目，向国内外演播。1986 年他创作的无伴奏合唱《骏马》，被福建省音协推荐参加全国合唱作品比赛。1987 年他创作的歌曲《鹭江潮》，由中央人民广播电台作为"新歌演播"，并在 1987 年 12 期《广播歌选》刊登，上海歌剧院著名女歌唱家朱逢博演唱录制盒带（上海音像公司出版）。

　　1991 年，他担任庆祝厦门经济特区成立 10 周年大型歌舞《飞向新世纪》总编导。1995 年他应邀赴香港担任"地球日音乐会"艺术指导，并先后担任厦门市纪念抗日战争胜利 50 周年、长征胜利 60 周年等大型演出总导演。1996 年 10 月，他指挥厦门老战士合唱团赴北京参加全国老年人合唱节，荣获银奖。他改编的男中音领唱、合唱的《我爱我的台湾》被大会组委会指定为十首曲目之一，在闭幕式上，于人民大会堂演出。1997 年香港回归后的第一个国庆节，杨炳维率领厦门星海合唱团赴港参加盛典，演唱了《春天的故事》、《百年梦圆》和《祖国颂》，受到热烈欢迎，新华社香港分社负责人说："今晚厦门星海合唱团参加演出，大大提高了晚会的艺术档次。"1999 年 10 月，菲律宾华社为庆祝中华人民共和国成立 50 周年，邀请厦门星海合唱团赴菲参与其盛，杨炳维作为团长率团出席，并与菲律宾黄河合唱团、中华艺术舞蹈研究所、圣多玛斯交响乐团联合演出《黄河大合唱》，由杨炳维之子杨镇指挥，成为菲律宾规模空前盛大、最受欢迎的晚会。

　　2000 年，杨炳维获得香港"世界艺术家协会"颁发的《国际艺术家证书》，以表彰他的成就。2000 年 7 月，厦门星海合唱团与厦门歌舞剧院交响

杨家五虎将

杨扬

杨镇　　　　　杨健　　　　　杨素芳　　　　杨鸣

乐团联合组成中国厦门交响合唱团，由杨炳维任艺术总监，赴泰国与泰华乐运合唱团、菲律宾黄河合唱团、新加坡雅歌合唱团联合演出《黄河大合唱》，由我国著名指挥家严良堃指挥。演出后，严良堃说："厦门星海合唱团进步很多，现在已接近专业水平，希望再接再厉，精益求精。"2001年11月1日至5日，在威海市举行了中国老年人合唱节，厦门市老战士合唱团在杨炳维率领下参赛，荣获"夏荷"金奖，杨炳维被大会评为十佳指挥之一，并获得中央文化部、中国合唱协会颁发的"优秀指挥奖"。2003年，杨炳维作曲的闽南语歌曲《荔枝与龙眼》获得中国音乐家协会、福建省文联等单位举办的"十大闽南语金曲奖"。2006年7月，他获得福建省文联颁发的荣誉证书："为表彰您终生奉献文学艺术事业的优秀品格和崇高精神以及在文学艺术创作中所获得的突出成就，特授予您'福建省首届老文艺家成就奖'荣誉称号。"2006年7月，他指挥厦门市老战士合唱团参加第四届世界合唱比赛获得铜奖；8月，获得第四届世界合唱比赛组委会颁发的"工作积极，成绩优异"先进个人奖状。

　　杨炳维一家是厦门市著名的音乐世家，他的 4 个儿女都从事音乐工作。老大杨镇是厦门大学音乐系副教授，音乐学、指挥和作曲方向硕士研究生导师，出版了《合唱、管弦乐指挥法教程》、《双排键电子琴中国作品专辑》（合作）、《高等师范院校钢琴分级教程》（合作）、《小乐队编配》、《音乐学院附小钢琴教程精选》等专著，真正继承了乃父衣钵。现任中国合唱协会常务理事，是第四届世界合唱比赛（2006 年厦门）的艺术总监。老二杨健是厦门教育学院音体美专业负责人，福建省教育厅课程改革专家组副组长，福建省音乐家协会理论委员会主任，厦门市音乐家协会教育委员会主任；老三杨素芳是厦门歌舞剧院大提琴演奏员、厦门市音乐家协会大提琴专业委员会副主任；老四杨鸣留学于美国克利夫兰音乐学院，目前是中央音乐学院钢琴系教授，并兼任中央音乐学院附属鼓浪屿钢琴学校校长。

　　可以说，闽南这块沃土，哺育了杨家"音乐五虎将"，而他们对闽南音乐园地的欣欣向荣也做出了自己应有的贡献，因而享有很高的声誉。

2007年1月25日

手风琴园地里的辛勤园丁

——著名音乐家李未明

李未明

李未明，1947 年 12 月 25 日诞生于鼓浪屿一个音乐家庭里，母亲颜宝玲是著名的花腔女高音歌唱家，"文革"前在厦门市歌舞团工作，她的中国歌剧选曲《飞出苦难的牢笼》及外国名曲《燕子》等歌曲曾经响彻八闽大地，长城内外。"文革"初，她即受到严重迫害，含冤而死。

1958 年，李未明 11 岁时，进入福建艺术学校学习手风琴。7 年后毕业，到宁化县插队，1973 年考入福建师范大学音乐系，毕业后留校任教。他在音乐研究及教育领域涉猎宽广，包括音乐教育理论、小提琴、手风琴、电子琴、钢琴及键盘乐器的演奏，被破格晋升为讲师、副教授，1993 年晋升为教授，随后担任福建师范大学艺术学院副院长、福州键盘音乐学校校长。1998 年调到厦门大学艺术学院任副院长兼音乐系主任、教授、硕士生导师，现在专任教授、硕士生导师。社会职务有：中国农工民主党福建省委副主委、福建省政协常委、全国政协委员，福建省手风琴、电子琴专业委员会会长，福建省吉他学会会长，中国手风琴学会副会长，中国电子琴学会副会长，全国器乐考级委员会手风琴专家委员会副主任、电子琴专家委员会副主任。

李未明在学术方面，有多种著述。他编著的《手风琴技术训练与伴奏编配》一书，1983年7月由福建人民出版社出版；他译著的《吉他演奏法》一书，1985年在《福建音乐》连载；他主编的《高等师范院校手风琴教程》，1988年7月由人民音乐出版社出版；他编著的《电子琴练习曲集》，1991年1月由福建教育音像出版社出版；他所撰写的《手风琴艺术事业概述》，刊登在《1992年中国音乐年鉴》；他所编曲、作曲的《电子琴曲集》，1999年2月由人民音乐出版社出版；他所编著的《手风琴练习曲集》、《手风琴演奏技巧》，2000年1月、4月由湖南文艺出版社出版；他与聂希玲合作编著的《手风琴基础教程》，2000年10月由中国广播电视出版社出版。1989年11月，首届中国手风琴科技成果评奖，他的《手风琴技术训练与伴奏编配》、《高等师范院校手风琴教程》（以及下面提的《儿童生活剪影》）获得一等奖。

在创作方面，李未明与阿土合作编著《阿里山土风舞手风琴曲集》于1984年10月由福建人民出版社出版，他编著的《少儿手风琴曲集》1985年5月由福建人民出版社出版，他撰稿、讲授的三集电教片《吉他与吉他音乐》1986年1月由福建电视台播出，他撰稿、主讲、示范的四集电教片《手风琴基础》1986年5月由中央电教馆播出，他编著的《简易儿童电子琴曲选》1987年2月月由鹭江出版社出版，他编著的《少儿手风琴曲精选》、《少儿电子琴曲精选》1988年2月、5月由福建少儿出版社出版，他与阿土合作的手风琴与乐队组曲《儿童生活剪影》1988年8月由人民音乐出版社出版，他撰稿、主讲、示范的16讲电教片1989年7月由中国教育电视台播出，他编曲、作曲的《中高级少儿电子琴曲》第一集、第二集1990年8月、1991年12月，由福建少儿出版社出版；他执笔主编的《全国电子琴考级作品集》，第一套1993年6月由北京文化艺术出版社出版。教学录像带（与王梅贞合作主讲）1994年8月由中国音协音像出版社出版，《李未明电子琴作品集》VCD 1999年3月由福建文艺音像出版社出版。他编曲的电子琴曲《百鸟朝凤》发表于1999年3月号《音乐创作》，《中国手风琴曲100首》（上、中、下3册）1999年11月由人民音乐出版社出版。2002年2月，他创作的《瑶族舞曲》、《归》入选法国国际手风琴比赛规定曲目。

李未明的个人手风琴演奏也多次在省、市和中央电视台亮相，并出版《手风琴技术训练》录影带，1985年6月主持创办我国第一份手风琴专业学术刊物《手风琴园地》。他所教的学生，多次在国内外手风琴、电子琴比赛中获奖。1994年8月，全国手风琴艺术节，学生欧阳芳获得少年组一等奖，

厦门大学艺术
教育学院赴台
演出小组合影
留念

游文梅获得青年组二等奖。1997 年，澳大利亚和新西兰举行国际手风琴比赛，学生林一帆获得全开放组第一名，欧阳芳获得键钮琴组第一名，林璇获得 15 岁组第一名，黄思雯获得 12 岁组第一名。自 1986 年至 2000 年，他有 16 名学生获得全国少儿电子琴比赛一等奖。

由于他的努力，他多次获得各种奖励：1985 年获得福建省政府颁发的"先进教育工作者"称号，多次获得全国性"园丁奖"。1995 年 7 月，他应邀赴德国，参加第二届手风琴学术研讨会。1997 年、1999 年，他两次应邀担任澳大利亚国际手风琴比赛和新西兰南太平洋地区手风琴比赛评委。他本身则多次组织国际性、全国性和地区性钢琴、手风琴、电子琴比赛和学术活动，担任评委或评委会主任，并获得许多荣誉。

2001 年 9 月中旬，他率领厦门大学艺术教育学院艺术小组一行 12 人，赴台进行为期一周的文化交流。在台期间，他们访问了台湾大学、淡江大学、台湾师范大学、台湾艺术大学音乐系和国乐系、台北交响乐团、台北国乐团、台北金华中学、兰雅中学，并进行了四场交流演出。通过访问，李未明深深感到，两岸音乐艺术的发展，有许多可以互相借鉴的地方，若能携手发展，定能开拓出更宽广的空间。

有人问李未明，你的专业本来是小提琴，怎么又倾心于手风琴、电子琴了呢？他答道："我喜欢各种乐器，尤其是键盘音乐。乐器有很多互通之处，就如同其他艺术之间的互通一样。把两种音响融合在一起，就会激发起一种新的美感。"

　　作为一位音乐界手风琴、电子琴学科的权威人士，李未明每年都要参加和组织很多国内外学术、艺术交流和演出活动。1992年以来，他仅仅担任钢琴比赛评委就有20多次；到厦门大学音乐系工作后，他60多次邀请国内外著名音乐家和学者前来为学生开讲座，办大师班，付出了人们想象不到的努力。他对艺术执著追求，始终站在学术的前沿，而且是非分明，勇于亮出自己的观点，从不含糊。不管是教学工作，还是社会工作，他都克己奉公，无私奉献，从不计较任何报酬，从不讲究排场，并且知人善任，善于发挥大家的长处，鼓励学生的积极性，因而受到师生和同行们的热爱和敬重。胡友义先生多次对我说："李未明为人很谦逊，组织了那么多大型的活动，都很成功，可是他从不抢镜头，不出风头，不求名利，完全奉献，大教授甘当舞台监督，连长途电话费都自己掏。这使

笔者与李未明（左一）、胡友义（中）合影

我很感动！"

在30多年的音乐教育工作中，李未明形成了自己的教育理念，这就是"合作性技能教育"。他认为艺术教育要全方位地开展，学生就不能缺少相互间的交流和配合。他一直在思考怎样使音乐教育多样化？如何让学生主动而愉快地学习？他通过观察、实验，觉得"四手联弹"以及多人多台乐器的重奏训练，会加强弹奏者对音乐的兴趣，让他们在弹奏的过程中，始终去听自己和合作伙伴的琴音，融入到两人或多人的音乐创造中。这个愉快的过程，能激发音乐创造力，让人得到更多的熏陶，感受到音乐更深层次的美。

多年来，他一直在努力推广这一理念。2004年1月，福建省音乐家协会主办福建省首届钢琴四手联弹比赛，吸引了300多名选手参加。作为大赛评委会主任，他见证了这次比赛带来的变化。比赛后，许多家长和老师反映，参加了四手联弹比赛后的孩子，变得更喜欢并主动地弹琴，合作直接带来了琴童对音乐美的向往，深刻地感受到音乐的魅力，从而提高了音乐素质。

2005年5月，全国首届"卡瓦依杯"钢琴比赛的复赛和决赛，李未明就倡议设立四手联弹"师生组"和"父母/子女组"，作为三大组别之一。这个倡议获得了全国31个赛区参赛选手的热烈响应，使"四手联弹组"的规模成为全国历届钢琴比赛中最大的一次。这一创举，使比赛因为有师生情、夫妻情、父母情、子女情的加入，而显得温馨和谐，彻底打散了比赛带来的紧张感，并且使选手们学会与别人配合，发扬团队精神。这对如今的独生子女尤为重要。

"这次来自全国各地的老师和观摩者，从中受到了启迪，准备逐步调整今后的教学方向。我想，不仅是四手联弹，我还希望能将双钢琴、多台钢琴合作的演奏形式推广开去。音乐艺术百花齐放，艺术教育也应该多样化。我们举办活动时，不能为活动而活动，而是要把教育理念体现出来"，李未明充满信心地说。这是一位音乐教育家的执著追求，创新的理念将给音乐教育带来崭新的变化。

2007年1月23日

钢琴"神童"牛牛

与生俱来的音乐天赋 ||||||||||||||||||||||||||||||||||||||||||||||||||

　　2003 年 8 月 9 日，一个小名牛牛的 6 岁孩子，在厦门市老人活动中心音乐厅举办钢琴独奏音乐会，他十分投入地演奏了库劳的小奏鸣曲，莫扎特的奏鸣曲，贝多芬的奏鸣曲，萧邦的升 C 小调夜曲和练习曲"献给阿戈乌尔特伯爵夫人"等曲目。700 个座位加到 1000 个座位，黑压压的听众，不时爆发出热烈的掌声。穿着白色西装礼服的小牛牛，幽雅地不断谢幕。音乐会结束之后，小牛牛当场把门票所得的 5500 元人民币，全部捐给了希望工程，6 名来自同安的适龄入学儿童，上台接受了这笔非同寻常的捐款。

牛牛六岁艺术照

　　啊，鹭岛上空又有一颗钢琴之星在冉冉升起！小牛牛，真名张梓恒，具有与生俱来的音乐天赋！让我们用年表的形式来记载小牛牛的成长轨迹：

　　胎教（1997 年）—— 小牛牛的父亲张长峰，是厦门大学音乐系毕业的高才生，母亲施志丽虽非科班出身，但对音乐也十分爱好。从怀孕一两个月起，她一有空就要放一两小时的胎教音乐，让胎儿隔着肚皮听贝多芬的田园交响曲、萧邦的夜曲等。七八个月时，效果开始显现出来：

胎儿过于安静，她一放音乐，胎儿立刻"拳打脚踢"；胎儿躁动过于频繁，她一放音乐，胎儿马上安静下来。整个怀孕过程，她有意与音乐为邻。小牛牛出生后，担任厦门爱心培训学校校长的张长峰，就让他在音乐教室的地板上随处乱爬，并经常放音乐给他听。显然，环境的熏陶对小牛牛爱上音乐起到了潜移默化的作用。

1岁（1998年）——小牛牛还不会走路，爸爸妈妈带他到白鹭洲音乐喷泉广场游逛，他一听到音乐，就挣脱大人的怀抱，晃晃悠悠地站在广场上，手打着拍子，当起小"指挥"来了。

3岁（2000年）——教钢琴的爸爸经常为学生们上课，小牛牛在一旁边玩边看边听。有一天，他忽然提出要弹琴，而且要一本书。他居然从一大堆琴谱中，找出了《汤普森钢琴曲集1》，从第一页到最后一页，都有模有样地弹了下来，竟然一个音都没弹错！吃了一惊的张爸爸，连忙给儿子做听力测试，没想到，孩子的耳朵居然能同时分辨出七八个音，并且能在键盘上准确地找出"哆来咪"来。他仿佛在儿子身上看到自己音乐基因的遗传："恐怕他是看我教学生弹琴，一边就偷着学了。也罢，如果他确有音乐天赋，就应该创造条件发掘他的潜能。"于是爸爸成了小牛牛的钢琴启蒙老师。

4岁（2001年）——小牛牛进了幼儿园，同时拜集美大学音乐系叶晓初教授为师。为了教会小牛牛弹琴时手指在键上立起来，治学严谨的叶晓初教授让他练习在石头上敲手指。牛牛每次学琴，只要有一个地方用错指法，叶教授都要他回去重弹一周再来。但牛牛苦练弹琴却完全出于自觉，仿佛

爸爸是牛牛的启蒙老师

是自己生理和自然的需求。正是这种严格的训练和自觉的学习，小牛牛打下了坚实的基础。爸爸、妈妈倾其所有，为牛牛买了两架价值 40 多万元的好钢琴。从此，牛牛沉浸在钢琴的自由王国里。

5 岁（2002 年）——达到钢琴业余 10 级的水平，叶晓初教授简直不敢相信，认为这不仅在厦门、中国，甚至在整个世界都是罕见的。这年 5 月，第二届中国音乐"金钟奖"暨首届鼓浪屿（国际）钢琴艺术节在鼓浪屿举行。这年 10 月，第四届柴可夫斯基国际青少年音乐比赛在厦门举行，张长峰陪着儿子，泡在音乐厅里，一场不落地观看演出。这一年，留美钢琴家周铿、汤蓓华夫妇从美国回厦，在朋友的推荐下，牛牛来到这对钢琴家面前，拜他们为师。

6 岁（2003 年）——牛牛的演奏水准开始"显山露水"了，于是就有了本文开头的那一幕情景。听了牛牛演奏的人说："牛牛的宝贵，在于他小小年纪，已经懂得了用心去演奏，他的琴声是从心灵深处流淌出来的。"

牛牛于 1997 年 7 月 11 日出生，属牛，所以小名"牛牛"。据他妈妈说，爷爷、奶奶又把他的名字改为"张胜莨"，说这个名字更适合于他。可这时的牛牛，对自己的新名字，有另一番解释："'莨'是多音字，可以念'良'，也可以念成'郎'、'浪'，我叫'张胜莨'，就是将来要超过李云迪和郎朗。"看来，他自信得很哩！牛牛又把自己的爸爸、妈妈、爷爷、奶奶、外公、外婆，称为牛爸、牛妈、牛爷、牛奶、牛公、牛婆，这让两家的老人们乐得合不拢嘴。而他把老师称为"牛师"，也突显他的智商高超。

2003 年 8 月，牛牛的父母下定决心，让牛牛到上海学习，牛妈妈陪着小牛牛到上海了。

7 岁（2004 年）——牛牛身高已达 1.43 米，手大脚大，双手五指张开，大拇指和小指头能成直线，可以弹 9 度音；鞋子已穿 36 码，双耳可以同时听到 10 个音，远远高出钢琴系研究生的水平，而普通人的双耳只能同时听一个音，经过训练的音乐专业学生，一般只能听到 4 个音。因为这双能弹 9 度的大手，所以 24 首萧邦练习曲中的 15 首他都能弹，而且水平已在 10 级以上。他学钢琴特别快，记性特别好，一首曲子，专业大学生要练一两个月，他只需两三天就能把谱子背下来。李斯特的《爱之死》琴谱，以层次多而复杂著称，很多人花两个月甚至半年才能背下来，而牛牛两个星期内背下谱，音乐处理细腻有加。著名钢琴大师傅聪于 2004 年 11 月，听了牛牛演奏莫扎特晚期作品《幻想曲 K .475》，惊叹地说："这支作品情感内容丰富复杂，没有足够的人生阅历根本演绎不出来，这样一个 7 岁的小孩子竟

牛牛6岁时举行钢琴
独奏音乐会

能处理得如此有感觉！"

8岁（2005年）—— 在各方面的关怀下，牛牛于3月16日进入上海市田园路第一小学学习，这是一所双语学校，适合牛牛学习。

2005年6月1日，"牛牛家乡钢琴音乐会"在厦门艺术剧院举行，牛牛演奏了《浏阳河》、《绣金匾》，莫扎特的《C小调幻想曲》，柴可夫斯基的《四小天鹅舞》，萧邦的《练习曲ＯＰ.10 ＮＯ2》等中外名曲。关于最后的萧邦练习曲，著名钢琴家傅聪说："这曲子折腾了我一辈子，没想到小家伙弹得这么溜……"

2005年7月12日，牛牛参加了由美国鲍德温钢琴公司主办的国际钢琴界传奇大师伏莱德米尔·维阿杜大师班，受到大师的亲自指点。维阿杜大师对牛牛说："小家伙，你可以到世界舞台上闯一闯！"

2005年7月21日，牛牛应邀到法国参加西博克国际钢琴艺术节，举行专场音乐会，听众以火暴的掌声长时间地向他致敬，以致于他6次返场谢幕。法国报刊评论道："牛牛已经有了不起的娴熟技巧，非常有效地运用踏板，而且很有意识地发出每一个声音，并把它非常有表情地传达给听众，他真正地让音乐呼吸起来，赋予音乐无比的生命力。…… 毫无疑问，牛牛将成为一代最杰出的钢琴家和音乐家之一。"按照以往经验，世界上任何国际性钢琴大赛或重大国际艺术节，从未有过邀请10岁以下小孩参加的先例，但西方乐坛这次为中国神童破例，改写了"游戏规则"。

2005年8月7—21日，牛牛参加殷承宗钢琴大师班学习，在大师班协奏曲比赛中获奖（共两名），并与指挥家郑小瑛教授合作演出莫扎特协奏曲KV466。

2005年8月27日，上海文新大厦报告厅，300多位《文汇报》读者举行与牛牛见面会。不少读者怀疑"牛牛现象"的真实性，用来试音的《社员都是向阳花》一曲终了，所有人的疑虑全打消了。一位家长问："如何适应琴键的'松'、'紧'问题？"牛牛答道："我觉得，手指要练到不管在什么琴上都能弹。莫扎特在自己家里弹的琴又破又小，但他照样成为伟大的钢琴家！"稚嫩的声音充满成熟、老练和自信，这就是牛牛！到会的俄罗斯女钢琴家娜塔莎眼里闪动着赞叹的目光："牛牛让我感动，技巧这么好，感情这么投入，音色这么饱满，层次这么分明……中国孩子了不起，太棒了！"

在这之前，美国E国际钢琴大赛主席亚历山大·布莱斯基于4月间，专程飞到中国，听牛牛弹琴一个小时，他惊呼："太棒了！简直就是世界第一神童，200年一遇，太珍贵了！"当即向牛牛发出2008年到美国参加E国际钢琴比赛的邀请。

2005年9月，上海音乐学院破格录取牛牛为附中学生，提早将牛牛作为"上音人"进行培养。本来按照规定，"上音"最小只招小学四年级的学生，牛牛才刚刚升上三年级，让他直接跳级读四年级，这是"上音"建校78年历史上的第一次。跳了一年级的牛牛，各门功课都在七八十分，他说："我要珍惜这个荣誉，不然，这个荣誉今天属于我，明天就可能属于别人了。"牛牛还是"上音"附中6个重点生之一，他享有参加国内外各项钢琴比赛和学习交流的优先权，还可以每周到钢琴导师家上3次课。可见"上音"对牛牛特别厚爱，特殊培养。

2005年10月，牛牛应邀前往台湾参加法鼓山开山大典，并在"大悲心起音乐感恩晚会"演奏，4000多名听众聆听了他美妙的音乐。他演奏了中国乐曲《浏阳河》、萧邦练习曲和门德尔松随想曲。演奏完毕后，他拿起麦克风告诉大家，佛教音乐中原有一首《一轮明月照禅心》，这首乐曲旋律比较单纯，我触景生情，要当场改编演奏。随着，他的手在琴键上奔驰起来，轻快的旋律在法鼓山上的夜空中荡漾。身有微恙的住持圣严法师高兴地站了起来，为他喝彩鼓掌。牛牛也奔上前去，和圣严法师深情拥抱，祝他身体早日康复。观众们都欢呼起来了，齐声高呼："好极了，牛牛真棒！"两岸深情琴声牵，牛牛成为海峡两岸人民文化交流中年龄最小的使者。

2005年11月6日，牛牛再次于上海音乐厅举办钢琴独奏音乐会，由东广音乐台现场直播。

9岁（2006年）——2006年2月17日，牛牛利用寒假期间，应邀到香港的"中国会"举办钢琴独奏音乐会。香港特首曾荫权夫妇、德国和法国驻港领事等香港政要以及周星驰等演艺明星观看了演出。曾荫权为厦门出了这样的琴童感到震惊，他与牛牛合影留念，并邀请牛牛常到香港演出，他这个"牛牛迷"一定会来欣赏牛牛美妙的音乐。

2006年2月19日，牛牛在家里举办家庭音乐会，他演奏经过钢琴大师赖斯利·霍华德点拨的萧邦《夜曲》原作版。全套作品共有21首曲子，牛牛花了1小时40分钟，从头到尾背谱演奏，表现出创意和娴熟的技巧。

2006年6月16日，郎朗与牛牛在上海东方艺术中心合作演出，两人四手联弹《军队进行曲》。虽然他们未曾合作过，但弹得十分轻松，两人纵横恣肆，将这首常规的联奏曲目演奏得灵气飞动，意趣盎然。主持人祝福道："希望牛牛成为第二个郎朗！"郎朗不假思索地说："第二个郎朗不算什么，牛牛要成为真正的牛牛！"他为牛牛题词："亲爱的牛牛：祝福你！你真棒！"

2006年7月12日，牛牛参加教育部主办、上海市人民政府承办的第三届中外大学校长论坛开幕式《智慧之光》文艺晚会，演奏了约翰·斯特劳斯的《蝙蝠》。

2006年7月22日，牛牛参加了在厦门举行的第四届世界合唱比赛第二阶段开幕式，担任《我爱鼓浪屿》大型音乐表演钢琴演奏。

2006年8月27日，牛牛应英国李斯特钢琴协会主席赖斯利·霍华德之邀，在伦敦魏格摩尔音乐厅举办音乐会，英国皇室二十几位成员、文艺界及社会名流欣赏了他的精彩演出。

上半场，牛牛演奏了德彪西、萧邦、李斯特等作曲家的作品。牛牛首先演奏了法国印象派作曲家德彪西的《儿童乐园》选段。9岁儿童诠释印象派大师的作品绝非易事，而牛牛完整无瑕地将曲子弹奏下来，博得台下一片掌声。接下来他满怀自信演奏了萧邦3首练习曲：作品第10号的第2首《蚂蚁爬树练习曲》，第3首《离别练习曲》和第5首《黑键练习曲》。他将公认难度很高的第2首练习曲轻快自如地弹奏出来，显现了出色的钢琴演奏技巧。

下半场，牛牛与赖斯利·霍华德指挥的肖斯塔科维奇室内乐团合作，演奏了享誉世界的前苏联著名作曲家肖斯塔科维奇的《钢琴、小号与弦乐协奏曲（作品第35号）》及《第一钢琴协奏曲》。后者是肖斯塔科维奇年青时创作的，作品充满活力，牛牛则充满激情地将音乐会带向高潮。这首协奏曲，难度极高，从琴键的最高音到最低音都要弹到。此前世界上还没有10岁以下的琴童在音乐会上演奏过，何况牛牛与乐队仅仅在临演出前排练过一次。但在演奏时，牛牛注意霍华德的指挥，师生配合默契，特别是第一乐章的演奏，弦乐与钢琴融于一体，十分协调。牛牛上台并不紧张，弹奏时手部放松，表情自然，充分发挥了水平，表演十分成功。牛牛最后加演根据柴可夫斯基芭蕾舞剧《天鹅湖》改编的钢琴曲《四小天鹅舞》，在霍华德的指导下，比刚到英国时的弹奏有明显的进步。

英国ＢＢＣ广播电台，欧洲专业音乐杂志《音乐艺界》，《星岛日报》欧洲版，我国中央电视台4套等，均作了大篇幅的报道。评论家们惊叹："如此难的曲子，被演绎得如此生动，而这竟是一位年仅9岁的孩子。""他的天才在这时充分地展现出来了，他的眼睛一直在看着指挥，偶尔一两次才看一下琴键。"英国王室的西敏公爵说："我是半信半疑来听音乐会的，现在被征服了。"

2006年9月13日，牛牛随温家宝总理前往德国，参加在汉堡举行的庆祝上海、汉堡结为姐妹城市20周年"中国时代节"。9月15、17日在汉堡艺术馆古典音乐厅举行两场钢琴独奏音乐会，牛牛都获得了成功。德国《经济周刊》的评论说："牛牛的演奏绝不仅仅同许多钢琴家那样具有娴熟的技巧和激情，更重要的是钢琴是他感情的桥梁，每首作品里都有他想表达的思想，鲜明的人物。他已经在音乐中把自己的个性充分地表现出来了，他是本世纪的古典音乐的新星和代言人。"有位老太太感动得热泪盈眶，紧紧握住牛妈妈的手说："祝贺你有这么一位出色的孩子，从现在开始，我要求上帝保佑牛牛长命百岁！"

10岁（2007年）——2007年1月1日，牛牛在上海市各界人士新年音乐会，演奏了肖斯塔科维奇的《第一钢琴协奏曲》第三、第四乐章。

1月15日，牛牛应文化部之邀，参加了2007年春节电视晚会的《钢琴party》录制演奏，这是本次晚会唯一录制的器乐类节目。在节目中，牛牛一人同时演奏两台三角钢琴，左手弹高音，右手弹低音，形式活泼、趣味、新颖，表演性、娱乐性很强。他还与三位"哥哥"—— 两位中央音乐学院研究生，一位美籍华人青年，4人一起合奏了贝多芬的《欢乐颂》。这是牛牛首次参与国家级晚会的表演。须知牛牛是在发烧39度的情况下坚持了8个小时的排练和录制，总导演章东新对牛牛的表现赞不绝口。

英国著名女钢琴家梵妮·沃特曼与牛牛合影

著名经济学家张五常教授（右二）及夫人（左一）、著名钢琴教育家但昭义教授（左二）及夫人（右一）在张教授家会见牛牛

2月9日，英国著名女钢琴家、利兹国际钢琴比赛创办人及评委会主席梵妮·沃特曼特别邀请牛牛到香港与她共进晚餐，专门听他的演奏、安排大师指导和重大演出事宜。

2月13日，在深圳，牛牛拜会了著名经济学家张五常教授和著名钢琴教育家但昭义教授，在张教授家作了演奏。但教授题词道："牛牛是我这一生有幸见到的最大的音乐天才，作为中国人，我希望为一个稀有的中国天才孩子贡献我的经验和才智。"张教授题词道："但老师与牛牛之会将传佳话也。"

有关方面正在安排，牛牛将于2007年4月，作为最年轻的钢琴家参加在美国纽约举办的亚洲艺术节；年底，他将到纽约卡耐基大厅、伦敦皇家庆典大厅等世界著名音乐厅，与世界著名指挥家和交响乐团合作演出。而著名节目主持人、北京奥运形象大使杨澜又力荐牛牛给著名导演张艺谋，希望牛牛能在2008年北京奥运会舞台上向世界人民展现中国钢琴"神童"的才华。

但昭义教授题词

牛牛是我这一生有幸见到的最大的音乐天才，作为中国人，我希望为一个稀有的中国天才孩子贡献我的经验和才智。

2007.2.13.
于深圳

"神童"保卫战 ||||||||||||||||||||||||||||||||||||

从 2001 年开始,牛牛跟随父亲张长峰学习钢琴,接着又师从叶晓初教授、周铿副教授、汤蓓华副教授,如今跟随上海音乐学院钢琴教授陈巍岭学习钢琴,还得到了傅聪、刘诗昆、殷承宗、鲍蕙荞、陈宏宽、石叔诚、巴杜拉·斯科达、赖斯利·霍华德、巴斯基洛夫、亚历山大·布莱斯基等二十几位大师的指点。

早在 2003 年 8 月,牛牛的导师们就认为应当把牛牛带到上海培养。于是为了孩子,早已辞去厦门农业银行分理处主任的工作,做起另一份生意的牛妈妈,如今又得放弃生意,陪同小牛牛赴上海了。牛妈妈认为,既然孩子是块璞玉,就要精心雕琢。她培养了孩子对音乐的热爱,并言传身教,成为牛牛为人处世的楷模。

2005 年 1 月 11—18 日,牛牛参加了上海音乐学院第一届国际钢琴大师班,在 30 多位学员中,他的年龄最小,却被评为优秀学员。他演奏的萧邦《练习曲 O P .10 N O .2》和莫扎特《幻想曲 K .475》如行云流水,让坐在底下的几位国际钢琴大师都纷纷发出不可思议的惊叹。

法国巴黎国家音乐学院教授皮埃尔·瑞切说:"听到了我们这一辈人才敢弹的曲子,真是吓了一跳,竟然是只有 7 岁的牛牛。他的记忆力很好,反应很快,连最难的萧邦练习曲也能弹,而且对于各种音乐风格的学习都特别快,理解力特别强。他演奏的每一个音符都非常准确动听,他将会成为一位非常有才华的音乐家。从他身上,我能判定,未来的世界乐坛属于中国。许多大师都告诉我,你到中国会发

牛牛与傅聪大师合影

牛牛与刘诗昆大师合影

牛牛与殷承宗大师合影

牛牛与石叔诚大师合影

现许多惊喜，但我万万没想到竟会有这样的惊喜！"

德奥钢琴学派继承人、78岁的维也纳钢琴大师保罗·巴杜拉·斯科达说："我做梦也没想到，自己在音乐会上表演的曲目，居然被这个小家伙玩转于小手之中。这是大师们才弹的曲子，而他演奏得就像大师们一样的娴熟。"他激动得站起来，一步上前，紧紧将牛牛抱住，仿佛爷爷拥抱孙子一般。他在兴奋之下，欣然题词："牛牛，伟大的天才！"

美国钢琴家鲍利斯·贝尔曼说："我现在弹的东西，这个小家伙居然就能弹了，而且还非常娴熟。他弹的每一个音都非常动听！就目前的发展来说，牛牛已经很棒了，很值得音乐界期待，他是个聪明、有智慧、有才华、有很大能量的孩子。但我们不知道他将来究竟会发展成什么样子。因为成名对于琴童来说，除了天才之外，还要有一位好老师，此外还取决于许多因素、运气，对音乐的热爱，正确的学习方法，是否喜欢表演，等等。总之，还要看他以后造化如何。"

俄罗斯钢琴大师德米特里·巴斯基洛夫则在牛牛的琴声中目瞪口呆："这是真的？我吓了一跳……当时小牛牛踮脚一坐，小手指往琴键上一滑，萧邦《练习曲ＯＰ.10ＮＯ.2》的旋律就流淌出来了。"

牛牛的钢琴天赋很快就引起国内外大师们的特别关注，他们回国后，分别与牛牛的导师展开"单线联系"，希望牛牛能到他们那里去深造。

"法国是个国际大舞台……牛牛应该广泛学习，到国际舞台上接触更多的钢琴流派",皮埃尔·瑞切的话带有"暗抢"之意。

"牛牛应该生活在一个国际性的音乐大环境里……"俄罗斯钢琴学派集大成者德米特里·巴斯基洛夫的话则有"明争"意味。

"当然,中国国内音乐院校打牛牛主意的也大有人在……"德奥钢琴学派继承人保罗·巴杜拉·斯科达的话是单刀直入。

由于牛牛学业在身,没有报名参加即将举行的上海音乐学院第二届李斯特钢琴大师班。但是即将动身来沪的英国李斯特协会主席、历史上第一个录制全套李斯特钢琴作品的钢琴家赖斯利·霍华德,却没有忘记牛牛,一拿起电话,就向"上音"领导打听:"牛牛在哪儿?我想牛牛!"牛妈妈向大师解释道:"由于牛牛现在需要静下心来好好学习,他不能公开参加大师班,但私下里一定会接受大师的指点。"霍华德则利用可能的机会,免费指导牛牛。

上海音乐学院党委书记董金平感慨地说:"我们培养的人才,不能在自己的国土上成为国际大师吗?'上音'正在朝世界一流的音乐院校努力,30年后,世界乐坛应该有来自中国的钢琴大师!'上音'可以培养出小提琴'帕格尼尼'黄蒙拉,没有理由不能培养出钢琴'莫扎特'来。"他披露,"上音"党委已决定把"牛牛保卫战"当作一项重要工作来抓。

导师们认为:上海是音乐的沃土,连接着世界,在这里,孩子经常有机会接触到世界各国的钢琴大师。上海音乐界人士认为,牛牛还是一个孩子,也许本土化教育更适合于他,不出国门,一样可以把他培养成才。国内有些获过国际大奖的优秀人才,出国后因为没有找到适合的学习环境,反而埋没了艺术天分,令人扼腕。

是啊,牛牛生逢其时啊!他的爷爷、奶奶、外公、外婆,许多社会人士,新闻记者,都加入了"牛牛团",为牛牛的健康成长倾心倾力。

总的看来,培养琴童要有三个条件,即老师好,能点石成金;琴童好,有天赋,勤学习;家长好,会配合,懂鼓励。牛牛这3个条件都基本具备。但对神童不能用传统的教育方法,例如针对牛牛手指机能好、记忆力和音乐理解力超强的特点,就必须采取打破常规、因人施教的办法,着重他的基础、兴趣开发和想象力,放手让他自己去发现自己,自己发展自己。

融洽的师生关系,才能激发孩子对音乐的热爱和创造力。就这样,牛牛和他的爸爸、妈妈,最终婉拒了各国钢琴大师们的邀请,选择了留在国内学习的道路。

这场"牛牛保卫战"刚刚熄火,另一场"牛牛保卫战"又在法国打响了。原来 2005 年 7 月牛牛到巴黎演出时，有时表现得很调皮，牛妈妈在众人面前不好教训他，就拿眼睛瞪他，示意他要乖一点。牛牛只要瞄到妈妈的瞪眼，脸上的笑意就僵硬起来了。眼尖的法国记者捕捉到牛牛被妈妈"教训"的尴尬，认为这会压抑牛牛的个性，"侵犯"他的"人权"。于是法国媒体就发出对牛妈妈的"战书"："牛牛虽然是一个成熟的钢琴家，但他还是一个孩子，孩子有权利发挥自己的个性，压抑他的个性就是抹杀他的生命力，这是对牛牛的侵权行为……"法国媒体告诉牛妈妈，他们不愿意看到将来的钢琴家、艺术家、大师变得没有个性，笑起来很僵硬，他应该个性开朗、活泼，就像郎朗那样，非常健康、阳光……

牛牛却安慰妈妈说："妈妈，你没错，应该对我严格要求。我将来一定要超过郎朗。我要在 2008 年奥运会上弹钢琴，我要自己创作一首《2008 奥运幻想曲》，为全世界观众演奏，看他们说是我像郎朗，还是郎朗像我。"

期待牛牛健康成长

牛牛还是个小孩，经常会把"猴子"的天性暴露无遗。一节课，他的注意力最多只能集中 10 分钟，其余时间，不是抢人家的橡皮，就是折断同学的铅笔，要不就撕人家的作业本。但他只要坐在钢琴或书桌前，立刻会安静下来，变得很有自控力，学音乐对他来说，从来不是一种讨厌的负担和义务。他的想象力非常丰富，能编出许多美丽、忧伤的故事。小学二年级，他已经读完了中国四大古典名著。每天睡觉前，他妈妈都要给他念散文或讲童话故事。几年间，他已经读完了几百本书，也将《论语》读了一遍，并背诵《唐诗三百首》中的诗篇。老师们教育他，音乐是情绪的表达，只有吸收小说、电影、舞蹈、诗歌、绘画等各种艺术养分，才能让音乐与人共鸣，综合素质的提高，会融化在对音乐的理解中。于是牛牛也画起图画来了，家里就收藏了 100 多幅他画的画。

上海田园路第一小学出于对天才学生的特殊培养，根据他的特点，给他学习减负，每天只需上半天课，另外半天让他自由学习和发展。牛牛也真争气，期末考试成绩名列年级前茅，英语 100 分，作文成了范文。

破格转入"上音"附中以后，学校给他制订了一整套学习计划。这些计划包括每年 10 条乐谱。通常"上音"附中的学生一年可以学习四五条乐谱，但牛牛 10 条乐谱，两三天就全背下来，神奇可见一斑。作为班上的基乐课代表，牛牛特别喜欢背谱写谱，并且嗓门特别大。国庆节到了，学校布置学生出简报，牛牛创作了两首曲子，登在自己的简报上。他说，他有一个梦，就是在 2008 年北京奥运会开幕式上，能演奏自己创作的曲子。

家长自感责任重大，他们为牛牛倾注了全部心血。牛妈妈说，牛牛与我同样属牛，有着与我同样的犟脾气，做什么事情，非达到目的决不罢休。其实，我们只是希望他有一个目标，一点也不强求。我们都已经想好了，牛牛到 10 岁时，如果能够出成绩，那我们就义无返顾地继续支持下去，甚至送他出国深造；如果成绩出不来，那也没关系，到时候让他自己选择。我们现在做的只是提供力所能及的最好的条件和环境，让他充分吸取营养。至于他能不能出类拔萃，那就得靠他自己。我们只是不希望当他长大时，抱怨我们为什么不培养他。她坚信，母爱的伟大之处正在于她不会轻易将教子成才的责任假手于人，哪怕再苦再累，也要陪伴儿子一同放飞梦想！

牛爸爸说，作为父母，总想给孩子最好的，愿音乐能伴随他一生快乐，我们再苦再累，也心甘情愿了。一切顺其自然吧！不管孩子将来走什么道路，父母作为孩子的第一任老师，都应该帮助他养成良好的品行，树立正确的人生观，而这要从生活的点滴小事培养起，例如不挑吃，不挑穿，不能有独生子女的骄娇二气，在艰苦的生活中磨炼，正确认识所取得的成绩，全面学好文化科学知识等。在孩子年纪尚幼、自制力尚差，但又有很强的可塑性时，因势利导非常关键。只要有耐心、有恒心和责任心，孩子就会给我们带来惊喜。孩子是父母亲的，但最终是社会的，国家的，父母一定要负起属于自己的那份责任，决不能有愧于社会和国家！

天才确实是一件"易碎品"。著名钢琴家傅聪认为，年纪还小，千万别让牛牛就参加比赛，别让功利心毁掉一棵好苗子。"上音"的一些老师认为，牛牛有天才，但他的音乐没有年龄较大的琴手听起来扎实。因为缺乏生活阅历，他对音乐要深刻理解还很难。这一点，在驾御大作品时犹为明显。"上音"钢琴系副主任苏彬说，给牛牛一个低调的生活环境比过多地曝光更有利于他的健康成长。专家们纷纷建议不要让他过多参加演出，而是脚踏实地地全面发展，扩大曲目，将来成长为一名有深厚文化底蕴、技术高超、风格鲜明的演奏大师。

所以导师们感到自己的责任更大。他们深知牛牛必须走好人生的每一步，方能成为大器。"学艺先树德"，成为一个身心健康的人，比成为一个音乐家更为重要。老师要有师德，认真负责，才能言传身教，率先垂范。

老师们一再强调，学钢琴不能期望一夜成名，不管是我们，还是父母亲，都不能太功利主义，拔苗助长，而应该慢慢积累，让孩子在"玩"中学，学生、老师和家长都能从音乐中感受到快乐。父母亲应当从内心里肯定、鼓励孩子，激发他的学习兴趣和干劲，让孩子能积极、持久地学习。一家人都热爱音乐，平时在家中，在车上，经常放古典名曲，培育全家都喜爱钢琴的土壤，这就会无心插柳柳成行，让幼苗在音乐的熏陶中茁壮成长。过程认真，结果随缘，是人才，总会打造出来的。

导师们在教学生时，绝不仅仅是"五指训练"而已，而是教孩子表达音乐，欣赏音乐。比如在短曲中，讲清故事中的悲欢离合，让孩子的手指运动有目的，有意境，有审美情趣，言之有物，即先爱好，再理解，后表现，用心弹琴。这样，教、学双方都从中得到乐趣。他们特别重视培养牛牛的个性、独特的想象力和创造力。至于演奏风格，导师们没有强求过，只要牛牛能把自己的风格表现周全，他们就给予肯定。但是家长和老师们一致决定，在当前这个阶段，牛牛要避免参加任何比赛，更不要热衷考级，而多开一些音乐会。

天才被发现之后，不少国家想"挖"他到国外学习，有的钢琴公司想请他当形象代言人，海外一些商业演出机构也找上门来了。出于对牛牛的关爱和保护，家长、老师、学校都一一谢绝了。我想这完全正确，我们绝不能捧杀天才。

我之所以不厌其烦地引述了这么多言论，因为我觉得这些见解不仅对牛牛有用，而且是培养琴童乃至一般学生的"通则"和普遍经验。牛牛应当健康地成长为演奏、创作和教学三位一体的音乐家，成为演奏家、作曲家和音乐教育家。这是许多音乐大家的共同道路，如周淑安、李嘉禄、李焕之、殷承宗等，都是这么走过来的。

牛牛是幸运的，他的天赋一早就被发现，他的潜力4岁时就被有意识地挖掘，他得到了天时、地利和人和的全部条件。我们祝福他一路走好！

2007年2月15日于鹭江天风阁

附　录

厦门音乐大事记

（1830—2006）

1　1830 年，厦门首家南音曲馆金华阁南乐社成立。

2　1847 年，鼓浪屿人林铖受聘赴美国教授中文。两年后回厦，在其所著《西海纪游草》中记述他在美国所见："番女虽工诸艺，予独取其风琴，手弹足按，音韵铿锵，神致飘然。"这比被学术界称为近代中国第一个（1866 年在上海）看到风琴的张德彝早了近 20 年。

3　1848 年，"中华第一圣堂"——厦门新街礼拜堂建成，率先吟唱《闽南圣诗》。

4　1857 年，文德堂出版章焕编撰的南乐著作《文焕堂初刻指谱》。

5　1878 年，鼓浪屿出现第一台管风琴。

6　1883 年，集安堂南乐社成立。

7　1894 年 5 月 4 日，周淑安诞生于鼓浪屿。

8　1898 年创办的英华书院开设音乐课。

9　1904 年锦华阁南乐社成立。

10　1906 年创办的鼓浪屿女子师范学校开设音乐课。

11　1908 年，美国舰队访厦，在欢迎会上，鼓浪屿女子师范学校学生周淑安用英语演唱美国国歌，大受赞赏。

12　清末民初，闽南语歌曲开始在厦门汇集、流行、创作、出版、交流、辐射，这些歌曲包括用闽南语演唱的传统歌谣和创作歌曲。厦门会文堂、文德堂、博文斋、世文堂、崇经堂、辅仁堂、文记堂、鸿文堂、石印书局等出版的闽南语"歌子册"，风行闽南、台湾和海外。厦门成为闽南语歌曲的重镇和中心。

13　1912 年，著名南乐家林霁秋（1869—1943）倾注半生心血，完成《泉南指谱重编》巨著。自筹资金，由上海文瑞楼书庄出版。

14　1913 年，鼓浪屿出现第一台钢琴，是菽庄花园主人林尔嘉从国外购进的。

15　1914 年农历 3 月 30 日，林俊卿诞生于鼓浪屿。

16　1914 年，著名南乐家林祥玉（1854—？）编著的《南音指谱》全集 4 册在台湾出版发行。

17　1914 年，周淑安作为我国第一批公派出洋学习音乐的女留学生，到美国哈佛大学攻读。1919 年毕业，1925—1927 年在厦门大学任音乐研究员兼合唱指挥。

18　1916 年教会办的毓德女学组织管弦乐队和合唱团，演出题为《明亮的星》大合唱。

19　1919 年 2 月 18 日，李嘉禄诞生于同安县后滨乡同美村。

20　1921 年圣诞节，由鼓浪屿毓德女中 20 名少女和寻源书院 50 名青年演出男女声合唱曲。

21　1925 年，鼓浪屿寻源书院组织一支 20 人的小乐队。

22　1930 年，鹭江南乐研究社成立。

23　1932 年，周淑安以五线谱印行了她的《儿童歌曲集》（1935 年再版），她创作的摇篮曲《安眠歌》，词用厦门家喻户晓的方言童谣："噢噢眠，一暝大一寸；噢噢惜，一暝大一尺。"以钢琴伴奏，反复唱 8 遍。这是我国第一首花腔歌曲。

24　1934 年 6 月 12 日，吴天球诞生于同安县石浔村。

25　1935 年，李焕之在厦门双十中学高一年读书时，为郭沫若的诗《牧羊哀歌》谱曲，成为他成名的处女作。

26　1936 年初，厦门新华西乐队成立。

27　1936 年 7 月，厦门音乐研究社成立。

28　1936 年 9 月，毕业于集美高级师范学校、留学于日本帝国音乐学校的蔡继琨，以自己的第一首管弦乐曲《浔江渔火》获得"日本现代交响乐作品"比赛首奖。当时中国驻日大使许世英于 1937 年元旦，在东京特别为蔡继琨举行庆祝会，公开表彰他的作曲成就。

29　1936 年底，中山公园举行千人参加的抗日救亡歌咏大会。

30　　1936 年 11 月 15 日，胡友义诞生于鼓浪屿。

31　　1937 年初，厦门大学及厦门各中、小学相继成立歌咏队、合唱团，到处响彻抗日救亡歌声。

32　　1937 年 5 月，李叔同作词作曲的《厦门第一届运动会歌》发表并演唱。这是他一生创作的最后一首歌曲，表达其崇高的爱国情感。

33　　1937 年 7 月，李焕之在厦门创作《厦门自唱》、《慰劳前方弟兄歌》（均为蒲风作词）。

34　　1937 年 9 月 3 日，厦门儿童救亡剧团成立，开展一系列抗日救亡宣传活动。剧团创作了团歌，由童晴岚作词，叶绵绵作曲。

35　　1938 年 5 月 11 日，厦门青年战时服务团成立，创作了团歌，由童晴岚、童丹汀、许文辛作词，曾雨音作曲。

36　　1941 年，殷承宗诞生于鼓浪屿。

37　　1946 年 6 月 28 日，许斐星诞生于鼓浪屿。

38　　1947 年 12 月，李未明诞生于鼓浪屿。

39　　1948 年，鼓浪屿成立厦门艺术协会，由留学英国、法国、瑞士学习音乐艺术归来的林克恭（林尔嘉之子）发起。

40　　1948 年 12 月 15 日，厦门市文工团成立，准备解放进城。

41　　1950 年 5 月 21 日，厦门市音乐工作者协会（1988 年 7 月起改称音乐家协会，简称音协）成立。历届音协主席分别是王政声、杨炳维、袁荣昌、吴培文。

42　　1950 年 11 月，厦门市星海合唱团成立。

43　　1951 年 2 月 25 日，厦门音协举行抗美援朝义演，演出三幕歌舞剧《1951 颂》、《黄河大合唱》及三幕五场歌剧《鸭绿江上》，由杨炳维负责主要的导演工作。

44　　1951 年春，集美星海合唱团成立。

45　　1951 年夏，厦门市南乐研究会成立。

46　　1952 年 7 月 20 日，许斐平诞生于鼓浪屿。

47　　1953 年，江吼创作《东山战斗联唱》（童晴岚词）。

48　　1954 年底，金风南乐团（厦门南乐团前身）成立。

49　　1955 年 12 月 21 日，黄三元诞生于鼓浪屿。

50　　1957 年，南曲大师纪经亩创作的南曲《沁园春·雪》参加全国音乐舞蹈会演，获得很高评价。他于稍后创作的南曲《七律·长征》更系上乘之作。他是全国第一个为毛泽东诗词谱曲的音乐家。

51　1958 年，鼓浪屿合唱团成立。

52　1958 年，李焕之参加全国文艺界福建前线慰问团，回到了阔别 20
　　多年的故乡，搜集素材酝酿创作。1960 年 7 月，写出了《第一交响
　　乐 —— 英雄海岛》（后改名《天风海涛》）。

53　1959 年，江吼、纪经亩、白厚、陈福例创作南音大谱（器乐曲）《闽
　　海渔歌》。这是近百年来，继传统十三套大谱后的又一新作，被称为
　　第十四套大谱，既有南音的独特风格，又有时代新意，成为海内外南
　　音界经常演奏的曲目。

54　1960 年 10 月，电影《英雄小八路》在厦门拍摄，主题歌《我们是共
　　产主义接班人》于 1978 年 10 月 27 日，由共青团十届一中全会通过
　　为中国少年先锋队队歌。

55　1962 年，殷承宗获得第二届柴科夫斯基国际钢琴比赛第二名。

56　1980 年 9 月，集美大学音乐系创办（前身为集美师范专科学校音乐
　　科）。

57　1981 年 3 月，许斐星与中央乐团著名音乐家独唱独奏组（由盛中国、
　　刘秉义、许斐星等组成）回故乡演出。他还创作了歌曲《鼓浪屿，我
　　亲爱的故乡》，由著名男中音歌唱家刘秉义和厦门女歌唱家陈玲演唱，
　　他亲自以钢琴伴奏。

58　1981 年底，作曲家钟立民创作了歌曲《鼓浪屿之波》（张藜、红曙
　　词），风行全国，成为厦门的一张音乐名片。

59　1983 年，许斐平获得鲁宾斯坦国际钢琴比赛金牌奖。

60　1983 年 9 月，厦门大学音乐系创办。

61　1985 年，李焕之创作了大型民乐合奏曲《乡音寄怀》。

62　1986 年元宵节，福建省厦门南音大会唱举行，历时 5 天，海内外 27
　　个南音社团、560 多人参加。

63　1986 年 5 月，厦门市举行"厦门之歌"征歌活动，共收到歌词 200 多
　　首，歌曲 239 首。

64　1986 年 9 月 29 日，李焕之为厦门人民广播电台所写的《开始曲》，由
　　中央广播交响乐团演奏录音，在该台播出。

65　1987 年 2 月，鼓浪屿音乐厅建成并投入使用，李焕之题写厅名。

66　1988 年，厦门人民广播电台和海峡之声广播电台，发起举行"福建省
　　闽南语青年歌手广播电视邀请赛"。

67　1989 年 6 月 4 日，李焕之为电视片《白鹭女神》写主题歌《白鹭女神

之歌》(朱家麒作词)。

68　1989 年中秋，厦门南音大会唱举行，海内外 111 位弦友参加。

69　1989 年 12 月，首届大陆闽南语歌曲广播电视歌手"金宝杯"邀请赛在厦门举行，大陆闽南语歌曲的创作和演唱开始迈入有组织、有周期的循环赛事进程。

70　1990 年 2 月 23 日正式创办厦门市音乐学校，首任校长由郑石生（上海音乐学院小提琴教授）兼任，名誉校长贺绿汀（时任上海音乐学院院长）。

71　1991 年 12 月，厦门经济特区成立 10 周年系列庆典中，举行了"海峡两岸闽南语歌曲歌手邀请赛"，台湾歌手张秀卿、王建杰在两岸隔绝几十年后第一次出现在厦门的舞台上演唱他们的成名曲，获得本次原创歌曲一等奖的《鹭岛谣》被张秀卿带回台湾演唱。从此，两岸闽南语歌手的互动与创作交流进入了活跃期。

72　1992 年，黄三元荣获文化部授予的"高级调律师"称号，这年他 37 岁，是当时中国最年轻的高级调律师。

73　1993 年，鼓浪屿"琴园"落成，占地 3 万平方米，设有余悠门、怡韵楼、听涛崖和流音小筑、琴思广场、旋律广场等。

74　1994 年 4 月 2 日，由厦门市人民政府、中央音乐学院主办的殷承宗钢琴独奏会在鼓浪屿音乐厅举行。这是殷承宗赴美国定居后首次回故乡演出。

75　1995 年中秋，厦门南音大会唱举行，海内外 37 个社团 650 位弦友参加。

76　1998 年元月，厦门艺术剧院管弦乐团举办交响音乐会，开创了厦门新年音乐会的先河。

77　1998 年 9 月 9 日，厦门爱乐乐团成立，由我国著名指挥家郑小瑛教授任艺术总监和首席指挥。

78　1998 年 9 月 11 日，许斐平于 1979 年赴美后首次回故乡，在鼓浪屿音乐厅举行钢琴独奏音乐会，获得很高的评价；他将此次演出个人所得的人民币 2 万元，悉数捐献给长江水患灾区的人民。

79　1999 年起，厦门爱乐乐团开始举行新年音乐会、春节音乐会。

80　1999 年 2 月，厦门市人民政府授予李焕之"厦门市首届文学艺术创作荣誉奖"。

81　1999 年 9 月，厦门爱乐乐团与钢琴大师殷承宗合作，举办纪念萧邦逝世 150 周年国际音乐周。

82 2000 年 1 月 8 日，鼓浪屿钢琴博物馆开幕。这是我国第一座钢琴博物馆，由原籍鼓浪屿的澳大利亚华人胡友义先生及其夫人黄玉莲女士，捐赠 70 架古琴名琴、50 多对古典钢琴烛台和 4 盏油灯、100 多个造型各异的古钢琴把手、4 块钢琴琴弦板以及著名钢琴家照片和有关的油画名作，组成两个展馆和一条琴廊，并特辟一间许斐平纪念室。

83 2000 年，厦门爱乐乐团与殷承宗合作，举行全国巡回演出，庆祝殷承宗钢琴艺术生涯 50 年。

84 2000 年 5 月，许兴艾应鼓浪屿区邀请，回到阔别 19 年的故乡，在鼓浪屿音乐厅举行钢琴独奏音乐会，获得热烈欢迎。

85 2001 年 11 月，《鼓浪屿文史资料》第七辑推出《音乐专辑》，比较全面、详细地介绍鼓浪屿的音乐概况和著名音乐家。

86 2001 年 11 月 27 日，许斐平因车祸罹难，巨星殒落，寰球同悲。

87 2002 年 4 月，鼓浪屿音乐厅改建完成。

88 2002 年 5 月 10 日—20 日，由中国音乐家协会、鼓浪屿区政府合办的第二届中国音乐"金钟奖"暨首届鼓浪屿（国际）钢琴艺术节在鼓浪屿举行，闭幕式上，中国音乐家协会授予鼓浪屿"音乐之岛"牌匾。其间，还举办第二届（厦门）国际（美国）音乐周、首届"民族之光"大学生音乐节、中华民族儿童歌舞周、全国第三届小提琴学术活动、中央电视台《同一首歌》大型艺术活动。5 月 16 日，鼓浪屿"名人手掌墙、脚印路"启动，中外 11 名音乐家留下第一批手足印，他们包括：周广仁、鲍惠荞、陈佐湟、杰弗里·托萨、米歇尔·布敦克、乔治·菲德里克、奥索金奥、柳芭·蒂莫菲耶娃等大师。

89 2002 年 10 月，由柴可夫斯基国际明星协会和厦门市人民政府共同主办的第四届柴可夫斯基国际青少年音乐比赛在厦门举行。

90 2002 年 11 月，袁荣昌为南音乐舞剧《长恨歌》作曲，荣获"文华音乐创作奖"；吴世安荣获"文华音乐创作奖"和"文华表演奖"。

91 2003 年 4 月 1 日，傅聪钢琴专场音乐会在厦门人民会堂举行。

92 2003 年 7 月，由中音乐家协会、福建省文联、东南电视台联合主办的"施琅杯"首届中华闽南语歌曲电视大赛，在厦门决出本届的十大金曲：《望你快乐》、《鹧鸪飞》、《不同款的情份》、《夏夜的沙滩》、《故乡的声音》、《天公落春雨》、《唱块咱厝的歌送给你》、《难忘那首歌》、《正月点灯红》、《荔枝与龙眼》。

93 2003 年，黄三元研究设计的"三角钢琴铸铁板"荣获"亚洲国际新技术新产品博览会金奖"。

94 2003 年 8 月 9 日，6 岁的钢琴神童牛牛（原名张梓恒、张胜莨）在厦门市老人活动中心举办钢琴独奏音乐会，门票所得的 5500 元人民币，全部捐献给希望工程。

95 2004 年 5 月，第二届"美国音乐周"在鼓浪屿举行。

96 2003 年 11 月，庄晏红作词的歌曲《故乡在海边》荣获第四届中国电视金鹰奖观众最喜爱的电视歌曲奖。

97 2004 年 7 月 30 日，由中国音乐家协会、鼓浪屿 —— 万石山管理委员会、厦门市旅游局、厦门市思明区人们政府主办的第二届鼓浪屿钢琴节开幕，同时举办全国青少年钢琴比赛和中国之旅巡演音乐会。"中国巡演音乐会"8 月 1 日在北京，8 月 4 日在上海，8 月 8 日在广州，8 月 10 日在香港举行。由鼓浪屿钢琴博物馆提供 4 台名琴：1888 年产于美国的斯坦威，1904 年产于法国的埃拉德，1917 年产于澳大利亚的威尔坦，1937 年产于德国的博兰斯勒。演奏家为：许兴艾、陈萨、孙梅庭、米歇尔·布敦克（法国）等著名钢琴家。

98 2005 年 1 月 28 日，鼓浪屿风琴博物馆试行展览，江泽民主席亲题馆名。鼓浪屿风琴博物馆展出胡友义先生收藏的管风琴、簧片风琴、手风琴、口风琴等种类多样的古风琴珍品。人们在这里不仅可以看到管风琴的外形和内部结构，还能定期欣赏到管风琴庄严圣洁的演奏。馆内的"稀世珍宝"是一架巨型的管风琴，高 11 米，宽 12 米，由位于中间的一个巨型演奏台和左右两排音管组成，共有 7400 多根音管。巨型演奏台具有复杂的机械功能，单是键盘就有 4 排，演奏时两边的音管同时发声。这架艺术精品，由 20 世纪初世界最著名的管风琴设计师设计，由著名雕刻家完成雕刻，具有法国古典浪漫派的艺术风格。除了音管，其他全部用上等橡木制作。每一根立柱都有镂空雕刻的精美图案。这是当时世界上最名贵的管风琴。

99 2005 年 5 月 19—22 日，鼓浪屿举行第三届"美国音乐周"，共举行 4 场音乐会和 6 场钢琴大师班讲座，美国派出 7 位音乐家与会。福建省音乐家协会钢琴专业委员会于 5 月 19 日在鼓浪屿成立。

100 2005 年 5 月，在曾厝垵海滨的音乐广场初具规模，占地 4 万多平方米，沿着 700 多米海岸线铺展。广场主要建造 3 组雕塑：李焕之纪念区、鼓浪之子（周淑安、林俊卿、殷承宗、许斐平、陈佐湟）、音乐

的海洋 —— 厦门爱乐乐团及郑小瑛雕塑。此外，还有各国著名音乐家石雕简介或头像浮雕。5 月 22 日，举行李焕之铜像落成揭幕典礼。

101 2005 年 7 月 14—18 日，举办首届"厦门 —— 鼓浪屿音乐夏令营"，来自厦门、温州、宁波、杭州的 40 多位 8 至 16 岁学生参加"7 个 1 活动"。

102 2005 年 8 月 7—20 日，"中行之星"首届殷承宗钢琴大师班在鼓浪屿举办。殷承宗工作室正式启动，附楼开设殷承宗音乐人生馆。

103 2005 年 8 月 12—15 日，由中国文联、中国音协、厦门市人民政府主办的纪念中国人民抗日战争及世界反法西斯战争胜利 60 周年"全国合唱展演"在厦门举行，共有 61 个合唱团参加。

104 2005 年 8 月起，由厦门市广电集团与台湾八大电视股份有限公司联办的"两岸闽南语歌手大赛"隆重举行，并由听众与专家评出"闽南语十大经典金曲"：《车站》、《望春风》、《浪子的心情》、《家后》、《欢喜就好》、《双人枕头》、《天公疼憨人》、《针线情》、《空笑梦》、《爱拼才会赢》。

105 2005 年 12 月 30 日，黄三元以"一级钢琴制造高级技师"身份，荣获"香港国际皇家社会科学院"授予的院士称号，香港皇室文化研究会授予的爵位证书。

106 2006 年 4 月 6 日，厦门大学 85 周年校庆，中央电视台《同一首歌》走进校园。

107 2006 年 5 月 1 日起，鼓浪屿音乐厅"天天演"开始，厦门各高校在一周中以"流金岁月，鼓浪情怀"为主题，举行多场演出。

108 2006 年 5 月 17—20 日，鼓浪屿 —— 万石山管理委员会和《厦门日报》联合主办了第四届"美国音乐周"，共举行 4 场音乐会，美国著名钢琴家巴里·斯奈德举行独奏音乐会，慰问"抗击台风的勇士"。

109 2006 年 5 月，面向海峡两岸和港澳台、东南亚的厦门市首届"闽南语原创歌曲大赛"正式启动，10 月 5 日中秋节前夕，举行最后决赛。

110 2006 年 6 月 1 日，鼓浪屿诗歌节开幕，由上海音乐学院、福建省文联、福建省音乐家协会、福建省艺术研究所、鼓浪屿 —— 万石山风景名胜区管理委员会共同主办"郭祖荣音乐创作 60 周年、音乐教育 55 周年室内音乐会"。

111 2006 年 6 月 17 日，为迎接第四届世界合唱比赛，宏泰集团所属厦门宏泰名典琴行作为比赛唯一指定乐器赞助商，耗资近 150 万人民币，从奥地利购进 97 键 9 英尺半的"蓓森朵芙"帝王大钢琴运抵厦门，同时还有 16 架星海牌 9 英尺半钢琴以及购自日本等地的电子管风琴、电子琴和架子鼓等，将无偿提供给合唱比赛使用。宏泰名典琴行还将一台价值 30 多万元人民币的星海牌钢琴捐赠给厦门六中。宏泰集团董事长曾琦博士希望让世界合唱爱好者见证厦门实力。宏泰集团并在宏泰中心建设一座高水准音乐厅，设立"中国民乐博物馆"。

112 2006 年 7 月 15 日至 26 日，由厦门市人民政府和国际文化交流基金会主办的第四届世界合唱比赛在厦门举行。此次盛会，创下了八最：①规模最大、参赛选手最多 —— 有 80 多个国家和地区的 400 多个合唱团参加，其中外国团队 270 个，中国团队 140 个，参赛选手共约 2 万人。②规格最高 —— 国家主席胡锦涛特地发来贺信，其他国家领导人和社会名流也纷纷致辞或题词，国务委员陈至立参加开幕式，并宣读胡锦涛主席贺信。③总合唱时间最长 —— 演唱时间共达 11000 分钟，相当于 8 个昼夜不间断表演。④评委最多 —— 评委会由 75 名国际著名音乐家组成，其中中国评委 26 名。来自德国、匈牙利、瑞典、中国厦门的 5 名专家担任艺术总监，德国、中国、俄罗斯等 58 个国家和地区的专家组成比赛执行委员会和咨询委员会。⑤合唱水准最高 —— 演唱形式不拘一格，设置了 26 个比赛项目，几乎涵盖了所有的合唱类别，也允许加入特色表演。⑥投入使用的比赛场馆最多 —— 比赛主会场面积达 12000 多平方米，观众席位 7140 个，其他分会场有 6 个。⑦创新机制，市场运作力度最大。⑧世界合唱奥林匹克理事会决定在鼓浪屿建立合唱艺术中心，作为世界各国合唱艺术家讲学的一个平台，各国合唱团和合唱艺术爱好者学习、交流和演出的一处基地，使厦门的合唱艺术事业与国际的合唱艺术事业更紧密地联系在一起。厦门市市长张昌平应邀担任世界合唱奥林匹克理事会名誉主席团成员，并被授予一块世界合唱比赛金牌。

113 2006 年 7 月 17 日上午，第四届世界合唱比赛文化墙揭幕。它矗立在音乐广场上，长 13.89 米，高 3.5 米，以花岗岩为材，抽象地雕塑了合唱团队，并留下参赛国家、地区和合唱队名字，获奖者名单，永久记录下厦门与世界同唱的美妙时刻。李岚清题："心灵歌声和谐旋律。"吴祖强题："促进合作发展，高歌和平友谊。"

114 2006 年 7 月 30 日，中共福建省委常委、厦门市委书记何立峰会见胡友义先生及其夫人，他代表厦门市委、厦门市政府对胡友义先生表示感谢："您为厦门做了一件大好事。您捐建的鼓浪屿钢琴博物馆，进一步夯实了鼓浪屿乃至厦门厚重的文化底蕴。"何立峰说："胡先生的义举十分感人，他捐献的每一台钢琴，都是一段历史，都是一件精美绝伦的艺术品，它们的价值难以用金钱来衡量，影响难以估量；胡先生独具匠心，为此倾注了极大的热情，付出了大量的心血。鼓浪屿钢琴博物馆的创立，使音乐的魅力和琴岛的风光巧妙地结合在一起，让人们的精神在艺术的熏陶中得到进一步升华。今后我们将会把鼓浪屿这座音乐之岛建设得更加美好。"胡友义先生衷心感谢厦门给了他回报故乡的机会。他表示，今后还要为琴岛的建设继续做出贡献。

115　2006 年 7 月 31 日至 8 月 7 日，第三届鼓浪屿钢琴节暨全国青少年钢琴比赛在鼓浪屿举行，由中国音乐家协会和鼓浪屿 —— 万石山风景名胜区管理委员会共同主办。本届活动主打青少年牌，邀请最近在国际比赛中获奖的青年钢琴才俊、中国著名钢琴教育家举办音乐会和大师班，同时配套举办管风琴音乐会、室外钢琴秀等活动。在开幕式上，管风琴和钢琴重奏第一次在中国音乐会上奏响，澳大利亚著名钢琴家杰弗利·托萨和管风琴演奏家瑞思·博克用钢琴和管风琴，和谐地奏出了美妙的乐章；著名作曲家钟立民先生指挥鼓浪屿合唱团唱响了《鼓浪屿之波》。著名作曲家黄安伦为该赛事创作了钢琴协奏曲《鼓浪屿》，作为进入决赛选手的必弹曲目。德国博兰斯勒钢琴总公司为本届钢琴节免费提供 11 台钢琴，其中 3 台九英尺博兰斯勒三角钢琴为独奏音乐会及决赛服务，8 台博兰斯勒"欧米勒"系列立式钢琴，提供给户外钢琴秀表演。

116　2006 年 8 月 3 日，中国东方乐团在维也纳金色大厅举行东方交响音乐会，厦门市王天一古筝新筝教学中心主任、青年古筝家程似锦作为乐团的主要演员担当第一古筝演奏员，表现突出，获得好评。她演奏的《秧歌情》、《喜奔那达慕》、《红山魂》等曲目，委婉细腻，情曲交融。

117　2006 年 8 月 5—6 日，第二届海峡两岸大学校园歌手邀请赛在厦门举行。邀请赛以"唱响明天"为口号，由中华全国学生联合会主办，福建省学生联合会、台湾中华青年交流协会、厦门市学生联合会承办。在经过选拔以后，最后有来自两岸 42 所大学的 46 名（组）选手参加。

118　2006 年 8 月 11 日，第四届世界合唱比赛纪念钟安放在"音乐之岛"鼓浪屿港仔后浴场休闲广场中央，作为和平与友谊的见证。这座由铜锡合金铸造的纪念钟高 1 米，口径 0.7 米，重 600 公斤，加上钟架总重 1 吨。

119 2006 年 8 月 16 日至 25 日，由 21 人组成的厦门艺术代表团，赴法国波里沃参加第 23 届法国波里沃国际音乐节，小乐手们的精彩表演获得很高的评价。

120 2006 年 8 月 27 日，牛牛钢琴音乐会在英国伦敦王室音乐厅举行。这是 9 岁的牛牛在国外举办的首场个人专场音乐会，获得英国听众和音乐家们的高度评价。

121 为庆祝我国与奥地利共和国建交 35 周年，两国于 2006 年 9 月 26 日，联合发行"古琴与钢琴"邮票。邮票中的三角钢琴博森多弗产地维也纳，中国最佳相关地是鼓浪屿钢琴博物馆。所以邮票首发式在鼓浪屿举行，并在鼓浪屿钢琴博物馆举行露天音乐会。

122 彭一万作词、王大伦作曲、陈飞演唱的闽南语歌曲《蝴蝶》，被 2006 年 11 月举行的"中华首届全球闽南语歌曲创作演唱大赛"选为主题歌。钟桦作词作曲的《博状元》获金奖。

123 2006 年 11 月间，《厦门管风琴博物馆、乐器博物馆规划与建筑设计方案》通过专家评审。管风琴博物馆公园建于鼓浪屿三丘田码头至黄家渡一带，占地 4 万多平方米，内建一座建筑面积约 1000 平方米的玻璃立面管风琴博物馆。鼓浪屿原肺科医院改建为乐器博物馆，并自八卦楼沿山至海滨建设音乐广场。

124 2006 年 12 月间，厦门音乐学校毕业、中央音乐学院三年级研究生潘晓勃，获哈萨克斯坦第三届国际钢琴比赛银奖，其指导教师是中央音乐学院厦门籍教授杨鸣。

2006年12月22日于鹭江天风阁

这份《厦门音乐大事记》根据作者掌握的资料整理而成，难免挂一漏万，评价取舍也可能不够准确，请读者批评指正，特别要敦请知情者不吝赐教，以期准确完整。

厦门音乐社团

专业社团

厦门市文工团（1948.12.15.）

厦门南乐团（1954.）

厦门歌舞剧院管弦乐团（1997.12.）

厦门爱乐乐团（1998.4.）

业余社团

金华阁南乐社（1830）

集安堂南乐社（1883）

锦华阁南乐社（1904）

鹭江南乐研究社（1930）

厦门市南乐研究会（1951）

集美南乐研究会（1954）

厦门大学歌咏团体

　　铁声歌咏团（1941.3.29.）

　　大家唱歌咏队（1947.12.）

　　海音歌咏队、啄木鸟歌咏队、铁流歌咏队（1948.10.）

厦门市星海合唱团（1950.11.）

集美星海合唱团（1951.春）

鼓浪屿合唱团（1958.）

厦门市老战士合唱团（1988.3.）

厦门市老教师合唱团（1990.）

厦门市侨友合唱团（1998.）

厦门音乐世家

殷 家 ||||||||||||||||||||||||||||||||||||||||||||||||||||||||||||||||||||||||||||||||||||||||||||||||||||

指殷承宗家。

殷承宗夫人陶宗舜是钢琴家，中央音乐学院钢琴系毕业，1980 年赴美留学，1993 年获全美专业钢琴教学证书。他们的女儿殷悦，1999 年毕业于耶鲁大学音乐学院，主修作曲。

殷承宗的姐姐殷彩恋是女歌唱家，曾赴美深造，20 世纪 20 年代灌制过唱片《何处呼声》、《歌吾入梦》等。

殷承宗的哥哥殷承典是音乐教育家，曾任厦门市音乐学校常务副校长、厦门市音乐家协会副主席。

殷承宗的弟弟殷承基，是男中音歌唱家，毕业于上海音乐学院，1986 年赴美深造。其夫人王伟芳是女高音歌唱家，毕业于上海音乐学院，1987 年赴美深造。夫妇两人均活跃于美国乐坛，事业有成。

许 家 ||||||||||||||||||||||||||||||||||||||||||||||||||||||||||||||||||||||||||||||||||||||||||||||||||||

许家出了三兄弟——老二许斐尼毕业于中央音乐学院小提琴系，老三许斐星毕业于中央音乐学院钢琴系，老五许斐平毕业于上海音乐学院钢琴系。他们的母亲张秀恋是教堂里的司琴，是兄弟们的音乐启蒙老师。

许斐星的夫人刘锦嫒毕业于中央音乐学院，是一位钢琴家、竖琴家。

他们的女儿许兴艾毕业于茱丽娅音乐学院（本科）和耶鲁大学音乐学院，获硕士学位，是著名的青年钢琴家。

杨 家

杨炳维是厦门市老一辈音乐家，笔名杨扬，国家一级作曲家。他早年就学于国立福建音专，毕业于上海国立音专，担任过厦门市音乐家协会主席、福建省音乐家协会副主席、厦门市歌舞团团长。他的创作颇多，在国内外有较大影响。他的四个儿女都从事音乐艺术工作。

大儿子杨镇是厦门大学艺术教育学院音乐系副主任、副教授，二儿子杨健是厦门教育学院音体美专业负责人，三儿子杨鸣是中央音乐学院钢琴系教授，曾赴美留学，后来又经常赴国内外讲学及演出，受到很高评价。女儿杨素芳是厦门歌舞剧院交响乐团大提琴手。

谢 家

谢旭、胡朗夫妇早年毕业于重庆国立音乐院（中央音乐学院前身），是资深的音乐教育家、指挥家，在厦门市任教期间，培养了大批音乐人才，创作了许多歌曲，出版了专著《岁月留歌》。他们的儿孙们也有很多音乐人才。女儿谢嘉陵是音乐教师；儿子谢嘉幸是中国音乐学院音乐研究所所长、教授，创办了音乐教育系，发表许多论文，出版多部论著，2006 年获得"北京拔尖人才奖"，并以访问学者的身份赴美国讲授"中美音乐教育比较"等课程。大孙女郭菱毕业于厦门大学音乐系，潜心于钢琴艺术；二孙女郭芸毕业于上海音乐学院钢琴系，现在中国音乐学院钢琴教研室任教并兼附中部钢琴教研室主任，她的丈夫张维毕业于上海音乐学院钢琴系，现在中国音乐学院钢琴教研室任副主任。他们最小的孙女谢谢，在中国科技大学附中读书时，于 1995 年作为北京小钢琴家代表，赴澳大利亚交流演出。他们全家 19 人，共有 10 台钢琴，可谓"钢琴世家"、"音乐世家"。

李 家

李未明的母亲颜宝玲是花腔女高音歌唱家，他的大哥擅长黑管，大哥的女儿李晓红毕业于集美大学音乐系。李未明的弟弟李希微毕业于上海音乐学院，获硕士学位。另一个弟弟李京榕毕业于福建师范大学音乐系，均赴美留学深造。

杜 家

杜守达曾任武汉歌舞剧院首席小提琴演奏家，多次出国演出。其夫人李若梨为印尼归侨、钢琴家，在武汉歌舞剧院任职。1959 年、1961 年他俩回到鼓浪屿，从事小提琴和钢琴的教学工作，培养了一大批音乐人才。1979 年，他们全家移居香港。

他们的儿子杜俊良，1980 年考入美国茱丽娅音乐学院小提琴演奏系，1986 年毕业后加盟西雅图交响乐团。他的演奏，获得国际间很高评价，并曾多次回国演出，是蜚声乐坛的青年小提琴演奏家。

洪 家

洪永明 1937 年毕业于日本东京帝国音乐学院钢琴系，长期从事钢琴教育及演奏工作，1992 年逝世。他的三个儿子都跟他学过钢琴。大儿子洪昶于 1957 年考入中央音乐学院钢琴系，二儿子洪升、三儿子洪智均擅长钢琴演奏，经常参加演出。

郑 家

郑兴三是厦门大学艺术教育学院音乐系副教授，他的母亲阮鸣凤是退休的中学音乐教师，她和孙女的钢琴四手联奏，深受中外宾客好评。他们家收藏了 2000 盒"世界名曲"音像带，经常举行家庭音乐会。

郑 家

郑毅训、朱未夫妇均为 20 世纪 60 年代上海音乐学院毕业生，从事音乐工作 30 多年。他们的两个女儿也毕业于上海音乐学院，现从事音乐和艺术教育工作。

张　家 ....

　　张欣宁、张志玮姐弟的前辈都是音乐爱好者，成了他们的启蒙老师。姐弟俩均考入中央音乐学院附小、附中直至本科，毕业后，又先后留校任教。张欣宁受派赴美深造，现任中央音乐学院附中钢琴系主任、副教授，她的丈夫也是中央音乐学院的钢琴老师。

程　家 ....

　　程凤诗、吴佩茹夫妇均为小提琴演奏家，留美硕士，是厦门市音乐学校副教授。他们的两个儿子均为音乐学院高才生，大儿子程华威赴美攻读小提琴专业，获博士学位；二儿子程威维在中国交响乐团任第一小提琴演奏员。

吕　家 ....

　　吕振海、寿梅夫妇均毕业于上海音乐学院，现任厦门市音乐学校高级讲师，教授钢琴。其女儿吕奕书在上海音乐学院攻读西方音乐理论，毕业后留校任教。

吴　家 ....

　　吴培文，厦门大学艺术学院声乐教授，是我国著名的男中音歌唱家。其女儿吴迪是钢琴家。

张　家 ....

　　张长峰，钢琴教育家，厦门爱心培训学校校长，他的儿子张梓恒（又名张胜茛，小名牛牛）是"钢琴神童"。

厦门音乐之旅

琴岛风物

　　鼓浪屿有"钢琴之乡"、"音乐之岛"、"琴岛"的美誉，1.91平方公里土地，2万人口中，有600台钢琴。有20多户人家，能经常举行家庭音乐会，夫妇、兄弟、姐妹、祖孙、父子与亲朋好友，欢聚一堂，又弹又唱，其乐融融。轮渡广场、菽庄花园、港仔后沙滩，经常举行露天音乐会，其音袅袅。

　　鼓浪屿有一座钢琴码头，一条音乐路，一间音乐厅，一家钢琴博物馆，一家风琴博物馆，一所音乐学校，一所演艺职业学院，一个"琴园"，一个业余合唱团，构成一道亮丽的音乐艺术风景线。

学府风光

　　厦门大学艺术教育学院音乐系坐落在厦门岛南部胡里山海滨，集美大学艺术学院音乐系坐落在浔江之滨，厦门市音乐学校坐落在鼓浪屿中部高地，厦门演艺职业学院坐落于鼓浪屿西部海滨，厦门艺术学校坐落在曾厝垵海滨，中央音乐学院附属鼓浪屿钢琴学校坐落于五缘湾畔。它们有艺术内涵，文化品位，建筑物也别具一格，成为"音乐艺术知性之旅"的必选之地。

乐谱风情

环岛路胡里山炮台处，在高低错落的路段中分带，有《鼓浪屿之波》五线谱雕塑，1998 年 9 月 8 日制成。音符由花岗岩雕刻而成，书状乐谱由两块高 3.7 米、宽 2 米的花岗岩组成，五线谱长 250 米，高 1.8～3.7 米。2000 年 10 月获上海大世界吉尼斯总部颁发的"最长的五线谱雕塑"证书。乐谱雕塑与黄沙碧浪、青山黛石构成环岛路旖旎迷人的景观。

1999 年 1 月 2 日，《鼓浪屿之波》作曲者钟立民老先生来到这里参观，他说："此行最难忘的莫过于此，这是厦门人民给我的殊荣，我只有为厦门再创做出更多更好的歌曲，才能报答这样的厚爱。"

2005 年，厦门市人民政府在环岛路曾厝垵段建立"音乐广场"，为纪念李焕之同志逝世 5 周年，特建造"了李焕之纪念雕像"，由著名雕塑家李维祀教授创作：刚从海边散步回来的李焕之，静坐在礁石上凝望大海，他永远与家乡的天风海涛相伴，海魂、乐魂、乡情、歌情……交响在一起。著名作家老舍题赠给李焕之的七绝，道出了这一意境：

> 碧海为琴浪作弦，水仙吹笛老龙眠。
> 滩头自有知音客，谱出风云交响篇。

散落有致的花岗岩，雕刻着各国著名音乐家简介或头像浮雕。

南音风韵

厦门南乐团团址原在中山路中华电影院后面南田巷，二楼有一间一百多平方米的演唱厅，装修得古朴典雅。南乐团就经常在这里演出，让人们品赏"幽雅清和"（方毅题词）的音乐，"此曲只应天上有，何人不起故园情"？（余纲题联）"仙人乍听忙辞阙，游子遥闻尽望乡"。（高怀题联）2007 年春节，在中山公园西门内侧，利用历史风貌建筑——厦门通俗（教育社厦门第一个专业剧场）改建而成的"中山南音阁"正式启用。"中山南音阁"占地 2000 平方米，建筑面积 1567 平方米，内设南音表演及小型地方戏曲舞台，有近 200 个座位，并有包厢。"中山南音阁"古朴典雅，表演区和观赏区亲和相融，观众可以一边品尝闽南名茶"铁观音"和闽南名小吃，一边欣赏华丽悠扬的"千年古乐"。厦门南乐团团址也迁到这里。

要领略南音风韵，也可以上"成功游一号"仿古船，南乐团的艺术家们也经常登船表演。你在那里，可以"邀海同歌盛世，携山共舞升平"。

20世纪厦门音乐名人录

20 世纪中，小小的厦门市，诞生了和活跃着众多的音乐人，其中不乏中国、世界出名的音乐家。我根据不完全的资料，编录了其中的一部分音乐名人。

周淑安（1894—1974）—— 我国现代音乐的先驱者，我国现代第一位专业声乐教育家，第一位合唱女指挥家和女作曲家，曾任厦门大学、上海国立音专、沈阳音乐学院教授。她的儿子胡伯亮也是钢琴家。

林俊卿（1914—2000）—— 著名男中音歌唱家，中国 C 王，医学博士，"咽音练声体系"创始人。

李嘉禄（1919—1982）—— 我国著名钢琴演奏家、教育家，生前任上海音乐学院钢琴系副主任、教授，培养了像顾圣婴那样的钢琴家。

李焕之（1919—2000）—— 我国著名作曲家、指挥家、音乐理论家，生前任中国音乐家协会主席。

许斐平（1952—2001）—— 旅美著名钢琴家，被誉为"德艺双馨"的钢琴诗人。

曾雨音（1909—1991）—— 音乐教育家、作曲家，原籍龙岩，1928 年毕业于集美师范艺术科，1932 年考入上海国立音专。生前任福建师范大学音乐系主任、教授，福建省音乐家协会主席。

杨民望（1922—1986）—— 著名音乐学家，音乐翻译家，交响音乐普及专家。

颜宝玲（1924—1966）—— 女高音歌唱家。

纪经亩（1899—1986）—— 一代南音宗师，擅长琵琶演奏，创作南音新曲500多首，是全国第一位为毛泽东诗词谱曲的音乐家。

邵江海（1914—1980）—— 歌仔戏一代宗师，他创造了"改良调"，从而拯救了濒临危机的歌仔戏。

蔡继琨（1912—2004）—— 国际著名音乐家，原籍泉州，毕业于集美高师，1936年创作的《浔江渔火》，获日本国际交响乐曲公演首奖。曾任国立福建音专首任校长、台湾交响乐团首任团长、马尼拉中央大学教授，1994年创办福建音乐学院，任董事长兼院长。

殷承宗 —— 旅美著名钢琴演奏家、作曲家，为钢琴艺术的民族化做出了杰出的贡献。

郑小瑛 —— 原籍永定，著名歌剧交响乐指挥家，曾任中央音乐学院指挥系教授、中央歌剧院首席指挥。现为厦门爱乐乐团艺术总监。

王钧时 —— 厦门爱乐乐团副首席指挥。

陈佐湟 —— 旅美著名指挥家，我国第一位获得博士学位的指挥家，曾任中国交响乐团艺术总监。

许斐星 —— 旅美著名钢琴家，被美国钢琴教师协会评为"优秀钢琴教育家"。

许兴艾 —— 旅美著名钢琴家。

许斐尼 —— 旅美小提琴家。

卓一龙 —— 旅英著名钢琴家，英国皇家音乐学院钢琴系教授。

吴天球 —— 我国著名男低音歌唱家，曾任中央音乐学院声乐系主任、教授。

李海晖 —— 著名归侨作曲家，国家一级作曲。原籍永春，1940年生于马来亚，1953年就读于集美中学，后考入上海音乐学院作曲系，曾任中国电影乐团副团长、中国电影音乐学会副会长。他创作的歌曲《乒坛盛开友谊花》流传极广。

胡友义 —— 钢琴家，钢琴收藏家，"鼓浪屿钢琴博物馆"及"鼓浪屿风琴博物馆"馆藏钢琴、风琴捐赠人。

王政声 —— 钢琴家，曾任厦门市音乐工作者协会第一任主任委员，厦门大学、福建师范大学音乐系教授。

林克恭 —— 小提琴家，曾留学英国、法国、瑞士等国，学习音乐艺术。

陈鼎臣 —— 大提琴家，曾任上海音乐学院教授。

杨炳维 —— 笔名杨扬，国家一级作曲，曾任厦门市音乐家协会主席、厦门市歌舞剧团团长、福建省音乐家协会副主席。

江吼 —— 作曲家，著有《鹭岛，你早！》歌曲集，1986 年 11 月出版；《话说南曲》，2004 年 7 月中国文联出版社出版。

袁荣昌 —— 作曲家，福建省音乐家协会副主席，原厦门市音乐家协会主席。

吴培文 —— 男中音歌唱家，现任厦门大学音乐系声乐教授、硕士生导师，福建省音乐家协会副主席，厦门市音乐家协会主席。

李未明 —— 手风琴演奏家，现任厦门大学音乐系教授，硕士生导师，第 11 届全国政协委员。

周畅 —— 厦门大学音乐系民族音乐学教授，硕士生导师。

章培理 —— 厦门大学音乐系钢琴教授。

方妙英 —— 厦门大学音乐系音乐理论教授。

苏力 —— 厦门大学艺术教育学院院长、音乐系大提琴教授、博士，硕士生导师。

焦金海 —— 古筝演奏家，厦门大学音乐系教授。

胡乃君 —— 厦门歌舞剧院男高音歌唱家，国家一级演员。

马兰 —— 厦门歌舞剧院小提琴演奏家，国家一级演奏员。

邱曙炎 —— 厦门戏曲舞蹈学校教师，国家一级作曲。

王军 —— 厦门歌舞剧院指挥，原美国威斯康星大学教授。

陈建勋 —— 厦门歌舞剧院指挥，国家一级指挥。

吴宏才 —— 厦门歌舞剧院指挥，国家一级指挥。

此外，厦门大学、集美大学、厦门音乐学校、厦门艺术学校以及厦门市音乐家协会，还有一大批专业或业余的音乐家和音乐工作者，无法一一列举。

队歌，在炮火中诞生

——《中国少年先锋队队歌》诞生记

　　　　　　　我们是共产主义接班人，
　　　　　　　继承革命先辈的光荣传统，
　　　　　　　爱祖国，爱人民。
　　　　　　　鲜艳的红领巾飘扬在前胸。
　　　　　　　不怕困难，不怕敌人，顽强学习，坚决斗争。
　　　　　　　向着胜利勇敢前进！
　　　　　　　向着胜利勇敢前进！
　　　　　　　向着胜利勇敢前进！
　　　　　　　我们是共产主义接班人。

　　　　　　　我们是共产主义接班人，
　　　　　　　沿着革命先辈的光荣路程，
　　　　　　　爱祖国，爱人民。
　　　　　　　少先队员是我们骄傲的名称。
　　　　　　　时刻准备，建立功勋，要把敌人，消灭干净。
　　　　　　　为着理想勇敢前进！
　　　　　　　为着理想勇敢前进！
　　　　　　　为着理想勇敢前进！
　　　　　　　我们是共产主义接班人。

　　激越雄壮的《中国少年先锋队队歌》，像进军的鼓点，震撼着每一个人的心弦，一代又一代的少年先锋队员，唱着这支歌，走向辉煌壮丽的成年！

亲爱的朋友，你可知道，它在成为队歌之前，是电影《英雄小八路》的主题歌《我们是共产主义接班人》。它就诞生在厦门。

电影《英雄小八路》讲述的是一个真实的故事。

20世纪50年代，美国从称霸全球的战略目标出发，出动第七舰队霸占了我国的台湾海峡，盘踞在台、澎、金、马的蒋介石军队，不时骚扰大陆沿海城乡，造成人民生命财产的重大损失。1958年8月23日，为了粉碎美国分裂中国的阴谋，打击蒋军的嚣张气焰，在党中央、毛主席的部署下，中国人民解放军福建前线部队奋起炮击金门。万炮震金门，牵动着亿万人民的心。

作为炮击金门主要阵地的厦门前沿，呈现一片军民团结守海疆的壮丽景象。在炮战的日日夜夜，何厝小学13位"红领巾"，一面在硝烟弥漫中坚持学习，一面组织了"前线少年支前活动大队"，冒着枪林弹雨，穿梭在前沿阵地：擦炮弹，修公路，送茶水，洗衣服，接电线，抓特务……表现出有志不在年高的英雄气概。这个英雄群体的队长是何明全，副队长是黄水发，队员有何大年、何亚猪、何佳汝、何锦治、何亚美、黄网友、黄友春、黄火旺、郭胜源、林淑月、何星赞，共八男五女，最小年龄仅12岁。在敌人的炮火打断解放军叔叔的电话线时，他们手拉着手，连接电话线，让电流通过他们幼小的躯体，使命令传达到前沿阵地。福建前线部队授旗嘉奖，旗上写着："小英雄，志气高，巩固国防逞英豪。"

《英雄小八路》主题歌《我们是共产主义接班人》 第一次在媒体上刊登，《厦门日报》1960年12月15日

1958 年 9 月 1 日，一批"小英雄"升入前线中学——厦门第三中学就读。9 月 6 日，蒋介石军队炮轰厦门，5 位正在上课的厦门三中初一年学生被夺去了花季般的生命，校舍被炸毁，死伤 16 人。全校师生怒火燃烧，"小英雄"们更是义愤填膺，他们要求重返前沿，与解放军叔叔并肩杀敌，以牙还牙，以血还血，为死难的同学报仇。他们的请求获得了批准。厦门三中少先队总辅导员王添成老师带着这批"小英雄"，到了前沿，与何厝小学原来的"小英雄"会合，继续进行支前工作。王添成老师一方面与"小英雄"们战斗在一起，一方面注意收集材料，写成《小哨兵》、《小八路反对美国侵略》等文章，在报刊上发表，讴歌"小英雄"们的事迹。

共青团厦门市委于 1958 年 9 月 10 日，正式将这一英雄群体命名为"英雄小八路"，授予 13 位"红领巾"为优秀少先队员的光荣称号。作家、诗人、记者、画家、作曲家们，从祖国各地，从四面八方，云集厦门采访、创作，"英雄小八路"的事迹，在全国、全世界传扬。

1959 年 9 月，"英雄小八路"们全部升入中学就读。作为学校少先队总辅导员的王添成老师，与他们朝夕相处，深受其精神感动，又受到举国上下传扬"英雄小八路"事迹的鼓舞，便精心编写了五幕话剧《英雄小八路》，限于当年的环境和条件，一时无法上演。1960 年春天，上海戏剧学院陈耘教授带队赴厦门深入生活，到厦门三中访问小英雄们。王添成老师毫无保留地将自己编写的脚本和资料提供给他们参考。陈耘教授在这个基础上，写出八场话剧《英雄小八路》，由上海戏剧学院于 6 月 1 日在福州公演，作为对国际儿童节的献礼。演出引起了轰动，获得了很大的成功。

于是上海电影剧作家周郁辉，将话剧改编为同名电影剧本，由上海天马电影制片厂于 1960 年 10 月到厦门开拍，于振寰等同志带领摄制组住进厦门三中。他们邀请"小八路"总辅导员王添成老师参观剧组，并赠送周郁辉作词、寄明作曲的电影主题歌《我们是共产主义接班人》歌页。王老师哼了这支歌，被深深感染，他便率先在"小八路"学生中教唱，并请小演员们在全校传教。一时间，《我们是共产主义接班人》的歌声响彻校园上空。《厦门日报》对此作了报道，并刊登了这支歌曲。1960 年 12 月 29 日，在慰问厦门前线三军的大会上，由王添成老师策划、主持，《我们是共产主义接班人》这支歌第一次登台亮相。合唱团的成员有"英雄小八路"队员和电影剧组的小演员们，王添成老师担任指挥，手风琴伴奏是上海天马电影制片厂的冯笑和凤凰。从此，歌声响彻前沿，传遍厦门，飞向全国。

电影《英雄小八路》在全国放映后，更使它的主题歌深入人心。这支歌曲，主题鲜明，歌词言简意赅，琅琅上口；音乐激越高昂而又有儿童特点，明朗的音调、宽广的节奏和大起伏的旋律，充分表现了新时代的少先队员昂首阔步、豪迈刚强的精神风貌与英雄形象，深受全国少年儿童的喜爱，成为流传最广的一支少年儿童歌曲。1964 年排练大型歌舞《东方红》时，它作为建国以后具有代表性的儿童歌曲而入选。1965 年，《红旗》杂志又将它作为 13 首革命群众歌曲之一向全国推广。共青团中央征求中国少年先锋队队歌时，经过在全国范围内反复广泛征求意见，1978 年 10 月 27 日，共青团十届一中全会通过决议，将《我们是共产主义接班人》定为中国少年先锋队队歌。它同时荣获 1954—1979 年第二次全国少年儿童文艺创作一等奖。

这支歌，既是"英雄小八路"的写照，也是新中国少年儿童的心声。孩子们用歌声回答祖国人民的期望，用歌声表达自己的抱负理想。在任何困难面前从不后退一步的小英雄们，把隆隆炮声当作嘹亮歌声的鼓点，与叔叔阿姨们一道，压倒敌人，战胜困难！他们在生与死、血与火的搏斗中，不愿站在一旁，等着胜利的来临，而是不怕牺牲，主动请战，表现了一种极可贵的主人翁思想，让鲜艳的红领巾，闪射出耀眼的光芒！

现在在"英雄小八路"的母校厦门市何厝小学，建立了一座"英雄小八路纪念馆"，大门右侧巨幅红石墙上，镶刻着这支全中国的孩子们都心爱的歌。

英雄城厦门，是《中国少年先锋队队歌》的发祥地。这支不朽的战歌，在炮火纷飞中诞生、唱响，在祖国大地上飞扬、激荡，鼓舞着一代代人，为祖国建立功勋，谱写生命史上辉煌的乐章！

2001年5月1日于鹭江天风阁

百载校歌皆宝箴

——厦门早期校歌简介

　　我国在 20 世纪初，开始兴起"学堂乐歌"，即新式学堂学生们所唱的歌曲，用现代的话说，就叫学校歌曲或校园歌曲。1903 年，上海从国外引进这种歌唱形式，唱的第一首乐歌是《男儿第一志气高》，并很快传向全国。

　　我国学堂乐歌的产生有其时代背景，这就是晚清时期的维新变法思潮。清末维新派首领梁启超主张："欲改造国民之品质，则诗歌音乐为精神教育之一要件。""今日不从事教育则已，苟从事教育，则唱歌一科，实为学校中万不可阙者。"（见《饮冰室诗话》）在这种思想的指导下，当时的中国掀起了音乐改革的浪潮，以日本学校歌曲为蓝本的中国学堂乐歌活动，在全国较大范围内开展起来了。

　　厦门是我国近代史的一个缩影，在文化教育方面也体现得十分突出，早在清末民初，教育就颇为发达，已办了好几所书院、学堂。西洋音乐的引进也比较早。随着教会、教会学校以及中国人自办新式学校的出现，音乐正式进入了课堂。1908 年 10 月 30 日，美国舰队访问厦门一周，清政府在南普陀寺前的演武场，搭建了 15 座牌楼和帐篷，作为欢迎的主会场。当时鼓浪屿女子师范学校学生、14 岁的周淑安在招待会上用英语领唱美国国歌，大受美国舰队司令额莫利的赞赏，他说："就是美国小孩，也很少能唱得这么好！"清宣统二年（1910 年）9 月 17 日，美国商会代表团一行 42 人访问厦门，东道主除了安排他们参观漳厦铁路、交通银行、商务总会和同文书院之外，还在南普陀寺的欢迎会上，由厦门紫阳学堂、吉祥学堂学生演唱学堂歌，让代表团成员们耳目一新，拍掌称羡。

紫阳学堂歌

> 五大部洲黄白种，商战君民重；
> 东西各国人杰众，知识多争雄。
> 群推欧美实业尚，民富国丰隆；
> 航海商团游亚东，联络商情融。
> 官绅商学出欢迎，鹭门山岳动；
> 快哉快哉快快哉，维新气象宏！

这首歌，是为欢迎美国商会代表团而写的，是一首颂歌、欢迎歌，是"应景文章"。主要歌颂欧美国家提倡实业，尊崇知识，重视商战，裕国富民的气象。紫阳学堂的前身是创办于清康熙年间的紫阳书院，已有 200 多年历史了。可是他们居然这么快地接受新事物，赶上新潮流，创作并演唱起学堂乐歌来了。这在全国也算是比较早的了。可见当年厦门被迫开放，确实也带来一些新东西。

福建私立集美学校校歌

陈嘉庚先生于 1913 年 1 月 27 日创办了乡立集美两等小学校，集美学校从此诞生。1918 年 3 月 10 日，集美师范和中学开学，这位不执教鞭的教育家，于 4 月间与他的胞弟、二校主陈敬贤先生，亲自公布了校训、校徽、校歌。校歌作者未署名，1929 年，又经过修改传唱，看来可算是集体创作。

> 闽海之滨有我集美乡，
> 山明兮水秀，胜地冠南疆；
> 天然位置，惟序与黉，
> 英才乐育，蔚为国光。
> 全国士，聚一堂，
> 师中实小共提倡。
> 春风吹和煦，
> 桃李尽成行。
> 树人需百年，
> 美哉教泽长。

　　　　诚毅二字中心藏，

　　　　大家勿忘，大家勿忘。

　　歌词中，陈嘉庚先生揭示了他办学的意图："师中实小共提倡"，即为了国家的实际需要，师范、中学、实业学校、小学都要办，而且将"诚毅"校训写入歌词中。"诚毅二字中心藏"，希望学生们诚以为国，实事求是，大公无私；毅以处事，百折不挠，努力奋斗。"序与簧"，都是古代的学校名；"蔚"，聚集之意。

厦门大学校歌

　　1921 年，陈嘉庚先生创办厦门大学。在筹办期间，他把制定校训"自强不息"和创作校歌列为重要校务之一。在 4 月 6 日厦门大学开幕纪念大会上，即演唱了《厦门大学校歌》：

　　　　自强！自强！学海何洋洋！
　　　　谁欤操钥发其藏？
　　　　鹭江深且长，致吾知于无央，
　　　　吁嗟乎，南方之强！

　　　　自强！自强！人生何茫茫！
　　　　谁欤普渡驾慈航？
　　　　鹭江深且长，充吾爱于无疆。
　　　　吁嗟乎，南方之强！

　　歌词第一段说学生，形象地将学习比喻为开发宝藏，知识浩如渊海，只有掌握科学方法，才能不断进取；第二段说教师，要像观音菩萨驾慈航普渡众生那样地爱护学生，指引学生。师生共同努力，自强不息，把厦门大学办成"南方之强"！"无央"、"无疆"均为无穷无尽之意。

　　歌词作者郑贞文（1890—1969），福州人，著名学者、著作家。他于 16 岁留学日本，入东京帝国大学攻读理论化学，获得理学士学位。1909 年，他在日本加入中国同盟会。1913 年以后，应陈嘉庚先生之聘，任集美学校、厦门大学教授兼教务主任。后来曾任福建省教育厅厅长。解放后，任福建省政协委员，著作很多。

　　谱曲者赵元任（1892—1982），著名语言学家、音乐家，早年留学美国，游学法国、德国、英国，1920 年任美国哈佛大学教授，1925 年任清华大学教授，1938 年后定居于美国，任哈佛大学、耶鲁大学等名校教授，著作等身。当时任厦门大学外文教授的周辨明及其妹妹、著名音乐家周淑安，均留学过美国哈佛大学，与赵元任过从甚密。我疑心，《厦门大学校歌》是透过他们兄妹敦请赵元任先生谱曲的。

厦门双十中学校歌

　　厦门双十中学创办于 1919 年。建校伊始，创办人、首任校长马侨儒先生即筹划谱写校歌，以激励师生奋发向上。1922 年，前清秀才、国学家、《思明日报》主笔贺仙舫（名仲禹）先生受聘任双十中学国文教员，马侨儒校长即请他为校歌写歌词（可惜作曲者失传）：

> 钦吾侨学生雍融相聚一堂，
> 鹭岛上，鹿洞旁，
> 共磨研，奋发图强。
> 习琴书，和弦歌，乐未央。
> 一班班，一行行，气象煌。
> 勤毅信诚，敬业乐群。
> 同学记着勿相忘，
> 努力为国争荣光。

第一句可解释为"值得钦佩的这一代学生们，和谐、融合地相聚在一起"。歌词中的"勤毅信诚"4 字，即被马侨儒校长选作校训，直至于今。前双十中学校长、著名教育家黄其华先生曾赋诗道：

> 回首围灯共砚处，涛声弦诵读书堂。
> 勤毅信诚垂宝训，乐群敬业缅津梁。

厦门同文中学校歌

厦门同文中学的前身为创办于 1898 年的同文书院，1926 年正式改为同文中学。1928 年 3 月 12 日，该校举行盛大的校庆，校长周墨史特地写了校歌歌词，由音乐老师许振源谱曲：

> 望哥石畔瞰沧溟，
> 山海足怡情。
> 层楼杰构，一片读书声，
> 天风卷入海潮鸣。
> 三十年前荒草地，
> 迄于今朴芄或茂莪菁。
>
> 中西融合一炉成，
> 学术阐文明。
> 德智体群，不悖道并行。
> 荒嬉必戒勉勤精。

莘莘学子多努力，

好从此成身成学成名。

欧风美丽莫侵凌，

多士即干城。

天下治乱，责岂匹夫轻？

人群进化宜竞争，

好把读书来救国，

当勿忘民族民权民生。

歌词中的"瞰"即看，芃即草木茂盛。朴是一种丛生小木，比喻贤才众多。莪菁亦作菁莪，即乐育英才。菁是茂盛，莪是一种植物，莪蒿。"多士"指人才众多，"干城"指盾牌和城墙，比喻捍卫国家的将士。词中所提"德智体群"即当时的校训。整首词充分体现办学思想和反帝爱国精神。

周墨史（1867—1929），名殿薰，同安人，清末民初厦门著名学者，曾任思明县修志局局长、厦门中学堂学监、厦门图书馆馆长、同文中学首任华人校长，创设鹭江诗社。著作有《棣华吟馆诗文集》、《诗经汇事纂编》等。

福建省立厦门中学校歌

福建省立厦门中学的前身是创办于清乾隆十六年（1751年）的玉屏书院，1905年全国废除科举制度，1906年，玉屏书院改为厦门中学堂，1912年改称思明中学，1917年改为省立，称福建省立第十三中学。1929年改称福建省立厦门中学，1951年与厦门市立中学合并，改称厦门第一中学。

1933年8月，著名女作家、《从军日记》作者谢冰莹（1906—2001）来到福建省立厦门中学任国文教员。她带来了一番新气象：发起组织"厦中剧社"，从事抗日宣传工作，亲自导演田汉的独幕话剧《乱钟》。为了鼓励青年们写作，她办了《曙光》文艺周刊，附在《厦门日报》上，并逐渐扩大为社会性的文艺刊物。她到集美学校作了一次题为《青年与文艺》的演讲，阐明文学创作与生活的关系，告诫青年"要有充实的生活，才能写出充实的作品"。厦门大学有几位爱好文艺的学生组织了现代文艺社，想办个刊物，找她求援，在她的参与和大家的共同努力下，《灯塔》月刊出版了，开出灿烂的鲜花。

《从军日记》作者谢冰莹，1933年8月来到福建省立厦门中学任国文教员，并用白话为省中写下了校歌歌词

福建省立厦门中学校歌

当时厦门社会上的文艺青年，也慕名求教，她总是尽其所能地替他们阅稿、改稿，推荐发表。文学青年叶帆风编印了《厦门青年作品选集》，于1933年12月出版，谢冰莹除了看稿、改稿外，还写了序言。她在序言中说："忠实于工农大众文艺的作家们一定要打进他们的队伍，思想与行动联系起来，才能产生真实的作品，代表工农劳苦大众的作品。"

1933年11月，十九路军将领蔡廷锴等人在福州宣告成立"中华共和国人民革命政府"，谢冰莹到福州参加成立典礼，并被任命为妇女部部长。"闽变"失败，她被通缉，便从厦门逃往上海，再东渡日本。

对于在厦门的这段生活，谢冰莹十分怀念。1946年6月间，前厦门大学校长汪德耀博士访问台湾时，见到了时任台中师范学院中文系教授的谢冰莹，她深情地对老朋友汪德耀博士说："我在厦门呆了半年多，工作之余，我几乎天天都要到海滨去散步，踏着那细软的沙子，有一种说不出来的舒适。当海风卷起雪浪来袭击海岸时，在美丽的浪花里，会拾到许多小巧玲珑的贝壳和五色斑斓的小石子，还有那些碧绿的海草，长得像秀发，又美又可爱。我更爱躺在洁净轻柔的细沙上，静听着海潮的倾诉，当微风轻轻地从我的身边掠过时，那种又清凉又轻松的感觉，真是舒适极了，甜美极了！我爱海，更爱它的胸襟广阔，化污秽为清洁的品格……"（参阅

拙著《友谊地久天长》一书中《汪德耀与谢冰莹》一文，江西人民出版社1998年8月出版）

在这段时间里，谢冰莹应邀为厦门中学写了校歌歌词，由林一平先生谱曲。谢冰莹是五四运动后一位赞成提倡白话文的作家，所以她用白话体写成了歌词：

> 厦门中学是我们的极乐园，
> 师生相亲又相爱；
> 厦门中学是我们的极乐园，
> 大家共同研究，
> 培养健全的体格，
> 正确的思想，
> 高深的学问。
> 还有那高尚的人格，
> 艺术的兴趣，
> 活泼的精神。
> 我们是时代的先驱，
> 我们是社会的主人，
> 我们是勇敢的青年，
> 我们要前进、奋斗！

整首歌词明白晓畅，没有任何深奥的典故。但是教育指导思想非常明确：学校要成为师生的极乐园，大家亲如一家，培养全面发展的人 —— 健全的体格，正确的思想，高深的学问，高尚的人格，艺术的兴趣，活泼的精神，做时代先驱、社会主人、勇敢青年，不断奋斗进取！谢冰莹是"外来户"，歌词少了一些地方的个性，多了一些全国的共性。但这些见解，就是从今天的眼光看来，无疑也是正确的。

厦门私立大同中学校歌

厦门大同中学创办于1925年，主要创办人黄廷元（1860—1936），聘杨景文（1878—1961）为首任校长。校名取自孙中山先生所提倡的"世界大同"后两字。"大同精神"源出《礼记·礼运·大同篇》。1932年创作的大同中学校歌，完全以文言文四字诗体写成，可以说在诠释"大同精神"：

大同中学歌咏团

　　大道之行，天下为公。

　　幼有所长，老有所终。

　　弼成教义，吾校所宗。

　　莘莘学子，以陶以熔。

　　如金在冶，如玉在砻。

　　顾名思义，是谓大同。

　　维此大同，靖山之麓，

　　岩有虎溪，洞有白鹿。

　　名贤遗踪，宏兹乐育，

　　挹彼清芬，松风谡谡。

　　百年树人，千年树木。

　　发扬踔厉，振我民族。

　　歌词中，"弼"原意为辅佐，这里解为结合。"砻"，磨炼。"挹"，拿取。谡谡，挺拔。"踔厉"，意气昂扬，精神奋发。这首校歌歌词作者是当时大同中学语文教师郑笔山（丰稔），作曲者不详。

　　上述校歌，在当时发挥了一定作用，甚至是重大作用。新中国成立后，有些学校重新谱写了校歌。1950年1月，时任大同中学副校长的陈镛老师，以"何禺"的笔名作词谱曲,创作了《大同歌》,歌词文白结合;2000 年,为纪念大同中学创办 75 周年,大同中学校友、诗人谢春池和作曲家杨镇合作了《厦门大同中学校歌》,歌词以现代诗写成。这创造了一所学校有 3 首校歌的纪录。1996 年,厦门一中 90 周年校庆,该校语文老师卢梓省与作曲家袁荣昌合作了《厦门一中校歌》,歌词为现代诗,这使厦门一中历史上有了 2 首校歌。1997 年第 5 期《集美校友》发表了杨崇正作词、杨瑞庆作曲的《放歌集美大学》,这是集美大学正式成立后的第一首校歌。

厦门市大同小学校歌

厦门市大同小学创办于 1906 年 2 月,初名"大同两等小学堂",1912 年更名为"公立大同小学校"。1938 年厦门沦陷,学校停办。1945 年 11 月复校,曾一度改名为"厦门西区第一中心国民学校"。1956 年,大同小学改为公办小学。

"厦门市大同小学校歌"由沈加南作词、庄重桥作曲,创作时间不详,估计是 20 世纪 30 年代的作品。歌词如下:

> 牛头山前,
>
> 篔筜港边,
>
> 校舍巍然,
>
> 天堂在人间。
>
> 喧诵不断,
>
> 儿童的乐园。
>
> 我们在这里学习,
>
> 我们在这里锻炼,
>
> 行自治是模范,
>
> 守纪律不散漫。
>
> 身心勤,
>
> 劳动不空闲,
>
> 手脑要并用,
>
> 身心齐健全。
>
> 大同小学的小伙伴,
>
> 不空喊,
>
> 要实现,

大同精神不改变，

大同理想要实干，

我们要努力创造光荣的明天。

一份珍贵的遗产 ▐▐

综观厦门早期的校歌，有很明显的特点。

1. 创办人、主事者（校董、校长等）都十分重视校徽、校训、校歌，并且未雨绸缪，事先设计，将办学理念、宗旨融入其中，特别将校训写入或含入歌词中：

集美学校 —— 诚毅

厦门大学 —— 自强不息（后来又增加"止于至善"）

厦门一中 —— 勤毅诚敏

双十中学 —— 勤毅信诚

同文中学 —— 智德体群

大同中学 —— 诚信勤朴

大同小学 —— 奋进

各校校歌的主题明确而集中：爱校、爱乡、爱国，勤奋、好学、诚信。这可以看出当年创办者、主事者的高瞻远瞩，对德、智、体、美、劳诸育的全面重视。歌词十分注意地方特点，如点出闽海、鹭江、鹭门、鹭岛、靖山、集美乡、白鹿洞、虎溪岩、望哥石、牛头山、箕笃港等具体地名，使学生们有亲切感。

2. 校歌的作者大都为当时的饱学之士、社会名流，甚至是中国乃至世界的文化名人，如赵元任、谢冰莹等，校方意欲以此产生"名人效应"。这些校歌创作于五四运动之后，歌词文白结合，新派作家如谢冰莹则完全用白话文写作，但都字句简洁，词意美妙，朗朗上口，易记易唱，旋律则力求体现朝气蓬勃的进行速度。这就看出时代烙印、社会特点、文化表征来。厦门的新音乐运动开展得比较早，这使得厦门早期学堂乐歌的普及有一定的基础。

3. 校歌成为校友与母校、故乡、祖国之间的精神纽带。很多校友唱着校歌告别母校，在异国他乡唱着校歌怀念母校、故乡、祖国。我曾在美国的纽约、旧金山、圣地亚哥等地，看到白发苍苍的厦门大学老校友，聚集在一起唱《厦门大学校歌》，个个神情激动，眼含泪花，他们在谈论"鹭江水碧，母校情长；五老峰下，桃李芬芳；育才千万，世界四方；大展鸿图，发达兴旺"。是啊，"青春剪烛老同学，天涯海角总相亲"！我在香港，看到一大群集美学校的校友，聚集在维多利亚港之滨，高唱集美校歌，也是激情满腔！

双十中学1949届初中毕业生汪锦树以《相聚时难别亦难》为题，记叙了这样一件事：1998年10月，已移居美国的双十中学老校长、80多高龄的吴厚沂先生，因事回国，居住在厦门大学建文楼。一群老学生去拜访他，"我以无限深情的语气问：吴校长，您还记得校歌吗？神思片刻，他应声与我们同唱那铭刻于心、激发双十人向上的歌曲，当唱到最后那'勤毅信诚，敬业乐群，同学记着勿相忘，努力为国争荣光'几句时，我们俩情不自禁地伸出手左右交握着，伴随那焕发青春的节奏，拍起了发人深思的掌声，仿佛回到了当年虎豹馆前的广场欢聚同庆的情景。顿时，掌声、歌声、笑声响彻整个会客厅。似乎在说"相聚时难别亦难"。但愿这激动人心的校歌，伴随着敬爱的吴校长直抵太平洋彼岸"。

2006年2月，在厦门市大同小学百年华诞之际，一位1948年毕业的老校友说，我没有什么礼物送给母校，就唱当年大同小学的校歌给校长听吧。半个多世纪过去了，这位老校友居然唱得一字不差，令校长和在座的人感动得热泪盈眶。

我想，厦门早期的校歌，是一笔宝贵的教育遗产、文化遗产、精神遗产，给了我们很多启迪，应当写进各校校史、厦门教育史、文化史。随着时代的进步，我们一方面发掘宝藏，承前启后，继往开来，发扬光大；一方面，可以修改、重唱，或创作新的校歌，使之成为校园文化建设的重要内容。百年前的文化教育先贤，都能那么重视音乐教育，注意发挥音乐的功能和作用，我们今天在建设教育之城、艺术之城、科技之城，难道还能落后吗？我建议，大力提倡创作校园歌曲、校歌，并进行班际、校际歌咏比赛，促进精神文明建设。

2007年2月23日于鹭江天风阁

厦台闽南语歌曲缘分深

　　明末清初，厦门崛起为我国东南沿海的军港和商港；鸦片战争以后，又成为我国对海内外的主要通商口岸之一。漳、泉等地移民纷纷前来，厦门成为人流、物流、文化流的"洼地"。

　　清末民初，闽南语歌曲开始在厦门汇集、流行、创作、出版、交流、辐射，这些歌曲包括用闽南语演唱的传统歌谣和创作歌曲。厦门俨然成为闽南语歌曲的重镇和中心。

　　清道光（1821—1850）以后，厦门出现了不少出版、销售图书的书局，其中印售闽南语歌曲"歌仔簿"、"歌仔册"的有：文德堂、会文堂、博文斋、世文堂、崇经堂、辅仁堂、文记堂、鸿文堂、石印书局等，个人刊行歌仔册以林国清为最，封面印有"厦门大路边门牌 21 号林国清发行"字样。泉州有琦文堂、清源斋、见古堂等，连上海的点石斋、开文书局、文宝书局和潮州的一些书局，也印刊闽南语歌曲，并到厦门发售。歌仔册总共有数百种之多。19 世纪，主要是传统歌谣，包括戏文选段；进入 20 世纪，则有不少新创作的歌曲面世。文德堂、会文堂等书局持续经营到抗战前夕，经历过木刻、石印、铅印等阶段。上海开文书局刊行的歌仔册，特别对闽南语的字、词加注："加己作自己讲，代志作世事讲，卖字作不字讲，归大辟即大多数，最字作多字讲，绘字作快字讲，咚字作透字讲，哉字作知字讲，不通作不可讲。"

　　当时的厦门流行唱"歌仔"，组织"歌仔社"，出版的"歌仔册"，不仅风行闽南各地，还大量销售到台湾。台湾学者陈健铭先生在《野台锣鼓》

（台湾稻香出版社 1989 年出版）一书中，列举了一大批"厦门歌仔"的目录，其中有 1910 年新编的《最新陈总歌》、《戏箱歌》等，还有《最新摇鼓歌》、《新刻过番歌》等。台湾学者薛宗明先生所著的《台湾音乐辞典》（台湾商务印书馆 2003 年 11 月出版）列举了百种以上传到台湾的歌曲目录，有些还是手抄本。据说连英国伦敦牛津图书馆都藏有清道光年间厦门会文堂出版的《绣像荔枝记陈三歌》、《图象〈英台歌〉》等。歌仔册的大量出版发行，大大激发了人们学唱歌仔的热情，推动了各地歌仔社馆的建立。

不仅如此，连厦门的闽南白话基督教歌曲也传到台湾，如 1900 年传教士甘为霖以 1872 年厦门美华书局刻本《养心圣诗》为蓝本编印的歌集《圣诗歌》，1912 年鼓浪屿闽南圣教书局出版的《养心神诗》，1926 年刊行的标明"厦门曲调"《圣诗》六首之一《大家看着上帝圣羔》等，在台湾都有广泛的影响。而且，厦门的南乐艺人，如林祥玉、许启章等，还到台湾教授南乐。

台湾学者庄永明先生在《台湾第一》（台湾文经出版社 1984 年出版）、薛宗明先生在《台湾音乐辞典》中披露了几则资料：

其一，在台湾被誉为"歌人医生"的林清月医师，是标准的闽南语歌曲迷，"凡歌必记，有闻必录，时时歌唱以自娱"，行医余暇，从厦门引进《山伯英台》、《陈三五娘》、《吕蒙正》等歌仔册，翻印销售。他一生创作、整理过上千首闽南语歌曲，如《老青春》（邓雨贤曲）、《岂可如此》（周添旺曲）、《月夜花》（陈明德曲）等。后来索性弃"医"从"歌"，在诊所门口，贴起卖歌集的广告单，并自费出版了《仿词体之流行歌》（1952 年）和《歌谣集粹》（1954 年）等多本书。他对闽南语歌曲的钟爱，为早期在台湾传播闽南语歌曲起了很大的推动作用。

其二，台湾第一首闽南语流行歌曲尚未诞生前，"有两首歌曲甚受大家所喜爱传唱，一是《雪梅思君》，一是《红莺之鸣》，前者有说是'国庆调'，也有说是'厦门调'。据考证，词曲都是从厦门流传来台的。而后者则是曲寄《苏武牧羊》古调，由蔡德音填词"。这些歌灌唱片问世，成为闽南语创作歌曲流行的"前奏"。《雪梅思君》唱道："唱出一歌分你听，雪梅做人真端正 …… 劝你列位注意听，要学雪梅这所行（品行）。"本来讲的是女子守节，带着孩子坚强生活的故事，传到台湾后，被赋予新的意义，当时台湾人民处于日本统治下，人们借女子思夫，为其守节，来表达不甘于异族统治，要有民族气节的意思。《台湾音乐辞典》则明确记载，《雪梅思君》是作曲家陈秋霖"采自'厦门调'而来"。

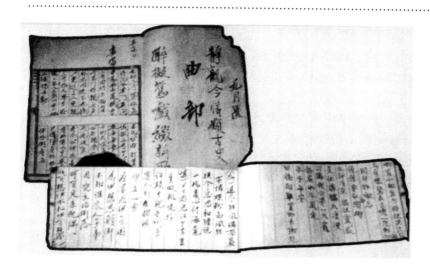

手抄本歌仔册

　　其三，"台湾新剧运动萌芽于民国 12 年（即 1923 年）末。初期从事这运动的，可以说是全由厦门通俗教育社的出身者为主体，其中杂有一部分日本留学生。……民国 12 年 12 月，彰化县新社成立，系由厦门读书归来之陈嵌、潘炉、谢树元等为中心组织的，他们因受当时盛极一时之厦门通俗教育社的影响，于放假回台时，纠合同志……公演《良心的恋爱》五幕社会剧为发端"。厦门通俗教育社成立于 1921 年 8 月，是由当时的进步青年知识分子自发组织的群众性社团，以开展文化、教育、艺术、编辑、出版、游艺活动为主，特别在新剧和地方戏曲音乐方面有较多的建树。当年到厦门大学、集美学校读书的台湾学生，不少人是骨干分子。

　　当时流传到台湾的歌仔册，不下数百种，封面为深黄色毛边纸，每册四五页，附有绣像，价格低廉，内容通俗，台湾同胞思乡殷切，欣然接受，掀起了歌仔册风潮。这推动了台湾本土刊行和创作闽南语歌曲的浪潮。

　　从上述事例，我们不难看到，台湾闽南语歌曲对厦门、闽南地区闽南语歌曲的承袭关系，应当说源在西岸，流在东岸。当然，随着时间的推移，有所衍化和发展。特别要指出的是，在日本帝国主义统治时期，强制实行殖民化、皇民化教育，要台湾人民讲日语、着和服、改为日文姓名，禁唱华文歌曲，企图灭绝汉民族文化，这遭到台湾人民的强烈抵制。"用咱厝话，唱咱厝歌"，是台湾人民祖根意识和族群观念的形象体现。

早在 20 世纪 20—30 年代，著名学者赵元任制谱，著名语言学家、厦门大学教授罗常培记录的厦门方言民谣《龙眼干歌》面世，在厦门、闽南流行，也流传到台湾。1927 年，厦门著名诗人、学者谢云声就搜集、整理、出版了《台湾情歌集》。这些歌谣有闽南移民从大陆带到台湾的，也有到台湾后创作的。可见在闽南语歌曲中，两岸真是你中有我，我中有你，水乳交融，不可分离，体现了深远的源流关系。

台湾第一首闽南语流行歌曲《桃花泣血记》诞生于 1932 年。当时上海联华影业制片印刷公司出品了影片《桃花泣血记》，由卜万苍编剧，阮玲玉、金焰主演。影片输入台湾时，电影业者为了招徕观众，设计制作广告歌曲进行宣传，便敦聘詹天马依据剧情梗概写了七言歌词，由王云峰谱曲。第一首闽南语流行歌曲就这样诞生了。它不仅为电影的票房价值立下了汗马功劳，而且在台湾大行其道，到处传唱，开导了无数具有民歌风的闽南语流行歌曲的出现，汇成在异族统治下的民族心声。这首歌，确实具有里程碑式的意义。

最近笔者再次访问台湾，发现《桃花泣血记》面世前，1929 年，已有一首闽南语歌曲《乌猫行进曲》，1931 年 1 月《台湾新民报》又发表了赖和作词、李金土作曲的闽南语歌曲《农民谣》，表现农民在日寇苛政下的悲惨生活，具有强烈的反殖民侵略色彩。但是这两首歌都未能成为"第一首"，这恐怕与日寇统治的高压政策、没有广泛流传有关系。由于广泛传唱，《桃花泣血记》掀起了闽南语歌曲创作和演唱的热潮，说它是第一首在台湾广泛流行的闽南语创作歌曲，应该是不会错的。

接着，1933 年便出现了李临秋作词、邓雨贤作曲的《望春风》，成为台湾闽南语歌曲的经典之作，不仅在台海两岸，而且在全世界闽南人中广为流传。1933—1937 年，成为台湾闽南语流行歌曲的黄金时代，这是异族统治下的"大汉之声"！当时有一首蔡培火作词、作曲的《咱台湾》是这么唱的：

> 台湾，咱台湾，
> 海真阔，山真高，
> 大船小船的路关。
> 远来人客讲汝美，
> 日月潭，阿里山，
> 草木不时青跳跳。

白鹭丝，过水田，
水牛脚脊鸟秋叫。
太平洋上和平村，
海真阔，山真高。

美丽岛，是宝库，
金银大树满山湖，
挽茶囝仔唱山歌，
双冬稻仔割不了，
果子鱼生较多土。
当时明朝郑国姓，
爱救国，建帝都，
开垦经营大计谋。
上天特别相看顾，
美丽岛，是宝库。

高砂岛，天真清，
西近福建省，
九州东北平。
山内兄弟尚细汉，
烛仔火，换电灯，
大家心肝着和平，
石头拾倚来相供。
东洋瑞士稳当成，
云极白，山极明，
高砂岛，天真清。

当然，厦门与台湾闽南语歌曲的交流是双向的。

台湾有一些出版社，如台北的光明社、周协隆书店、黄涂活版所、礼乐印刷所，新竹的竹林书局、兴新出版社，台中的文林出版社、瑞成书局、秀明堂，嘉义的捷发汉书部、玉珍书局、林子活版所，台南的云龙堂，高雄的三成堂等，均主动与厦门承接，翻印"歌仔册"，有的还供不应求，经常漏夜加班赶工。过去作者们都隐姓埋名，现在则开始崭露头角，有的后来成了名家。

20 世纪 30 年代，厦门的一些书局也刊行台湾人士创作或改编的闽南语歌曲，内容除了历史故事、民间传奇外，还有记叙当时社会事件以及劝化歌曲，如《乌猫乌狗歌》(汪思明作)、《过去日本战败歌》、《嘉义行进相褒歌》、《台南运河奇案歌》、《花花世界劝善歌》等。

20 世纪 50—60 年代在厦门广为流行的《我爱我的台湾》，原为台湾作曲家许石 1945 年谱写的《台湾小调》，曾由许丙丁填词，再由郑志峰填词为《我爱我的妹妹》。另一首广为传唱的《渔歌》，由于两岸隔绝几十年，被误传为闽南民歌，其实是 1936 年台湾名家陈达儒作词、林礼涵作曲的《送出帆》：

> 欢喜船入港，隔暝随出帆；
> 悲伤来相送，恨君行船人。
> 一位过一位，何时再做堆；
> 目周看港水，我君船只开。
> ……

下面再介绍三位鼓浪屿人与台湾的闽南语歌曲情缘。

周淑安（1894—1974），1925 年从美国哈佛大学等著名学府学习音乐归来，在厦门大学担任音乐研究员兼合唱指挥。1932 年，她出版了《儿童歌曲集》，其中有一首摇篮曲《安眠歌》，词用厦门家喻户晓的方言童谣："噢噢困，一暝大一寸；噢噢惜，一暝大一尺。"两句词，反复唱八遍，并配了钢琴伴奏。这是我国第一首闽南语花腔歌曲，以近代作曲手法发挥民谣的特色。当时，厦门大学有不少台湾学生。

姚赞福（1908—1967），原籍台湾彰化，14 岁就读鼓浪屿英华书院，毕业后，返台进入台湾神学院读书，1933 年投效台湾哥伦比亚唱片公司，负责作曲及训练歌手，写了不少闽南语歌曲。最有名的是 1936 年发表的《心酸酸》，情节哀怨，反映出日据时代异族统治下，男人被迫远征南洋充当军夫，妇女又怨恨又无奈的心情，深沉地反映了当时台湾同胞心灵的伤痛与郁瘁，风靡全台。1938 年为《恋爱列车》、《终身恨》(均为陈君玉词) 谱曲，十分脍炙人口。他的《悲恋的酒杯》也在台湾歌坛占有一席之地。

曾仲影（1925—   ），中学时就读鼓浪屿英华书院，1946 年厦门大学历史系毕业后到了台湾。他先是担任台湾广播电台播音员，因"2·28"事件被捕入狱，出狱后，与友人共组"白兰新剧团"，为闽南语影片写作抒情新歌。这位会编剧、能导演、善弹唱、可播音的艺术全才，单单闽南语歌曲就写了1000多首，既能谱曲，也会写词。他写的歌（或作曲，或作词），如《雨中鸟》、《一粒流星》、《蓝色的梦》(此歌用普通话演唱)、《相依为命》、《巫山风云》等，一直到现在，还在两岸广泛传唱不息。如今这位耄耋艺术家，还穿梭于厦台之间，为推动和发展闽南语歌曲而奔波。

新中国成立后，厦门也有一批艺术家，在为闽南语歌曲的搜集、创作、表演、研究、交流出力，并获得了丰硕的成果，杨扬、陈郑煊、罗时芳、尤金满是其代表。20世纪五六十年代，两岸隔绝，而广泛传唱的闽南语歌曲《我爱我的台湾》，即是杨扬老师搜集、改编的；陈郑煊老师写了不少闽南语歌词，并传授给学生；尤金满老师搜集了大量闽南童谣，并编成舞蹈登台表演；罗时芳老师写了不少厦门歌仔和歌仔戏的研究文章，颇有影响。

然而，进入新世纪后，我们发现，厦门乃至整个福建，闽南语歌曲的创作、推广，大大落后于台湾。现在是我们急起直追，迎头赶上的时候了。看来我们必须与时俱进，求新求变，才能创造闽南语歌曲发展的勃勃生机。我希望，通过闽南语歌曲创作比赛，作为一个新的起点，力争在三五年后，福建创作的闽南语歌曲能跃上一个新的、大的台阶！

2006年12月20日于鹭江天风阁

揭秘厦门音乐ＤＮＡ

  浓郁的音乐氛围是厦门的一大特色，音乐遍布在厦门的每一个角落，甚至渗透到厦门人民的骨子里，成为他们生活中的一部分。厦门人何以与音乐结下了不解之缘？

  原因之一是这里风光秀丽，空气清新，气候良好，特产丰富，自然环境优美，四季绿树繁花，处处可以赋诗，景景可以入画，天风、海涛、鼓浪都是"天籁之音"，塑就了厦门的艺术氛围和音乐气质。生活在这种环境中的人们，对音乐的感受力、理解力得天独厚，出现了很多富有诗意的音乐家。外地来厦的诗人、作曲家，也经常受到感染而激发了创作灵感。1981年冬，钟立民先生到鼓浪屿海滨踏浪，就创做出《鼓浪屿之波》。

  其次是基督教的传入，带来了西洋音乐和乐器。教堂里唱圣诗，有风琴、钢琴等乐器伴奏。这些圣诗，几乎都是运用和弦原理创作的美妙精品，通常以四声部合唱的形式演唱，如同举行一场场音乐会。这些演唱，被录制成5张一套的唱片，广为流传。为了方便家庭妇女识字认读《圣经》和唱圣诗，早在19世纪中后期，外国传教士就在厦门推出一套闽南话版的"白话字"，以英文字母作为音标，用来记录闽南话语，让目不识丁的家庭妇女通过短期学习，就能用"白话字"读书、唱歌、写信。"白话字"圣诗配以简谱，使基督教音乐迅速、广泛地传播。至今鼓浪屿三一堂唱诗班还有歌颂团、青年诗班、少年诗班、儿童诗班。许多基督教家庭就是音乐世家，举行家庭音乐会时，经常是祖孙三代同堂，夫妻、兄弟、姐妹、父子、爷孙联袂登台，不少基督教徒因此踏上了音乐之路。这不仅使厦门人具有较高的音乐欣赏水平，而且还涌现了大批音乐人才。

最早的音乐教育也功不可没。鸦片战争之后，厦门出现了一批教会学校，得风气之先，现代音乐教育走在全国前列。英国伦敦公会于1898年2月，就创办了鼓浪屿英华书院，开设音乐课程，并组织歌咏队，举办音乐欣赏会或演唱会。1906年，中国人自己创办的厦门女子师范学校（简称"上女学"），也开设了音乐课程。1925年，周淑安到厦门大学任教后，该校便开始有经常性的音乐活动。特别是教会学校，每天都有"晨唱诗"，星期天则组织学生到礼拜堂唱诗班轮流上台演唱，开展评比活动。现在的厦门大学、集美大学都设有音乐系，鼓浪屿设有音乐学校。

外国领事馆的建立和众多的外国人、华侨、归侨，使厦门成为中西文化和多元文化的交会点。鸦片战争之后，厦门辟为对外通商口岸，先后有18个国家在这里设立领事馆，一些外国人和华侨在这里定居，或从这里进出，使厦门的国际色彩浓厚，对外交往频繁，中西文化在这里交会、碰撞。1913年，菽庄花园主人林尔嘉购进了属于中国人的第一台钢琴，从此，华侨、归侨购琴成风，有的购买钢琴、风琴，有的购买小提琴、吉他。长期的耳濡目染，潜移默化，"在普及的基础上提高，在提高在指导下普及"，促进了大批音乐人才的成长。

【后　记】

　　我之所以写作《厦门音乐名家》一书，缘于十几年前的一件事。

　　当时我在厦门市文化局任局长，局里早就组织了一批同志，从事收集资料、编纂《厦门文化艺术志》的工作。这些同志非常认真负责，历经11年，终于写出文稿。作为编纂委员会主任，我当然要负责审阅全文。我发现，有"音乐之岛"、"钢琴之乡"美誉的鼓浪屿，音乐人才名扬中外的厦门市，《音乐》一章本应在志书中占有显著地位和大量篇幅，但却只有寥寥40页，占全书总量的8%，对厦门音乐的发展沿革、音乐名家、音乐创作、音乐社团、音乐活动等，语焉不详。我查阅原始资料，确实也不多，加上文字总量控制，自然显得单薄。作为负责人，我深深感到内疚，一种没有很好完成任务的遗憾，一直在心头翻滚。什么时候能补上厦门的音乐篇章呢？

　　厦门出了那么多音乐家，他们的音乐才华在儿童、少年时代就崭露头角。可是当年厦门没有音乐院校，没有著名的音乐教育家，乐童们只好到上海、北京等大都市求学，或出国深造，毕业后就在那里生活和工作。而在过去的岁月，交流、演出少之又少，联系、接触的机会也不多。厦门只留下他们的童年或少年的足迹，其他大部分经历和资料，就都在外地或外国了。这就是厦门保存的音乐资料奇缺的主要原因。当时我就想，厦门应当办好音乐院校，办出水平，办出成绩，并引进一批高水平的音乐家、音乐教育家，真正充实"音乐之岛"、"钢琴之乡"的内涵。

　　"首先，想办法把资料找回来！"我萌生了这样的念头。1997年，我一退休，便开始付诸行动。我先跑国内，后跑港澳台和国外，到各地音乐学院、图书馆、博物馆翻阅历史资料，拜访厦门籍在外的音乐家或其家属、儿女和相关的音乐学者，得到了许多资料和教导，从而增加了写作的信心和勇气。

　　在北京，李焕之和李群夫妇、吴天球和黄湄莹夫妇，每次都热情接待，他们除了提供个人资料、照片、录音带外，还介绍了有关人员或有关机构，让我更方便地采访和查阅资料。文稿初步完成后，李焕之同志已经逝世，李群同志亲自审阅有关李焕之的篇章，在原稿上改动，并写来了长信，提出补充或增删意见；李焕之的儿子李大康、李小康，补充寄来了父母亲的历史照片和有关光盘。吴天球同志细心阅改，并多次以电话沟通。2003年7月，91岁高龄的蔡继琨教授，到厦门参加"中华闽南语歌曲电视大赛十大金曲评选"，他作为评选委员会主任，工作繁忙，还是接受了我3个晚上的采访。他还介绍了台湾朋友，让我到台湾时获得了相关资料。郑小瑛教授在收到我发去的文稿电邮后，第一时间就在电脑上修改补充，并发回电邮。胡友义和黄玉莲夫妇从澳大利亚带来了他们保存的资料、照片和光盘。黄三元、李未明、杨扬等同志，都从各个方面给予帮助和指导。牛牛的爸爸张长峰，多次从外地、外国发来电邮，将牛牛演出和活动的第一手资料和照片及时送给我参阅。上海音乐学院的汪培元教授，热情指引，提供材料和线索，开列参考书目。有关厦门各校校歌的文章在《厦门晚报》发表后，我就收到灌口中学退休的郑英健老师来信，提供可靠资料，证明《厦门大同中学校歌》是1932年任教于该校的郑丰稔（笔山）老师作词的。郑丰稔的孙子、文史学者郑高菽还寄来《郑丰稔先生年谱》，提供了郑丰稔先生的生平及大量诗作，让我又了解了一位重要诗人、学者。

　　在美国，殷承宗、许斐星、许斐平、许兴艾、周淑安的儿子胡伯亮等都热情接受采访并提供资料。许斐平还在世的时候，亲自带我访问他和许兴艾就读过的茱丽娅音乐学院，演出过的纽约林肯中心；许斐星、许兴艾父女还特地为我创造条件，到美国参加耶鲁大学300周年校庆和许兴艾音乐硕士毕业典礼，并带我到哥伦比亚大学、普林斯顿大学等学府和华盛顿肯尼迪中心向学者专家们请教。定居加拿大的李嘉禄夫人吴志顺老师，提供了李嘉禄教授的宝贵手稿、照片、演出节目单、学生回忆录，并亲自审阅文稿，面对面、手把手地指导。这为我的写作提供了大量有益的背景资料和细节素材。我十分感谢他们！

　　我还要感谢厦门市政协的领导和文史学宣委的同志们，是他们精心组织了"厦门文史丛书"的写作和出版工作；感谢厦门鼎盛时代设计有限公司和厦门大学出版社的同志，没有他们的紧张劳动和鼎力支持，这本书也难以及时出版。

　　所以说，这本书是集体劳动和智慧的结晶。

　　当然，由于我个人的音乐素养不高，知识面不够宽广，涉猎面有限，存在许多毛病和问题。我希望引起读者的关注，给我以更多的教益，提供更多的资料，为今后厦门市写作一本有分量的音乐史打下良好的基础。

彭一万

2007年2月28日于鹭江天风阁